华南师范大学研究生教材出版项目资助成果

广东省研究生教育创新计划项目研究成果

广东省本科高校心理学类教师教育课程教研室建设成果

心理健康教育课程设计

◎ 黄喜珊 等 / 编著

华中科技大学出版社
http://press.hust.edu.cn
中国·武汉

作者简介

黄喜珊 发展与教育心理学博士，华南师范大学心理学院教授、硕士生导师、心理健康教育专业导师组组长、新师范教育教研中心主任，广东省中小学心理健康教育指导中心专家组成员，华南师范大学教学名师。日本早稻田大学、美国特拉华大学访问学者。主持过多项国际课题、省部级课题，在国内外心理学和心理健康教育专业期刊上发表过50多篇论文，出版专著和教材10部。主要研究领域为心理健康教育和生态心理学。多年担任华南师范大学心理学院本科生和心理健康教育专业研究生参加专业技能比赛的指导教师及指导组组长，多次获评全国全日制教育硕士专业学位研究生心理健康教育专业技能大赛优秀指导教师、全国大学生心理辅导课教学创新展示会比赛优秀指导教师、广东省本科高校师范生教学技能大赛优秀指导教师。

前　言

　　青少年是最有活力、最具潜力的群体。学校是青少年的重要成长环境，在传授知识、立德树人、培养德智体美劳全面发展的社会主义建设者和接班人方面肩负重任。如何充分发挥学校在青少年心理健康教育方面的重要作用，是心理健康教育工作者一直在思考的问题。

　　心理健康教育课（以下简称心理课）是心理健康教育实施的主要载体，也是实现学生人格健全发展的直接途径。2021年7月，教育部印发《关于加强学生心理健康管理工作的通知》（教思政厅函〔2021〕10号），要求加强心理健康课程建设，发挥课堂教学主渠道作用，帮助学生掌握心理健康知识和技能，并指出中小学要将心理健康教育课纳入校本课程。与个体心理辅导、心理讲座、社区与家庭健康心理氛围创设、团队活动等相比，心理课兼具专业性、发展性、全员性等优点，能够更科学有效地提升学生的心理健康水平，培养学生的健全人格，提高学生解决问题和进行心理自助的能力。

　　我国各地中小学从20世纪80年代中叶就陆续将心理课纳入学校的工作计划。开设心理课的四十多年来，心理课在我国的建设取得了可喜的成绩，很多省份或地区在心理课建设方面实现了从无到有的突破，经历了从初步探索如何安排心理课到有了规范的心理课课程设置，再从课程规范设置到创建特色课程、特色学校的发展突破过程。但同时必须看到，当今各地中小学开设心理课主要依据的是教育部颁布的《中小学心理健康教育指导纲要（2012年修订）》，该纲要指出了心理课的六大主题内容，但对各个年级、各个学期的课程内容没有细化。目前国内心理课尚未有全国统一的课程标准，也没有固定的教材。这一现状既给了心理教师们自由发挥的空间，也对习惯使用传统的依据教材备课的教育教学工作模式的教师提出了一定的挑战。

　　一方面，由于心理课不像其他学科课程那样有统编教材、教学大纲等备课时较为具体的依据和素材，心理课的课程设计工作对广大心理教师提出了挑战。很多新入职甚至是已有一定教龄的心理教师对于心理课的设计流程以及每一环节备课工作的开展仍然缺乏系统的了解和清晰的认识。另一方面，综观目前国内相关书籍，尚未出现涵盖相对完整心理课设计步骤的教材。基于以上原因，笔者在2023年出版的《心理健康教育课程设计获奖案例解析》的基础上，聚焦一节心理课的具体设计，希望可以回应广大心理教师以及其他领域的教师对于如何开展心理课设计的需求。

　　本书由笔者组织和指导的心理健康教育课程设计研究团队共同完成。笔者依据自身经验并参考以往文献，确定全书整体框架，进行各章的撰写分工，并对每章内容进行了校阅、润色及格式统筹。各章节撰写的具体分工如下（括号内为该章节的撰写者）：第一章"心理课设计的基本思路"（李玥璇、黄喜珊）；第二章"心理课设计的选题策略"（曾惠青）；第三章"心理课设计的学情分析"（朱小露）；第四章"心理课的教学目标及教学重难点"（黄喜珊）；第五章"心理课设计的教材分析与选用"（曾彦莹）；第六章"心理课设计常用的教育教学理论"（郭风霞、黄喜珊）；第七章"心理课设计常用的教学方法"（吴爱然、黄喜珊）；第八章"心理课设计的教学素材选用"（林贝）；第九章"心理课设计的教学活动选用"（曾惠青）；第十章"心理课设计的情境创设"（余淑芬）；第十一章"心理课的板书和学习单设计"（梁艳）；第十二章"心理健康教育主题班会课的设计"（郝旭升）；第十三章"学科教学渗透心理课的设计"（林冬梅、梁艳）；第十四章"各大主题心理课设计常用的专业理论"（王倚杏、黄喜珊）。根据实际的心理课设计操作涉及的内容，各章的篇幅有所不同，介绍教育教学理论、教学方法及专业理论的章节所占篇幅较大。

在介绍了与心理课设计的操作密切相关的内容之后，我们增加了三个拓展专题。拓展专题一"国内心理健康教育课程的回顾与前瞻"（曾卉君），旨在对国内心理课的既往历史与未来发展进行梳理，以更好地明确心理教师当下的使命。拓展专题二"如何处理预设性资源与生成性资源的关系"（林贝），旨在帮助解决课程设计与实施过程中常见的落差问题。拓展专题三"如何从心理课的教学小白成长为教学能手"（施培君），旨在帮助新手型心理教师更快更好地成长。

本书编写团队中，除了笔者是高校教师，其他编撰者均为在职的中小学一线心理健康教育工作者，他们多为经验丰富的心理名师，在各项专业比赛中取得过优异的成绩。在此感谢团队的各位伙伴在繁忙的工作中抽出时间完成编撰工作，并根据要求进行耐心而细致的修改完善。对心理课的满腔热情、对心理健康教育工作意义的清晰认知和心理健康教育的使命感让我们走到了一起。

本书与2023年华中科技大学出版社出版的《心理健康教育课程设计获奖案例解析》（黄喜珊主编）是姊妹篇，均可作为心理健康教育专业技能培训教材，两本书之间大致是理论架构与案例实操的关系。同时，本书中的很多案例来自《心理健康教育课程设计获奖案例解析》，有需要的读者可以参考阅读。本书既适用于在职和未来的心理教师，也适用于包括班主任和学科教师等在内的希望对心理课设计有所了解的教育工作者。我们衷心希望本书可以成为教师们设计心理课的实用工具书，改变以往高校任课教师感觉心理课"无书可教"、中小学心理教师开展课程设计时"无章可循"的状况。若本书可以帮助教师们获得心理课设计的教学效能感，使其在站稳讲台的基础上以更好的姿态开展各项心理健康教育工作，将是我们莫大的荣幸。

本书是对心理课系统设计教材的初次尝试，难免存在不足之处，还请同行们多多指正。对本书的建议和意见，可以关注心理健康教育科普微信公众号"心喜讯"，在后台进行留言。愿广大心理教师都能以设计好心理课为有力抓手，站好三尺讲台，培育"青春之心灵，青春之少年"，扎实推动学校心理健康教育工作向前发展。

黄喜珊
2024年5月

目 录
CONTENTS

第一章 心理课设计的基本思路 /1

第一节 心理课的定义和特点 …………………………………………1
第二节 心理课与类似范畴的关系 ……………………………………3
第三节 心理课设计的意义及基本原则 ………………………………5
第四节 心理课设计的基本环节 ………………………………………8

第二章 心理课设计的选题策略 /21

第一节 心理课设计中选题的意义 ……………………………………21
第二节 心理课设计中选题的常见问题及对策 ………………………23
第三节 心理课设计中的选题策略 ……………………………………26

第三章 心理课设计的学情分析 /32

第一节 学情分析的含义与意义 ………………………………………32
第二节 学情分析的基本内容 …………………………………………34
第三节 学情分析的常用策略 …………………………………………36
第四节 心理课学情分析的常见问题及对策 …………………………39

第四章 心理课的教学目标及教学重难点 /44

第一节 教学目标的作用及内涵发展 …………………………………44
第二节 心理课教学目标的设定依据与方式 …………………………46
第三节 设定心理课教学目标的注意事项 ……………………………49

第四节　教学重点与教学难点的确定策略 ·············· 52

第五节　教学重点与教学难点的教学策略 ·············· 55

第五章　心理课设计的教材分析与选用 /58

第一节　教材的解读与分析 ································ 58

第二节　如何活用心理课教材 ····························· 61

第三节　如何整合心理课教材 ····························· 66

第六章　心理课设计常用的教育教学理论 /70

第一节　建构主义理论及其在心理课的应用 ·········· 70

第二节　体验式教学理论及其在心理课的应用 ······· 75

第三节　团体动力学理论及其在心理课设计的应用 · 78

第四节　非指导性教学理论在心理课设计的应用 ···· 81

第五节　多元智力理论在心理课设计的应用 ·········· 83

第七章　心理课设计常用的教学方法 /87

第一节　教学方法的概念辨析 ····························· 87

第二节　以语言传递信息为主的教学方法 ············· 88

第三节　以学生的直接感知为主的教学方法 ·········· 96

第四节　以强化学生知行改变为主的教学方法 ······ 100

第五节　独具心理学学科特色的教学方法 ············ 102

第六节　创新式课堂的教学方法 ························ 108

第七节　选用教学方法的注意事项 ····················· 111

第八章　心理课设计的教学素材选用 /116

第一节　教学素材的概念及意义 ························ 116

第二节　选用教学素材的常见问题 ····················· 117

第三节　教学素材选择和运用的策略 ·················· 120

第四节　教学素材运用的结构和课例 ·················· 128

第九章 心理课设计的教学活动选用 /130

- 第一节 活动在心理课中的意义和类型··············130
- 第二节 心理课中活动选用的常见问题··············132
- 第三节 心理课设计中如何恰当选用活动············134

第十章 心理课设计的情境创设 /139

- 第一节 情境创设概述··························139
- 第二节 心理课情境创设的意义和原则··············142
- 第三节 单个环节的情境创设····················145
- 第四节 贯穿全课的情境创设····················148
- 第五节 心理课设计创设情境的注意事项············150

第十一章 心理课的板书和学习单设计 /154

- 第一节 板书的功能及理论依据··················154
- 第二节 学习单的功能及理论依据················155
- 第三节 心理课板书的设计原则和方法··············156
- 第四节 心理课学习单的设计原则和步骤············160

第十二章 心理健康教育主题班会课的设计 /166

- 第一节 心理主题班会课与主题班会课··············166
- 第二节 心理主题班会课的操作方式与选题··········169
- 第三节 心理主题班会课的设计与实施要点··········172

第十三章 学科教学渗透心理课的设计 /176

- 第一节 学科教学渗透心理课的必要性与可行性······176
- 第二节 学科教学渗透心理课的设计策略············179
- 第三节 学科教学渗透心理课设计的注意事项········184

第十四章　各大主题心理课设计常用的专业理论　/188

　　第一节　心理课学情分析常用的专业理论……………………………188
　　第二节　自我意识主题心理课常用的专业理论…………………………193
　　第三节　个体差异主题心理课常用的专业理论…………………………197
　　第四节　人际交往主题心理课常用的专业理论…………………………202
　　第五节　生涯规划心理课常用的专业理论………………………………208
　　第六节　情绪调节心理课常用的专业理论………………………………211
　　第七节　学习主题心理课常用的专业理论………………………………215
　　第八节　青春期主题心理课常用的专业理论……………………………222
　　第九节　环境适应主题心理课常用的专业理论…………………………225

拓展专题一　国内心理健康教育课程的回顾与前瞻　/233

拓展专题二　如何处理预设性资源与生成性资源的关系　/239

拓展专题三　如何从心理课的教学小白成长为教学能手　/249

参考文献　/255

第一章 心理课设计的基本思路

教育部发布的《中小学心理健康教育指导纲要（2012年修订）》（以下简称《纲要》）为各项中小学心理健康教育工作提供了清晰的指导方针，有效促进了心理健康教育工作的有效开展。其中一个明显的推动结果是心理课作为心理健康教育工作的主要途径，在大多数学校得到了扎实开展和长足进步。

但必须同时看到，当前相关工作者对于心理课的认识仍然模糊不清，例如对心理课的定义及定位缺乏清晰理解，对心理课的设计缺乏基本的思路，很多人的感觉是"摸着石头过河"。这些问题直接影响到心理课的教学效果。与其他学科课程相比，心理课设计在系统性、科学性、规范性等方面还存在较大的提升空间。本章将在明确心理课的定义和特点的基础上，澄清心理课与一些类似范畴的区别和联系，进而阐述心理课设计的基本原则、环节及思路。

第一节 心理课的定义和特点

要设计好一节心理课，首先要明确心理课是什么，对心理课所特有的活动性、主体性、辅导性、开放性和生成性等特点做到了然于胸。

一、心理课的定义

当前，国内学者在心理课的名称和定义方面尚未达成统一。《纲要》将心理课称为"心理健康教育课"，但未对其具体含义进行详细阐述。有研究者认为，心理课即班级团体心理辅导，将心理课定位于以班级为单位开展的团体心理辅导活动，具体操作时由心理教师按照团体动力学原理及辅导技巧，通过带领学生进行团体活动解决学生存在的心理问题。钟志农认为，心理课即心理辅导课，是一种以团体活动为载体，以班级全体学生为辅导对象，以发展、预防和教育为主要功能的心理健康教育形式。

广东省教育厅2016年发布的《广东省教育厅关于中小学心理健康教育活动课内容指南》直接将心理课称为"心理健康教育活动课"，将心理课的课程本质确定为活动课程，突出了"活动"在心理课中的中心地位。根据国家教委基础教育司发布的《九年义务教育活动课程指导纲要》（试行），活动课程是指在学科课程以外，由学校有目的、有计划、

心理健康教育课程设计

有组织地通过多种活动项目和活动方式，综合运用所学知识，开展以学生为主体，以实践性、自主性、创造性、趣味性以及非学科性为主要特征的多种活动内容的课程。

综合相关文件和观点，本书将心理课界定为一门由学校有目的、有计划、有组织地开展的非学科性质的课程，其全称为"心理健康教育活动课"。心理课的具体课程定位是：学校心理教师围绕心理健康教育主题，通过选用合适的学生主体性活动内容和形式，综合运用心理学理论与心理辅导技巧，以班级为单位、以课堂为主阵地，为学生提供直接经验和心理体验，引导学生心理和人格积极健康发展，避免学生在发展过程中出现心理行为问题。在本书中，心理课特指列入学校课程表的心理课，不包括心理健康教育科普讲座、团体心理咨询、团体康乐活动和户外拓展心理素质训练活动等。心理健康教育主题班会课和学科教学渗透心理课虽然不属于专门的心理课范畴，但鉴于这两种类型的课程是心理健康教育的重要补充，应为当前开展相关心理工作所重视，故本书在阐述了专门的心理课设计之后，也对这两类非专门的心理课设计进行了较为详细的介绍。

二、心理课的特点

与其他中小学学科课程相比，心理课具有突出的活动性、主体性、辅导性、开放性和生成性等特点。一节好的心理课应充分体现这些课程特色。

（一）活动性

如前文所述，心理课的定位是活动课，因此，活动性是心理课的首要特点。心理教师在课堂中特别鼓励学生通过个人体验在实践活动中获得直接经验和心理体验。这种活动性包括两方面的内容。一是注重实践性，通过不同形式的课堂活动刺激学生的各种感官，调动学生的视觉、听觉等，帮助学生获得此时此地的心理体验，进而产生深层次的心理感受。二是注重互动性，强调师生、生生之间的互动。教师通过组织学生开展小组讨论、合作探究等活动，引导学生进行充分的交流和分享，使学习过程更加生动，学习体会更加深刻。在很多心理课专业技能比赛中脱颖而出的心理课，往往是因为具有巧妙的活动设计。

（二）主体性

心理课必须以学生为中心，体现学生的主体性。心理健康教育的燎原之势源于人本主义心理学。"以人为中心"的人本主义思想应用到学校活动中即体现为以学生为中心；体现在心理课堂上，就是教师要尊重并承认学生的主体地位，以学生的自我活动、自我感悟为主，教师的作用是为学生学习提供必要的指导与支持，创设学习资源与环境，以促进学生的自我教育与发展。此外，教师还要相信学生有自我实现的学习动机，让学生对教学过程和结果有更多的自主权。虽然其他学科也经常提及学生主体性，但心理课上的学生主体必须有实在的、显示度高的教学过程作为有力支撑。

（三）辅导性

心理教师的个人素养、课堂氛围和心理辅导技巧共同决定了心理课具有辅导性特点。首先，辅导性体现在心理教师的共情、真诚、无条件积极关注等个人素养上。共情是指教师能感知并理解学生的情绪并给出适当回应；真诚意味着师生间坦诚相待；无条件积极关注则表现为教师对每位学生都真心关怀。其次，辅导性体现在课堂氛围上。心理课的课堂氛围应使学生有足够的安全感和信任感，进而可以坦诚分享不同意义和各种感受。最后，辅导性体现在教师的心理辅导技巧上。倾听、澄清、面质、聚焦等技巧应贯穿课堂的每个环节，当教师能够自如地运用这些技巧组织课堂时，心理课的辅导性就会水到渠成地实现。

（四）开放性

心理课的开放性体现在教学内容的自由选择以及课堂环境的包容开放上。在教学内容上，心理课没有课程标准和教材的限制，教师可以根据学生的需求和兴趣在《纲要》的限定下自由选择活动主题，灵活设计课程。在课堂环境的创设上，心理教师应秉持包容和开放的心态，营造一种信任、安全的课堂氛围，鼓励每位学生在安全的环境中自由地表达自己的想法和感受。在这样的课堂中，每位学生的声音都被重视和尊重，每个人的观点都有机会被听到。教师还应以开放的态度对待学生的分享内容，不预设标准答案，而是接纳多元视角。当然，也要注意这种开放是有度的，还需要体现课堂的教育性。

（五）生成性

心理课具备活动性与主体性特点，这意味着生成性成为课堂教学的重要价值取向，其主要体现在教学资源的生成上。心理课是一种"体验课程"，每位学生对于教师给定的活动内容都有独特的体验与解读，从而能对给定的内容进行变革与创新。教师要转变传统的知识传递者的角色，把教学看作教师和学生在具体实践情境中共同创造和开发课程的过程，不断地捕捉、判断、重组课堂教学中从学生那里涌现出来的各种信息，把符合教学目的的有价值的新体验、新信息、新问题等素材纳入教学过程，构建动态的教学课堂。

第二节 心理课与类似范畴的关系

在一些书面和口头表述中，存在心理课与一些类似范畴界限不清、名称混淆使用的现象，这在一定程度上降低了心理课的专业归属，也因此影响了心理课教学工作的有效推进。

一、心理课与团体心理辅导、团体心理咨询、团体康乐活动

心理课通常以班级团体心理辅导的形式开展，它与团体心理辅导、团体心理咨询、团体康乐活动在很多地方有所交叉和联系，但也存在很大的差异。

团体心理辅导是以团体为单元，围绕某一心理主题分享信息、交流意见，以达成认知学习目的的一种心理教育活动。团体心理咨询是在团体情境下提供心理援助与指导的一种咨询形式，由领导者根据成员问题的相似性组成课题小组或成员自发组成课题小组，通过共同商讨、训练、引导，解决成员共同的发展或心理问题。团体康乐活动是一项使参加者健康快乐进行的集体活动，活动目的在于增进参加者的友谊，建立良好的人际关系，活动内容包括团体的身体健康和团体的心理健康两个方面，其活动重点在于营造团体快乐的氛围。

心理课、团体心理辅导、团体心理咨询、团体康乐活动都涉及心理健康与心理发展领域，都由团体活动构成，都在团体情境下利用团体动力推动活动的进行，都需要营造信任、支持的团体氛围，都通过集体参与和交流来促进个体的心理健康。但从本质上来说，心理课是排入学校课程表的正规课程，所涉及的活动是课程意义上的活动，而团体心理辅导、团体心理咨询、团体康乐活动则是课程以外的活动。它们之间具有明显的不同。

数字资源1-1
心理课与团体心理咨询、团体心理辅导、团体康乐活动的区别

二、心理课与道德与法治课

道德与法治课（以下简称道法课）是义务教育阶段的综合性学科课程，与学生的社会实践生活联系密切，心理健康教育的内容是其课程内容的重要组成部分。道法课的部分授课主题与心理课的主题十分贴近，如部编版七年级上册的"成长的节拍"单元中的"认识自己""做更好的自己"，五年级上册的"我们一家人"单元中的"读懂彼此的心"等。心理课与道法课的共同点体现在以下几点：在课程理念上，都强调心理健康教育理论与方法的应用，强调活动性，注重让学生在活动和体验中感悟；在课程内容上，都强调从学生的社会生活实际出发，做到实际意义重于理论知识；在课程目标上，都把健全人格、提高全体学生的心理健康素质放在第一位。二者互为补充、相辅相成，共同促进学生的心理健康发展。

但心理课与道法课在性质、课程理念、教学方式和教学评价方面也存在较大的区别。在性质上，心理课属于活动课程，以帮助学生获得直接的心理体验为主旨；道法课属于学科课程，侧重于向学生传递间接经验与知识。在课程理念上，心理课突出教育性、发展性，侧重情感目标；道法课突出思想性，侧重认知目标。在教学方式上，心理课侧重于学生的主体性，注重学生的交流与互动；道法课以教师为主导，引导学生学习。在教学评价上，心理课强调过程评价，侧重考察学生的学习过程与心理体验；道法课强调结果评价，侧重考察学生的学习结果。

除了上述道法课，心理健康教育主题班会课与心理课的区别也是开展不同类型课程设计时需要注意的。本书第十二章将专门介绍心理健康教育主题班会课的设计，对心理课与心理健康教育主题班会课的关系将会有详细阐述。

第三节 心理课设计的意义及基本原则

相信不少心理教师经历过以下情境：备课时只备课件，不备教案；备课往往基于经验或者灵感，缺乏操作上的理性思考；上课时糊里糊涂，下课后不知所云……也许心理教师会为了上好一节心理课而努力练习言语表达、提高课件制作水平、学习教学技巧等。虽然这些有一定的作用，但若只重复这些方面的练习，将只能停留在进阶状态，无法达到高手水平。正所谓"万丈高楼平地起，打好基础是关键"，教学设计就是上好心理课的底层逻辑。专业的教学设计需要有相关理论做支撑，才能实现专业的实践操作。

一、教学设计对教学的指导作用

教学设计是为达成教学目标而进行的系统化教学规划。教学设计对教学工作的指导作用主要体现在教学目标、教学内容和教学过程三大方面。

（一）对教学目标的指导作用

心理课的质量评价标准，应是教学目标的落实程度，也就是学生的有效学习程度。教学设计为教师提供了清晰明确的课程设计图，回答了学生应该学什么以及如何进行学习的问题。

（二）对教学内容的指导作用

好的教学设计提供了一条清晰而明确的逻辑主线，指导教师选择、组织、编排心理课的活动内容与方式，发现、删除不属于逻辑主线上的内容，从而保证课堂活动的逻辑性，达成有效的教学目标。而教学内容的设计也有助于教师考虑到学生的先前知识、学习需求和兴趣，确保内容的合理性和有效性。

（三）对教学过程的指导作用

教学设计不仅有助于教师选择适当的教学活动和教学策略，促进学生的参与和交流，还能帮助教师选择合适的课堂互动方式、实践活动等，以促进学生对教学内容的深入学习和理解。

教师应该意识到教学设计是非常重要的一项专业基本功。从考核要求看，在历届心理教师专业技能比赛中，教学设计都是必要且重要的环节。例如，在第四届广东省中小学青年教师教学能力大赛中，教学设计一项占总成绩的50%，且比赛项目之一的"心理活动课教学片段展示"环节包括教学设计和现场教学。其中，教学设计要求选手选择五种不同类别的内容准备教学题目、教案和课件集中上交参加评比；现场教学要求选手现场抽签，从五个教案中选择一个，并选择其中的十分钟课程内容进行教学片段展示。这些评价标准说明心理课的教学设计能力是评估心理教师教学能力的重要依据。只有精心打磨心理课的教学设计，参与教学设计的实际过程，心理教师才能不断提高课程设计能力，提升教学设计能力，全面提升自身的专业胜任水平。

二、心理课教学设计的特点

心理课教学设计是指一节心理课的具体教学方案的设计，包括教学目标编制、教学过程设计以及教学方案撰写（本书中，心理健康教育课程设计、心理课设计与心理课教学设计同义）。尽管心理课是一门活动课，课堂内容以活动为主，但是并不意味着心理课可以脱离教学设计。

传统的学科课程观认为，教学意味着教师在学校环境中，依据教学大纲规定的标准、内容和进程，对学生实施有目的、有计划、有组织的教育活动。这类教学设计的本质是采用系统化方法将不同课程资源进行整合，并为教学活动中相互联系的诸多环节做出整体规划，旨在实现特定的教育目的并规划授课内容、方法及预期成果。这种教学设计立足于认知主义教学模式，强调将教师作为教学活动的中心，重视知识的讲授和传递。

相较于传统学科的教学设计思路，心理课的设计思路更强调以学生为中心，注重活动性、体验性、生成性。也就是说，心理课的教学设计思路，是围绕心理课的教学目标，在国家、省、市相关文件指导下，受一定教育价值观念和活动课程理念的主导，根据学生的具体情况和心理需求，综合考虑活动内容、教与学的活动方式、教学程序安排、教学传媒运用等因素，形成一个总体的活动框架。这个总体的活动框架通常包括教学学时、教学理念、教学内容、教学对象分析、教学目标及教学重点与难点的拟定、教法与学法、教学流程、板书设计及教学反思等多个方面的内容。

三、心理课教学设计的基本原则

在开展具体的教学设计之前，有必要先了解心理课设计的基本原则。综合来说，心理课的设计需要遵循以下五个原则。

（一）科学性与实效性相结合

跟其他学科课程一样，心理课是有计划性、系统性要求的，应根据《纲要》和地方相关文件，科学编排课程。心理课遵循科学性原则，要求教师在确定课程内容时，根据学生身心发展的规律和特点，遵循心理健康教育的规律，基于心理学领域的科学研究和理论，确保活动内容与方法既有科学依据，又符合学生的年龄特征。心理课遵循实效性原则，要求课堂内容紧密联系学生实际，将心理学理论与实际情境相结合，注重心理健康教育的实践性与实效性，切实提高学生的心理素质和心理健康水平。

（二）活动性与体验性相结合

心理课注重学生的积极参与，通过开展各种形式的活动，例如小组讨论、心理训练、案例分析、情境设计、角色扮演、心理情景剧等，让学生能够亲自参与并动手实践，通过活动载体获得此时此地的心理体验和有关信息，促进学生的自我建构和自我教育，进而实现学生的自我心理发展。体验往往来自活动，但是有活动不一定有体验，更不一定有深入的体验。教师在选材和开展活动设计时，只有抓住学生关心的问题，用心思考和组织，才能打动学生，促成学生的相关体验，让学生在体验中获得感悟和成长。

（三）发展性与预防性相结合

心理课的目标要立足于教育和发展，以发展性目标为主，以预防性目标为辅。心理课的重点在于培养学生的积极心理品质，挖掘他们的心理潜能，同时注重预防和解决学生在发展过程中的心理行为问题。在发展性方面，关注学生的身心发展需求，贴近他们的现实生活需要，选择具有普遍性和前瞻性的教学内容，促进学生的心理发展，提高学生的心理素质，真正使教学走在发展前面。在预防性方面，通过帮助学生学会识别和解决潜在的心理困扰，提供相关的心理健康知识与技能，预防与减少心理问题的发生和发展。

（四）主导性与主体性相结合

在心理课中，学生是主体，教师主要给予其指导与支持。教师的主导性主要体现在设计活动目标与内容，提供专业的知识、技能与态度，提供相应的学习资源等。学生的主体性主要体现在学生主动参与活动，自主生成活动素材，积极关注自身心理健康，积极主动地成长。而学生的主体性能否充分体现，与教师主导性发挥是否得当密切相关。可以说，发挥教师主导作用的目的是让学生的主体性在课堂中得到体现。而学生的主体性并不等同于课堂上的散漫，其因有教师主导而有助于教学目标的达成。

（五）普遍性与个别性相结合

与个体心理辅导不同，心理课面向全体学生，尽量让所有学生参与到课堂活动中。心理教师在考虑共性的同时，也要兼顾特定学生的情况，尽量使每位学生都能产生心理体验，保证每位学生都能在心理课上有所收获，促进全体学生的人格健全发展。例如，在设计活动内容时，心理教师需要从符合学生当前阶段身心发展特点的共同心理发展需求与心理困扰出发，选择具有普遍性的主题。同时，心理教师还要关注学生的个体差异，根据不同学生的特点和需要因材施教。总体上说，要以面向多数学生的共性问题为主安排课程。

第四节　心理课设计的基本环节

心理课的活动内容丰富，活动方式多样，然而，热闹、有趣并非一节好的心理课所重点追求的。如果只是单纯地堆砌活动，而没有一条清晰明确的逻辑主线，那么，教学活动往往只会停留在表面，难以触及学生的心灵深处，教学目标也就难以达成。为了让大家对心理课的设计思路有一个大概的印象，本节根据各环节需要完成的主要教学任务，将心理课的设计流程分为教学目标设定、教学过程设计、教学方案撰写三大环节，并对各环节进行大致的阐述。本书也将从第二章开始，对心理课设计过程中的相关操作逐一进行具体的展开介绍。

一、教学目标设定

教学目标设定这一环节的具体设计工作包括做好主题选择、梳理教学理念、精准分析学情、设定教学目标和确定教学重难点。

（一）做好主题选择

心理课的主题选择具有较高的灵活性，但应确保选题基于相关的政策文件，尤其是《纲要》以及地方制定的指导性文件，如《广东省教育厅关于中小学心理健康教育活动课内容指南》。《纲要》针对小学低年级、中年级、高年级，初中、高中阶段分别提出了心理课的教学主要内容，囊括认识自我、学会学习、人际交往、情绪调节、升学择业以及生活和社会适应等主题。而《广东省教育厅关于中小学心理健康教育活动课内容指南》则更加细化，不仅分小学低年级、中年级、高年级，而且对初中和高中的每个年级需要开展的课题进行了具体划分。在同一主题下，区分了不同年级阶段的深度，如"认识自我"主题下，小学低年级是"帮助学生了解自己的外表，初步学会自我控制，树立纪律意识"，初二年级是"帮助学生客观和全面地认识自己、评价自己，提高自我意识水平"，高一年级是"深入了解自我的三个维度（生理我、心理我、社会我），对理想自我与现实自我进行合理分析，恰当地进行自我定位"。总之，选题是进行心理课设计的第一步工作，必须选对选好，保证不偏题，这样心理课后续的设计开展才有基础。

（二）梳理教学理念

教学理念是指导教师的教学思路和方法的基本原则，通常由专业依据和教学理论依据两部分组成。专业依据是教学内容设计的基石，是心理教师专业性的重要体现。每个教学主题都应该有相应的心理学专业依据作支撑。以"自我认识"主题为例，有多个心理学专业依据可供采用，如乔哈里视窗理论、自我效能理论、冰山理论、自我偏差理论等。尽管在一个主题下能够有多个专业依据，但一般来说，往往围绕一个专业依据来深入开展，以确保教学内容的一致性和深度。教学理论则是课程开展的教学模式的依托。不同的教学理论会导致不同的教学模式，这些模式涉及情境、程序和方法的组合。一些常用的教学理论包括团体动力学理论、体验式教学理论、建构主义教学理论、非指导性教学理论等。教学理论决定了教学框架和教学过程的设计。如果是参赛的心理课，要尽量反映先进的心理健康教育理念，在具体的流程设计中体现授课者的功底及创意。

（三）精准分析学情

学情分析是教育过程中的重要环节，它有助于教师深入理解学生的背景和需求，以便更有效地设计和调整教学流程。教师在分析学情时，需要从两个方面进行：一方面，要深入研究学生的年龄特征和处于不同心理发展阶段的特点；另一方面，要掌握学生的普遍心理和发展需求、兴趣爱好、学习风格，了解他们的思维方式、情感需求、感兴趣的话题，以及可能遇到的困惑和挑战。在了解上述两方面信息的过程中，教师对学生的洞察力及课堂的调节力将得到有益提升，这有助于教师将教学内容与学生的实际需求和背景相结合，即让教学内容和采用的方法、素材等都能够贴着学生走，选择与学生生活实际联系最密切的内容。

（四）设定教学目标

教学目标决定了教学活动实施的方向和预期达到的结果，是心理课包含的一切教学活动的出发点和最终归宿。教学目标的有效确立与规范表述，是进行科学的教学设计的关键。教师需要根据教学理念和学情分析的结果，明确希望学生通过心理课掌握的知识与技能。教学目标一般包括过程与方法，情感、态度和价值观方面的三维目标，通常用可操作的行为动词进行描述。越是采用清晰、明确、具体化的表述，教学目标的可操作性越高。设定教学目标时需要紧扣课程主题，此外还需要体现立德树人理念，使教学目标符合各学段学生的年龄特点等。

（五）确定教学重难点

心理课的教学过程需要明确课程的教学重难点，将重点活动设计聚焦在关键概念上，并制定应对重点和难点的有效教学策略。教师在进行教学重难点的处理时，应对课程内容进行深入理解和分析，明确本节课的关键概念和关键目标。教师对教学重难点的突破过程，是课堂教学的核心部分。用什么样的教学方式突出教学重点，用什么样的教学策略突破教学难点，是教师教学能力的重要体现。目前，大多数教师在教学设计时并未明确指出解决教学核心部分问题的手段和方法，而是简单地将其置于教学过程中进行一般性处理。这是开展教学设计时需要注意的问题。

二、教学过程设计

在确定了主题、目标、重难点等大的问题之后，就需要对具体的教学过程进行设计。这一环节的主要工作包括创设教学情境、选择教学方法、丰富教学素材、设计板书和学习单等。

（一）创设教学情境

心理课非常强调体验性、活动性与实用性。在心理课上，要让学生获得新体验和新知识，就要将其和学生已有经验相联系，把学习内容放到贴近学生心理世界的情境中。情境创设在教学设计中扮演着关键的角色，它有助于学生将学习与现实情境相连接，从而使学习更加生动且具有实际意义。基于教学目标设定阶段已经完成的任务，此部分工作教师需要思考的问题主要包括创设何种情境以促进学生的积极参与和启发学生，是创设单个环节的情境还是贯穿全课的情境，如何创设具体的情境以确保每个教学环节都与学习目标紧密相连等。

（二）选择教学方法

教学方法是达成教学目标的手段和策略。适合心理课的常规教学方法包括讲授法、演示法、讨论法、角色扮演法、练习法、表达性艺术疗法等（本书的第七章将对心理课设计中常用的教学方法进行详细介绍）。教学方法的选择受到多种因素的影响，包括教育目标、学生群体的特点、教学理念、情境创设等。不管是哪种主题的心理课，所采用的教学方法都必须符合教学基本原则，符合学生年龄特点，且能够引导学生进行思考和体会。同时，要意识到所采用的教学方法可随着教学过程的展开而进行调整和优化。

（三）丰富教学素材

教学素材是用来传达和展示课程内容的关键工具，包括文字、图像、多媒体资源等多种形式。当前，不少心理教师在选择教学素材时仅仅依赖于网络上收集的资源，而未充分考虑教学素材的设计和定制的必要性。网络的现成资源普遍存在不能紧扣主题、对学生而言不够新颖的问题。教学素材的设计过程，涉及教学素材的选择、加工、呈现、分析、主题回归以及结构设计等多个方面。在确定大致的教学框架后，教学素材是否丰富将成为一节心理课能否出彩的关键点。

（四）设计板书和学习单

在教学过程设计阶段的末尾，教学内容与方法已经基本敲定，此时就可以着手设计课程的板书和学习单了。在心理课上，板书一般用来呈现心理课的主题、课程内容的逻辑结构、可视化信息以及生成性课堂资源。有些教师上课不重视板书，可能上完一节课只在黑板（或白板）上写了两三个字，甚至完全不板书，这是对板书的意义理解得不够深入造成的。由于心理课没有统一的教材，教师经常需要设计专门的学习单，以便学生进行纸笔练习和反思。学习单在心理课中扮演着引导学生自主学习和进行知识建构的关键角色，一般包括活动内容、问题和练习等。根据我们的观察和实践经验，学习单有助于学生投入课堂，且能集中呈现课堂学习效果。

三、教学方案撰写

教学目标设定阶段与教学过程设计阶段体现了心理课教学设计的整体思路，而教学方案撰写则是将教学设计的思路具体化并以文字形式呈现出来的关键步骤。教学方案是教师备课成果的集中展示，可以从中看出教师在课程实施前所投入的努力和专业与教学功底。必须指出，教学方案不是教师上课每个步骤的详细呈现，一般不需要把教师要说的每句话都写下来，更不能把学生的回答都预设好。同时，教学方案本身也是一个不断完善的过程，如同教师的成长一样，教师需要根据每次课后的反思对教学方案进行持续的改进打磨。

下面以《巧对唠叨，添"家"正能量》（洪榕，2020）[①]为例，介绍心理课设计中教学方案的撰写。该案例将一份心理课教学设计方案分为课程标题、选题依据、教学依据、专业依据、教学对象及学情分析、教学目标、教学重难点及相应的教学策略、教学方法及准备、课程框架、具体教学流程及时间分配、板书设计、参考文献或附录、教学反思等部分。对这些部分的排版方式，有的教师会用加表格框架的方式呈现，这里为了方便排版，用不加框的文本格式呈现。此外，本书从第二章开始有对各具体环节的详细介绍，因此这里着重对教学方案中各部分的撰写要点进行说明。

巧对唠叨，添"家"正能量

（标题对一节课的重要性如同名字对个人的重要性。一个好的标题要做到以下几点：点明课程主题，有关键词，使人一看就知道这节课讲的是什么主题；

---

① 本书中标注了作者及年份，但在后面的参考文献中未列出的课例，除了作者原创未发表的课例，均选自黄喜珊主编的《心理健康教育课程设计获奖案例解析》（华中科技大学出版社，2023年出版）。

表述体现出课程设计的积极导向；用词精练而巧妙，一语双关会更加让人印象深刻。本标题符合上述要求。）

一、选题依据

《纲要》明确指出，初中学段的心理健康教育内容包括积极与老师及父母进行沟通。根据当前初中生的身心发展特点和实际需求，拟选取"面对父母的唠叨"这一主题进行设计。

（《纲要》是最常用也是最权威的选题依据，各省市的相关文件都是按照《纲要》的精神制定的，也都是可以参考的依据。教师在选题时还可以参考其他政策性文件。参考文件可以列多个，但不要写太多，毕竟一节课的容量是有限的。写的时候还要注意体现文件与本课的衔接，而不是照搬。可先写出选题依据的内容，然后说明本课依据文件确定了什么具体主题。选题也可以直接来自现成的教材。如果选题来自教材，可以直接放在教材的封面，并用文字写明教材的信息，以及选用了里面哪一节的内容。）

二、教学依据

本课教学方法及流程采用了体验式学习理论的观点。体验式学习是指通过精心设计的活动、游戏和情境，让学生在参与过程中观察、反思和分享，从而对自己、他人和环境产生新的感受和认识，并将这些新的认识运用到现实生活中。体验式学习理论强调以学生为中心的学习过程，认为知识并非由教师通过讲授的方式传递给学习者，强调学习者在学习环境中通过"做中学"的方式来掌握和运用知识。学生要经历体验、发现、反思、运用四个步骤，从而实现有意义的学习。

以体验式学习理论为理念进行设计，本课将活动体验、互动解读、总结应用融合在课程设计中。在活动体验阶段，通过视频创设情境，激活学生体验并激发学生改变消极应对方式的动机，学生在教师创设的情境中学习"巧对唠叨三部曲"；在互动解读阶段，学生在互动讨论中深入理解"巧对唠叨三部曲"的内涵，营造充满理解和爱的氛围，升华情感；在总结应用阶段，教师总结回顾本节课的内容，学生在教师创设的若干情境中学以致用，并结合自身经历，改写各自的唠叨故事。

（这里的教学依据指整节课教学流程运作的设计依据，教师可以根据自己擅长的教学理论、所要讲授课程的内容及形式特点，从常用的教学理论中选择一种。一般先写该教学理论的主要观点及相应的课程流程，再介绍在本课中如何运用该教学理论设计相应的教学内容，组织相应的活动。）

三、专业依据

唠叨是生活中常见的一种言语行为，《现代汉语词典》将其定义为"说起来没完没了；絮叨"。本课主要内容参考了家庭治疗师萨提亚提出的一致性沟通模式。一致性沟通模式关注自我、他人与情境三方面的和谐互动，即关注自身感受、真实表达观点和期待，同时关注他人的感受、观点和期待并兼顾情境。一致性沟通模式倡导教会人们肯定自我并与他人互动的方法，关注自身积极的内部资源，是一种更有利于体现自我价值的沟通方式。它启发人们认识到问题本身不是问题，应对问题的方式才是问题。这为青少年有效沟通的认识与探索提供了有益的借鉴和启示。一致性沟通模式在关注自我、他人与情境这一方面与亲子沟通中的唠叨情境相吻合。本课参考一致性沟通模式的框架，让学生认识到面对父母唠叨时可以有更适当的应对策略，体会到巧对唠叨的效能感以及与家人的联结感，掌握巧对父母唠叨的策略。

（上文的教学依据与这里的专业依据为心理课的科学性和有效性提供了重要保证。教学依据侧重教学流程和方法上的设计，专业依据侧重所讲授内容的科学性和可靠性。本课的关键概念是唠叨，首先要对其概念进行澄清。虽然课堂上教师不一定会对学生讲这些专业概念，但作为授课教师必须熟悉这些基本概念。本课中要教会学生巧对唠叨，教师自己必须对此有深入了解。作者选用了一致性沟通模式作为这部分内容的专业依据。这些都要比较具体地写在教学方案上。如果选题是来自教材，因为教材中有相应的参考资料，专业依据也可以按照实际教学安排写教材中的内容。）

四、教学对象及学情分析

本课的教学对象为初中二年级学生。这一时期的学生正处于青春期，自我意识飞速发展，希望寻求更多的独立性，处于要求全面独立的"第二反抗期"，但同时他们的身心发展尚不成熟，情绪波动具有两极化特点，社会经验十分欠缺，看待事物不够全面，人际交往的技巧不足，处于半成熟半幼稚的"心理断乳"期。尤其在2020年这一特殊的年份，新冠疫情、汛情等重大事件的发生更容易让学生产生焦虑、担忧等消极情绪，而在漫长的居家生活中，处于青春期的学生与父母朝夕相处，难免会在日常事务上与父母产生摩擦或分歧，引发矛盾，容易对父母的唠叨产生抗拒、反感的情绪；又因为学生缺少与父母沟通的技巧，容易采取过激的言语和行为，导致亲子矛盾激化。

针对初中年级学生的线上调研结果显示，父母唠叨现象在初中阶段表现得尤为突出。具体表现如下：父母唠叨的内容集中在学业、娱乐、卫生、安全、社交、服饰、饮食等方面；听到父母唠叨后的主要感受有烦躁、无奈、委屈、厌恶、内疚等；对于父母唠叨采取的应对策略有假装听、敷衍、顶撞、岔开话题、生闷气等。从调研数据可以看出，学生在面对父母唠叨时，产生的心理感受比较负面，且缺乏有效应对父母唠叨的策略（陈滢、储琛婷，2018）。

（在这部分，首先要写清楚教学对象是哪个学段或年级的学生，再对其主要心理特征或问题表现进行深入分析。撰写时要有针对性，如新冠疫情这一特定的社会背景引发这一阶段的学生产生什么心理问题。对学情的准确分析也是一节心理课科学性的体现，所以在阐述教学对象的心理特征时，要体现出有依据有出处，或者是发展心理学的阶段心理特征阐述，或者是一些文献调查所得到的结论。还要注意不能写得太泛，要紧密结合本课的主题来分析教学对象的心理特征和需求，以自然引出后续的教学目标。）

五、教学目标

（1）认知目标：认识到面对父母唠叨时可以有合适的应对策略。

（2）情感目标：体会到巧对父母唠叨的效能感以及与家人的联结感。

（3）行为目标：初步掌握巧对父母唠叨的策略，与家人和谐相处。

（一般把教学目标定为三个方面，即三维目标——知识与技能、过程与方法、情感态度和价值观，也可以表述为认知目标、情感目标和行为目标。两种设定方法均体现出心理课触及学生知、情、意、行的各个方面，将学生作为一个完整的个体看待，与心理课设计的逻辑及团体运作是一致的。撰写教学目标时，要注意表述精练聚焦、实在可操作，三维目标环环相扣且层层递进，措辞表述规范准确，每个目标各司其职，还要体现积极心理学的取向。最好能够结合课程思政，体现心理课在立德树人功能上的作用。）

六、教学重难点及相应的教学策略

1.教学重点：初步掌握巧对父母唠叨的策略

教学重点的突出策略：首先，在"初探唠叨"阶段通过情景剧视频创设情境，让学生在教师创设的情境中轻松学习"巧对唠叨三部曲"；其次，在"直面唠叨"阶段通过同桌一对一互动，让学生在互动中进一步体验和感悟，在讨论中进一步领会和理解，加深学生对"巧对唠叨三部曲"的认识；最后，在"共对唠叨"阶段通过让学生在情境中学以致用，并由他人及自身改写过去的唠叨故事，考查学生对"巧对唠叨三部曲"的理解，鼓励学生在生活中加以应用。

2.教学难点：体会到巧对唠叨的效能感以及与家人的联结感

教学难点的突破策略：首先，本课从积极心理学的视角出发，想传达给学生的底层逻辑就是在面对父母唠叨时我们可以有所为来改变当下的情境，学生可以在应对父母唠叨的过程中体会到效能感；其次，在设计上，本课通过情景剧视频、角色扮演、改写故事等方式，让学生在情境中了解、体验、运用"巧对唠叨三部曲"，在情境体验中理解父母，在学以致用中收获效能感、体会与家人的联结感，从而突破教学难点。

（教学重点与难点有不一样的含义，教师要注意在撰写时加以区分。教学重点和教学难点可以与教学目标有相同之处，比如教学目标中的情感目标是教学难点的内容；也可以不同于教学目标。要根据实际情况确定和撰写。这里要注意的一点是，设定教学重难点的目的是让授课者想好怎么把这些重难点内容讲好，所以写了重难点之后最好写上相应的教学策略，即重点如何突出、难点如何突破，通过什么教学方法或教学素材或活动组织等来实现也要考虑清楚，并在实施教学时落到实处。）

七、教学方法及准备

（1）教法：讲授法、讨论法、多媒体教学法等。

（2）学法：探究学习、合作学习。

（3）教学准备：课件、粉笔/白板笔、翻页笔、视频、视频播放器、教具（见附录）。

（教学方法包含教的方法（教法）和学的方法（学法）。教法的主体是教师，学法的主体是学生，要分开来写。心理课的学法中最常见的是探究学习和合作学习，而这些学法有相对应的教法，比如讨论法。如果教法中只有讲授法，而学法中有探究学习和合作学习就是不合逻辑的。所以在确定教学方法时一定要深入思考。教法和学法还要尽量多样化，但也不要五花八门，要围绕教学目标和心理课的特点设定。教学准备也可以写在这一部分，教学准备一般不需要样样都写，但与本课课堂实施密切相关的、独有的课堂元素要写清楚。）

八、课程框架

本课分为"初探唠叨""直面唠叨""共对唠叨"三个阶段。

第一阶段：活动体验，初探唠叨。通过唠叨视频创设情境，激活学生的唠叨体验，激发学生改变消极唠叨应对方式的动机，引导学生在教师创设的经典亲子唠叨情境中学习"巧对唠叨三部曲"。

第二阶段：互动解读，直面唠叨。通过同桌互动并分享感受，进一步体验"巧对唠叨三部曲"，在讨论中进一步理解和认识父母；基于小组讨论的结果，教师协助学生深入理解"巧对唠叨三部曲"的内涵，营造氛围，升华情感。

第三阶段：总结应用，共对唠叨。本阶段引导学生回顾课堂内容进行总结，创设几个不同的亲子唠叨情境让学生学以致用，并结合过去经历改写各自的唠叨故事，综合考查学生对本课内容的理解。

（课程框架就像骨骼，支撑起整节课的内容。一般用流程图的形式呈现。本课共分三个部分，第一部分是课程的教学环节，第二部分是对应各教学环节的教学内容或活动设计，第三部分是各教学环节所用的时间。一般第二部分会写得比较具体，有时也会写上各环节的设计意图。课程框架是教学方案的核心部分，也是集中体现教师设计思路的部分，对这部分要用心撰写，流程图要尽量做到美观清晰、一目了然，第二部分的文字表述要体现出层层递进的关系。如本课就是从初探唠叨到直面唠叨，再到共对唠叨。除了呈现流程图，还需要简要说明各部分的做法。如果是选择教学片段进行授课参赛或提交片段教学视频,要在流程图中指出哪部分被作为教学展示内容。)

九、具体教学流程及时间分配

本节课为40分钟的教学设计。全课流程如下。

（一）活动体验：初探唠叨（10分钟）

【设计意图】

通过播放情景剧视频创设亲子唠叨情境,激活学生体验;在互动分享中引导学生发现常见唠叨应对方式的破坏性结果,分析面对父母唠叨时的常见心理过程,激发学生改变消极应对方式的动机,让学生在教师创设的亲子唠叨情境中学习"巧对唠叨三部曲"。

（教师要养成写设计意图的习惯,这会提醒教师在进行每一步的教学设计时都不忘初心,即牢记本课的目的,从而促使自己不偏向、不离题,始终聚焦于课程的教学目标。）

数字资源1-2
"巧对唠叨,添'家'正能量"的教学流程

【活动程序】

1. 故事展播

展示超限效应小故事,即马克·吐温因为牧师过多的话语而引发过激反应的故事,通过互动集中学生注意力,激发学生兴趣并引出话题。

2. 情景再现

播放小明由于玩手机被妈妈唠叨,两人最终发生冲突的情景剧片段,创设亲子唠叨情境,激活学生体验。

（可以适当选择一些课件放到教学方案中,图文并茂的观感会给读者带来更好的体验,同时体现出授课者的准备是充分的。已经上过课的还可以加一些课堂互动的图片,让读者间接感受到该心理课堂良好的现场氛围。）

3. 互动分享

学生分享自己被父母唠叨的经历以及当时的心情和应对方式。

4. 总结分析

结合学生分享的经历,总结常见的应对方式及其导致的结果,并分析面对父母唠叨时常见心理过程：产生负性情绪—任由情绪发展—忽略双方需求—暴力沟通—出现破坏性结果,家庭负能量值升高—产生更多的负性情绪（呈现在PPT上）。

（将上文所述PPT加到教学方案中,可以更直观地呈现重点内容。当然,课件制作精美是前提。所以教师也需要学好如何制作课件。）

数字资源1-3
面对父母唠叨常见反应线

5.方法讲授

（1）觉察我情绪。

首先，分享觉察我情绪的三个步骤：A（appoint），约定信号，即当感觉到因父母唠叨而产生情绪时，小声说出情绪信号，给自己一个启动信号；B（breathe），即调整呼吸；C（confess），自我告白，即对自己的情绪进行内心独白。之后播放小明对该部分方法的实践及效果视频。最后进行小结，引出巧对唠叨第一步——觉察我情绪。

（2）理解你需求。

首先回顾小明妈妈唠叨的话，接着引导学生进行换位思考，让学生和同桌进行讨论，挑选小明妈妈的一句话进行分析，尝试找出她的想法和期待，然后请学生分享讨论的结果，最后进行小结，引出巧对唠叨第二步——理解你需求。

（3）表达我讯息。

首先播放三段应对父母唠叨的话语，让学生感受、甄别哪一段话更可能避免矛盾产生，接着引导学生分析这段话的表述特点，然后总结出"我句式"：父母言行的客观描述+我的感受+我的需求。最后进行小结，引出巧对唠叨第三步——表达我讯息。

6.口诀总结

师生齐诵"巧对唠叨三部曲"的口诀"一是觉察我情绪，牢记秘诀ABC；二是理解你需求，换位思考必须有；三是表达我讯息，用我句式更清晰"。

（二）互动解读：直面唠叨（15分钟）

【设计意图】

通过同桌一对一的唠叨体验，在互动中进一步体验"巧对唠叨三部曲"，初步体会巧对唠叨的效能感；在分享和讨论中进一步理解父母，体会与家人的联结感；基于小组讨论的结果，教师协助学生深入理解"巧对唠叨三部曲"的内涵，营造充满理解和爱的氛围，让学生获得对于父母和"巧对唠叨三部曲"的新认识。

【活动程序】

1.互动体验

同桌两人进行一对一唠叨体验，一人饰演家长，另一人饰演孩子，根据给定唠叨情境进行演绎体验。

2.分享讨论

学生在小组内分享自己的想法、体会和感受。各小组选取一名代表汇总讨论成果并在全班分享。

3.升华解读

教师结合学生的分享深入解读"巧对唠叨三部曲"的内涵，营造充满理解和爱的氛围，升华情感。

（三）总结应用：共对唠叨（15分钟）

【设计意图】

回顾课堂内容并进行总结，通过创设情境让学生学以致用以及回顾过去经历，改写过去的唠叨故事，综合考查学生对本课内容的理解，引导学生在应对父母唠叨的过程中收获效能感，鼓励学生在生活中应用"巧对唠叨三部曲"。

【活动程序】

1. 学以致用

总结回顾全课内容，创设若干亲子唠叨情境，让学生尝试使用"巧对唠叨三部曲"进行应对。

2. 改写故事

学生回顾自身过去经历，改写各自的唠叨故事。

十、板书设计

板书设计如图1所示。

图1　板书设计

（板书是教学设计方案中的重要元素，即使是在普遍使用课件授课的今天，板书依然具有不可替代的作用。很多比赛和教师面试都有板书的单项分。在设计心理课时，要对这一部分内容有充分重视，而不是认为其可有可无。板书的设计方法在本书后面的章节有专门阐述。图1的板书清晰地体现了课程要点，在排版上层次分明、错落有致，同时注意到了板书要体现学生在课堂上的内容生成。）

十一、参考文献或附录

1. 参考文献

此处略。

（在专业依据、教学依据、学情分析中，如果有用到文献，要在教学方案中列出，这既表示对文献作者的尊重，也可以体现出课程设计有一定的科学性，还能体现授课者认真钻研的态度。）

2. 附录：教具设计

此处略。

（附录部分可以放本课的教具准备、课前调查材料、板书卡纸等。本课属于比赛课的设计和展示，考虑到写板书需要一定的时间，以及板书排版更为美观，因此采用的是事先打印板书标题和主板书的方式。）

十二、教学反思

本课的亮点在于以下几点。在选题上，以初中生生活中常见且头疼的亲子沟通情境——父母唠叨作为切入点，引导学生以更积极的视角看待这一情境，以更适当的方式去应对父母的唠叨，减少亲子冲突。在设计上，通过创设亲子唠叨情境，让学生在情境中了解、体验、运用"巧对唠叨三部曲"：第一阶段通过情景剧视频创设情境，激活学生体验，让学生在情境中学习"巧对唠叨三部曲"；第二阶段通过同桌互动、讨论分享，让学生在情境体验中深入理解"巧对唠叨三部曲"的内涵；第三阶段通过创设若干亲子唠叨情境，让学生学以致用，并结合实际改写各自的唠叨故事。整堂课是在情境包裹下进行的，让学生有参与感和体验感。

本课可以改进的地方有以下两点。首先，在"直面唠叨"和"共对唠叨"两个环节中，存在大量空白：一是情境体验和学以致用中都没有给出具体的情境故事，需要授课教师根据现实情况进行补充；二是在互动讨论、升华解读的部分比较考验授课教师的引导和临场发挥能力。其次，本课是针对学生的，引导学生以积极视角去看待和应对父母唠叨，但在现实生活中应用时难免会遇到各种阻碍，因此在实际应用中可以补充相应的家长课堂、家长讲座等，给家长分享塑造良好亲子关系的策略和方法，双管齐下，能更好地减少亲子冲突。

（撰写教学反思是促进教师专业成长的重要途径。一名专家型教师的成长往往伴随着其长期坚持的教学反思习惯。教学反思是授课者对整个教学设计的思考和自我评价。授课者可以在讲完课之后根据学生的上课情况进行反思并撰写，也可以在上课之前思考当前课程设计中可能存在的问题及不确定的地方。一般多写可改进和完善的地方。本课属于参赛的设计作品，在教学方案及说课环节列出了课程设计的亮点。教学反思可以体现出授课者对课程思考的深度及对今后改进的决心及清晰思路。）

关于心理课教学方案的撰写要点，除了上面对各部分的相应说明，当然还包括一些基本的文字表达要求，如不存在语法错误、文字精简扼要、观点明确、逻辑清晰、方便阅读理解等。这些虽然看起来是小事，但在我们平时看到的教学方案中，句子不完整、表述不聚焦等问题并不少见。在篇幅上，一些要求提交教学设计的比赛会将字数限制在5000字左右。

1. 心理课与团体心理辅导、团体心理咨询、团体康乐活动、道法课有哪些异同?
2. 心理课的教学设计对上好一节心理课具有哪些重要意义?
3. 心理课设计需要遵循哪些基本原则?
4. 心理课设计的基本环节有哪些?
5. 结合本章所学,完成一节心理课的设计并撰写教学方案。

第二章 心理课设计的选题策略

由于教材没有统一，心理教师可以根据地区和学情选择具体的主题，但也造成了一些课堂乱象，如心理教师选择主题过于随心所欲，只挑选自己熟悉或素材丰富的主题，或者同一主题在不同学段内容雷同，没有体现作为一门课程应有的阶段性、连续性和科学性。在当前没有统一教材的情况下，选题对心理教师设计课程提出的挑战可以说是巨大的。本章围绕心理课设计中的选题策略这一主题，对心理课设计中选题的意义、选题的常见问题及对策，以及选题策略进行介绍。

第一节 心理课设计中选题的意义

在心理课设计中，选题指的是确定一节课程的具体主题，以使后续课程设计工作有方向和目标。如果一节心理课没有明确选题，那么，无论是教学设计还是教学实施工作，都无从开展。然而，仅有明确选题是不够的，只有好的选题才能促成一节有序和有意义的课程。

一、选题的意义

首先，选题是进行心理课设计的第一步，也是决定一节心理课是否有意义的关键环节。《纲要》指出，心理健康教育的主要内容包括：普及心理健康知识，树立心理健康意识，了解心理调节方法，认识心理异常现象，掌握心理保健常识和技能。其重点是认识自我、学会学习、人际交往、情绪调适、升学择业以及生活和社会适应等方面的内容。可见，心理健康教育的实施包含多个维度的内容且内涵丰富，不同维度在不同的学段目标有所不同。因此，选题是教师在庞大的心理健康教育体系下实施心理健康教育的切入点。一个好的选题就是一个好的切入点，体现出教师对教育部门相关政策文件的良好领悟、对学生身心发展规律的了解以及对学情的准确把握。而一个差的选题，不仅体现出教师切入不准的问题，也暴露出教师对心理健康相关文件没有吃透、对学生发展规律不了解、对学情把握不准等问题。所以，教师在开展心理课设计时应准确选题，找准切入点，引起学生的兴趣，贴合学生的需要。

其次，选题也是实施心理健康教育的落脚点。《纲要》中提到，心理健康教育的总目标是：提高全体学生的心理素质，培养他们积极乐观、健康向上的心理品质，充分开发他们的心理潜能，促进学生身心和谐可持续发展，为他们健康成长和幸福生活奠定基础。心理健康教育的总目标是较为宏观的，心理课作为实施心理健康教育最重要的途径，要将一个个具体的选题作为路径去拆解和实现这些目标。在合适的心理课选题中，学生的心理技能一点点地得到训练，心理素养和水平也在不断提升。因此，一个好的选题也是有效实施心理健康教育的落脚点。

二、什么是好的选题

一个好的选题，往往需要满足以下几个标准，即符合文件要求、符合学生需要、回应社会所需、适合教师本人、体现教学创新等。

（一）符合文件要求

《纲要》和各省市关于中小学心理健康教育的文件，应置放于每一位心理教师的案头之上。对这些文件内容的熟知及精神领会，可以确保心理教师在开展各项心理健康教育工作时不偏离正确轨道，在心理课选题这一课程大方向把握上不会出现偏差，而且能保证课程内容的科学性。

（二）符合学生需要

课程是给学生上的，课程的教学效果取决于学生的体验，即是否投入、是否喜欢、是否有收获等。在撰写教学设计时，开篇需要写明的两大内容就是选题的文件依据和选题的学情依据。如果对此没有真实和有说服力的阐述，选题就是失败的。关于如何了解学生需要，在第三章"心理课设计中的学情分析"中将进行详细阐述。

（三）回应社会所需

教育必须始终服务于社会主义现代化建设的总体布局。心理健康教育的主要使命是提升学生的心理健康水平、培养学生的健全人格，为他们今后服务社会及人生发展打下良好的基础。因此，心理教师在选题时需要多关注社会时事和青少年儿童的共性问题，使心理健康教育更好地为社会稳定和发展做出贡献。

（四）适合教师本人

上过课或听过课的教师都知道，并不是每位教师都适合任意一个主题，能够用好任意一种教学方法。这是因为每位教师都有独特的生活经历和人生体会，也有不同的兴趣、能力等。在这种情况下，结合个人特色和相关因素进行选题，可以获得更佳的教学效果和教学体验。心理课的几大主题可以细化出很多选题，教师们可以从中进行选题挖掘。

（五）体现教学创新

上述标准中的前三点是选题时必须考虑，并常常在教学设计的撰写中呈现出来。第四和这里的第五点是为选题"锦上添花"的工作，即加分项。适合教师本人的选题将使教师在设计和实施时得心应手，体现教学创新的选题则会帮助教师在各种观摩、比赛中脱颖而出。从教师职业发展的角度来看，教学创新也应被教师视为一种追求方向。

第二节　心理课设计中选题的常见问题及对策

在心理教师实际的教学实践中，由于对政策性文件的要领把握不准、对学生的学情了解不深、教学经验尚浅等，在选题上容易出现一些问题。以下对这些常见问题及对策进行阐述。

一、选题切口过大，不深入

根据《纲要》，心理课的实际教学主要是围绕认识自我、学会学习、人际交往、情绪调适、升学择业以及生活和社会适应等方面的内容展开。教师需要根据不同的学段学情，教会学生不同的内容。但由于部分教师缺乏对相应主题细致和深入的了解，缺乏对主题的钻研精神，就容易出现选题切口过大的问题。

（一）问题举例

比如，对于"情绪调节"这一主题，教师可能会选择"情绪调节小妙招""我与情绪做朋友"等主题。如果是按照这样的选题上课，学生了解的是一些关于情绪调节的通用方法，整节课就容易泛泛而谈，针对性不强，也不能很好地体现心理教师的专业素养。实际的课堂情况可能是学生对常见的情绪是什么、可以用哪些词来表达自己的情绪都不清楚，更不用谈进行情绪调节了。这也体现了教师对学生的"最近发展区"把握不准的问题。

（二）应对方法

解决选题切口过大这一问题，应充分考虑学情和逻辑。比如，对于上面的"情绪调节"这一主题，可以按照"认识情绪—觉察情绪—调节情绪"这一顺序循序渐进地设置课程和主题，而非一开始就直接讲调节情绪（除非学生已经在这方面已经有了很好的基础）。而且，对于"情绪调节"这一主题，也可以分割细化为具体情绪进行选题，如"我的愤怒小怪兽""当我悲伤时""与焦虑对话""应对压力有良方"等。

选题时要找准一个小切口进行深挖，把主题讲细讲透，这样学生才会有更加深刻的体会和感受。比如对于"生命教育"这一大主题，如果把选题直接定为"珍爱生命，健康成长"，切口就显得太大。生命教育具有极其广泛的内涵，在课程主题设置上应该梯度式前进，如可以在认识生命、欣赏生命、挫折教育、生命意义以及生命价值等维度循序渐进地确定一些主题，如"我从哪里来""我们不一样，我们都很棒""曲折也精彩""为生命赋意""寻找'生命的宝石'"等。

二、选题贪多求全，不明确

对于课时量并不充裕的心理课而言，课堂时间非常宝贵。很多教师发现学生存在的实际问题后，急于在一节课里解决问题或是选题时没有进行充分的思考，这样就容易造成多主题的现象。

（一）问题举例

比如，教师发现学生容易因为家庭矛盾、同伴交往不畅等自伤，希望学生通过接受心理健康教育勇于面对挫折、珍爱生命，因此把主题设定为"直面挫折，珍爱生命"，这样就会造成双主题的现象：一节课里既要讲"挫折"，又要讲"生命"。如此一来，对于每一个主题都不可能进行深入的探讨，只能点到为止、泛泛而谈，造成课程内涵缺失、学生体验不深的后果。

（二）应对方法

教师不能贪多求全，在选题时要注意把握"一课一题一得"原则，精准地进行选题，通过设计由浅入深、层层递进的活动，抽丝剥茧地带领学生体验和领略该主题的内涵，这样学生才会有所得、有所获。

通常来说，当我们关注某一问题或现象时，其主题内容都比较宽泛，这就需要教师根据学生的核心问题逐渐缩小主题范围，找准问题的切入点。比如，面对学生自伤的行为，如果经过调查发现学生并未经历大起大落的事情，只是在负面情绪产生时习惯性地用自伤的方式来宣泄情绪，就可以选择与应对负面情绪相关的主题为切入点；如果发现大多数学生是在经历了较大的挫折后选择自伤，就可以选择与应对挫折相关的主题为切入点。

在面对内涵丰富、较为复杂的主题时，教师可以采用化整为零的方式，对主题进行分割，把一个大主题分解为几个小主题，通过设置具有连续性的教学目标来达到教学效果。比如，初中和高中正是性意识发展的关键期，教师可围绕"异性交往"这一主题设计系列课程，比如：以如何面对青春懵懂感情为主题内容的"情窦初开时"；以异性交往原则和方法为主题内容的"异性交往'红绿灯'"；以理解爱情是什么为主题内容的"爱情对对碰"；以提高爱的能力为主题内容的"修炼爱的能力"。

三、选题偏离实际，不落地

学者陶楚做过一个关于"高中生心理课主题选择"的调查，在教育部"一师一优课"平台上，共找到20个高一心理课主题，分别对高中心理教师和高一学生设置了如下问题"对于如下20个心理课主题，如果从中选择10个主题给高一的学生上，您会选择哪10个？""对于如下20个心理课主题，您最感兴趣的是哪10个？"调查结果显示，高中心理教师选择比例最高的前三个主题分别是"找到适合自己的学习方法""正确认识自己""时间管理助你张弛有道"，而高一学生最感兴趣的前三个主题分别是"友谊和爱情""学会选择""换个角度，解放心情"。可见，教师心仪的主题和学生感兴趣的主题存在错位现象。如果教师完全按照自己的理解去上心理课，在选题上就会出现偏离实际的现象。教师带着一个"想象"的主题去上课，结果只能是学生不感兴趣、无法引起共鸣。因此，教师要充分做好学情分析工作，除了对学生心理发展的总体特征把握到位之外，还可从班主任、科任教师、家长处了解学生面临的最真实的问题和困惑，从辅导学生的经验、与学生日常的对话、对学生的调查中了解学生对于心理课最迫切的需求。只有这样，才能上出一节让学生既心动又有收获的心理课。

四、选题缺乏共性，不典型

心理教师除了日常的上课，还要负责学生的心理辅导工作。在心理辅导过程中，教师可以更真切地了解学生面临的困境以及需要的帮助。有些学生的问题具有普遍性，如青春期自我意识的问题、异性交往的问题等。教师可以在学生的求助中找到灵感，并有针对性地设置相应的心理课主题。有些问题是个别学生的问题，比如自伤、家庭离异心理创伤等。这些虽然在心理问题中比较典型，却不是班级学生中的普遍性问题。

（一）问题举例

比如，以"如何应对自伤""父母离异后的自我关照"为主题给学生上课是不妥当的，因为这些选题并不是学生普遍的需要，在上课时有可能引发大部分学生的猎奇或旁观心理，使得学生投入不深。还有教师在公开课或者比赛课中，为了创新或出彩，剑走偏锋，选取一些小众的主题，如"走出'无聊'"，如果在课前没有通过调查发现"无聊"是学生面临的普遍问题，那么这种小众的主题或面向个别学生的主题在课堂上的呈现价值是不大的。

（二）应对措施

以课堂为载体的心理健康教育是面向全体学生的教育，教师需要通过普遍的选题，培养学生的积极心理品质，挖掘他们的心理潜能，使学生对于心理健康教育有积极的认识，心理素质逐步得到提高。同一年龄阶段的学生心理发展基本处于同一水平，他们在学习、人际、情绪调适、自我意识等方面遇到的问题、产生的困惑具有普遍性和规律性。心理课需要着眼于全体学生的共性和普遍性问题，将其作为选题，而个别的、病态的、消极的主题不能作为心理课的选题和内容。需要注意的是，教师在开展心理健康教育时，需要坚持面向全体学生和关注个别差异相结合的原则，如果教师想解决个别问题，可以通过个别心理辅导、团体辅导等方式进行。

第三节　心理课设计中的选题策略

前文对心理课选题的意义、好的选题的标准，以及选题中的常见问题及应对方法进行了阐述。那么，在心理课选题的实际操作中，是否有一些通用的选题策略呢？本节将尝试回答这一问题，概括若干要点，希望对心理教师开展选题工作有直接帮助。

一、大纲先行，选题有据可依

在设计心理课之前，教师首先要仔细研读教育部印发的《纲要》。《纲要》虽然没有具体到每个学期的选题和内容，但对每个学段具体的课程目标有明确规定，可以在大方向上给教师的选题以指导和引领。另外，有些省份为了规范心理课教学内容、保证教学效果，还根据《纲要》制定了更加详细具体的指导文件。比如，广东省教育厅于2016年颁布的《指南》为广大教师选择合适的心理课主题指明了方向。《指南》不仅给出了每个学段的课程总目标，还把总目标细分成几个大的板块，并且每个板块都提供了参考主题。以小学高年级为例，《指南》中提出，心理课主要围绕认识自我、情绪调适、人际交往、学习心理、青春期心理、升学准备六方面内容进行选题并展开课程设计。《指南》还细分了子目标和参考主题，如在青春期心理这一板块中，目标是"开展初步的青春期教育，引导学生进行恰当的异性交往，建立和维持良好的异性同伴关系"。

数字资源2-1
《中小学心理健康教育指导纲要（2012年修订）》

《纲要》和《指南》等文件都可以为心理教师的选题提供强有力的参照，也有利于各个学段的教师系统地进行授课。作为心理教师，在选题时需要关注国家政策尤其是要认真研读关于教育的指引性文件，在选题时实现国家对人才的宏观培养需要与一节心理课的微观培养目标的良好对接。《纲要》对每一位心理健康教育工作者都具有重要的指导意义，其除了对心理课选题具有指导作

数字资源2-2
《广东省教育厅关于中小学心理健康教育活动课内容指南》

用，还对开展其他相关心理健康教育工作的要求和措施建议有明确的指引，堪称"心理健康教育工作的总指南"。

二、了解规律，选题助力发展

这里的规律指中小学生的心理发展规律。心理教师应依据学生心理发展的年龄特点和心理需求选择辅导主题，促进学生认知、情感、个性、社会性等心理品质的发展，提高学生的社会适应能力。

根据埃里克森提出的人格发展八阶段理论，学龄期阶段（6~12岁）学生的主要任务是获得勤奋感以及克服自卑感，所以培养良好习惯、帮助学生树立自信成为小学心理课的重点选题；而青春期阶段（12~18岁）学生的主要任务是获得自我同一性、避免角色混乱，因此个体在寻求自我发展的过程中，对自我的确认和有关自我发展的一些重大问题，如对理想、职业、价值观、人生观等的思考和选择，就应该成为中学阶段心理课的重要选题。

根据发展心理学的理论，针对青春期的孩子身体发展迅速，部分学生含胸驼背、不自信的情况，可以选择"悦纳自我"等主题；针对青春期的孩子具有自主意识增强、半成熟半幼稚、情绪起伏较大的情况，可以相应选择"独立""与身边重要长辈的关系""情绪的觉察和调节"等主题。

心理教师需要熟练地掌握与发展阶段相关的理论，除上述理论外，还有塞尔曼关于儿童友谊概念发展的阶段理论、舒伯的生涯发展理论等。心理教师要学会从科学的理论体系中找到当前学生的主要发展议题，对应设置课程主题，也可以将其作为连续性心理课程设计的重要依据。

总而言之，在选择主题时，不仅要有《纲要》作为指导，还要有相应的心理发展理论作为支撑。在此必须指出，《纲要》对各学段心理课目标的设定，也是基于发展心理学的研究结果，只是不是很具体。所以心理教师在选题时，尤其是在想选择一些小的切入点的题目（如人际交往中的嫉妒心理）时，要查阅相应的文献，确定该主题对于相应学段的学生而言是否为典型性问题。心理教师在选题时对学生心理发展规律的考虑，一般体现在教案中的"学情分析"部分。由于学情分析是备课中非常重要的环节，不仅是选题、确定教学内容的依据，也是选择教学方法和课堂素材及活动的依据，本书将在第三章专门对学情分析的途径等进行具体阐述。

三、研读教材，选题更有思路

虽然目前还没有全国统编的心理课教材，但在相关学者的努力下，已经有了一批优秀的地区性心理课教材。这些教材的编制工作背后是编著者对相关文件的认真研读，以及对中小学生心理发展特点的细致把握。可以说，从优秀教材中选题就像是站到了巨人的肩膀上开展工作。

比如，钟志农率先提出了发展性心育活动课的"六六工程"，并将这一系列心理课程呈现在2011年出版的《班主任心育活动设计36例》一书中。其中包含小学1~3年级卷、4~6年级卷、初中卷、中职卷、高中卷，总共有180个系列性的开课主题。这些心理课主题针对学生的发展需要而设定，内容翔实具体，对心理课选题和设计具有很强的参考价值。俞国良主编的《心理健康》、傅宏主编的《心理健康教育》等都是值得心理教师在选题和设计时进行参考的有益资源。除了借鉴优秀的教材进行选题，还可以参考一些汇编的教案集，如一些心理健康教育课堂教学研讨会教案集、心理健康教育优质教案等。这些汇编的教案都是各项心理课比赛中参赛选手的教案或是征集评选的优秀教案，在选题视角上更为独特，具有较强的时代感，能够给广大心理教师在选题时带来灵感和启发。

数字资源2-3
国内的一些心理课教材

四、走近学生，选题更接地气

学生是心理课的教学对象，只有结合学生实际需求的心理课选题，才是具有生命力的心理课选题。选题时的学情分析工作，不仅包括熟悉学生的总体心理发展阶段特征，还包括进一步了解授课对象的兴趣爱好、引起广泛讨论的热点话题、近期遭遇的生活事件，从而更精准地掌握学生的学习起点，再根据"最近发展区"理论进行选题并设置教学目标。

比如，笔者之前按照学生的身心发展规律，想当然地认为小学高年级的学生最感兴趣的应该是关于青春期的话题，但经过匿名的课前调查发现，学生最感兴趣也最迫切希望心理教师在课堂上跟他们分享的是缓解学习压力或掌握学习策略类的话题，其次是亲子关系，之后才是青春期类的话题。这说明学生最了解自己的心理困惑和需求，教师最好在确定选题前先做一次学生当前最受困扰或需求最强烈的课题调查，然后根据调查结果调整选课主题。

此外，心理教师选取主题时还要结合本学校和本班级学生的实际情况，用一些贴近学生实际的教学内容充实课堂，密切联系学生的生活，帮助学生处理现实生活中面临的困惑和冲突。班主任与学生朝夕相处，是最了解本班学生实际情况的教师，所以心理教师应多与班主任交流，了解班级问题，让心理课选题真正"落地"，发挥最大的价值。

笔者在对每个年级讲授心理课之前，都会把本年级的选题发到班主任群里，根据班主任反映的情况进行调整。如在上五年级心理课前，班主任反映班上学生普遍早熟，且部分学生还会使用色情用语说脏话。通过与班主任进行沟通，笔者发现此现象的出现是由于学生青春期早期性意识的萌发，于是笔者决定将这个班的心理课选题定为"青春期，不烦恼"，并建议班主任购买关于青春期的科普类书籍放在图书角供学生阅览。

再如，笔者在上小学四年级的心理课前，听班主任反映班上学生活泼好动、聪明伶俐，很有自己的想法，但太爱插嘴，静不下心来听别人说话，于是决定给这个班的学生上一节以"叫醒你的耳朵"为主题的倾听课程，并在以后的心理课中强化倾听的意义和方法。实践证明，为班级量身定做的主题往往能够引起学生共鸣，能够最大限度地调动学生的积极性，并营造最好的班级氛围，实现良好的改善效果。

五、结合强项，选题更有感觉

在进行心理课的选题时，也需要考虑教师的个人经验，如个人擅长的领域、个人在成长过程中最有体会的课题、读过的对个人启发最大的心理学书籍。如果教师能够进一步结合自己在接受专业训练过程中（如本科毕业论文、研究生毕业论文）的擅长领域来选题将更加得心应手。课程设计者对某个主题，如自我认识、人际交往、情绪管理、生涯规划、潜能开发等的个人感受越强，越愿意在其中投入钻研，其课堂就越能体现深入浅出的功力。

比如，一位研究生的毕业论文的主题为"学生感恩表达对教师职业幸福感的影响"。他在读研期间设计的一节心理课针对的是小学生的感恩表达，课题为"听我说，谢谢你"。该课程设计体现了作者对感恩这一领域的深入研究，且在心理课中以生动形象的方式引导学生思考感恩、习得表达感恩的方法，给学生留下了深刻的印象。再如，有以"自然联结对校园欺凌的影响"为毕业论文主题的同学从自然联结和自然教育的视角设计和讲授应对校园欺凌的心理课。

对于有志开展心理健康教育工作的学生来说，科研与教学相结合将使他们的职业生涯走得更远。专家型教师需要有个人的教育教学理念，甚至有个人的教学风格，这个过程特别需要教师本人不断钻研和思考，通过教学反思和经验积累，形成个人的思想和特色沉淀。

六、精彩命名，选题熠熠生辉

关于参赛的心理课，心理教师还需要学会用精彩的题目体现出色的选题。跟文章标题的基本要求一样，心理课标题首先要能够点明课程主题。如果是修辞色彩比较重的题目，往往需要一个揭示实际主题的副标题。正所谓"简洁是才华的姐妹"，标题是课程内容的浓缩，极其考验参赛者的文字功底及概括能力。具体来说，精彩的标题往往具有以下几大特点。

（一）能够明确地揭示主题

比如，通过"尊重边界，和而不同""不完美也可爱""悦纳身体修炼记"等标题，评委能够明确地知道课程选取的切入点，从而产生兴趣。而有的标题看似很好，实际上

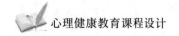

并不出彩，如"向着明亮那方""开往未来的列车"等会让评委感觉茫然，不知道参赛者想要表达什么，给评委留下的初印象也就不佳。

（二）体现鲜明的时代特征

教师要立足学生的经验，选取具有时代气息、能够真实反映社会生活、学生感兴趣的题材。这方面好的标题如"摆脱精神内耗有妙招""'吃瓜群众'的自我修养""短视频避坑指南"。具有鲜明时代特征的选题能够瞬间抓住评委的眼球，激发评委听课评课的兴趣。

（三）体现积极的心理取向

好的标题能够体现积极的心理取向且与当下心理健康教育的趋势相吻合，这就要求心理教师把培养学生的心理品质作为重要内容，营造一种积极向上的氛围。如"拥抱不确定""开启'希望'新专线""探索性格优势，做宝藏男孩/女孩"等题目就比较积极且贴切。

（四）一语双关且令人印象深刻

在文字的表达上可以巧妙地使用押韵、谐音、同音等，使其读起来朗朗上口、韵味无穷。比如：讲跨文化人际沟通时，可以用"文化有差异，沟通无距离"；用最新的拖延行为机制理论讲如何解决拖延问题时，可以用"拖延错觉，容我拒绝"；讲时间管理时，可以用"时间管理，忙而不盲"；讲如何道歉时，可以用"你会道歉吗"，这里的"会"既代表有没有道歉的勇气，也表达了有没有掌握道歉的方法。

必须指出，对于参加比赛的心理课而言，选题的创新性往往非常重要。因为一个新颖的选题会首先吸引评委的注意力，使得参赛作品让评委眼前一亮。一般来说，能够参赛，尤其是进入决赛阶段的作品都来自优秀的同行，如果没有一定的亮点是不会脱颖而出的。而选题最能够体现内容上的亮点。参赛心理课的选题既要有创新，还要体现出一定的前沿性，如体现积极心理品质的培育或对最新心理学理论的应用。

心理课的选题体现了心理教师对国家相关政策以及省市颁布的相关文件的理解及重视程度，也体现了心理教师对青少年儿童身心成长规律和相关心理发展理论的把握和了解程度，更体现了心理教师对学生的实际问题以及实际听课需求的人性化关怀。而这些在背后体现的东西，心理教师是可以在心育情怀的激发下通过自身努力做到的。

思考题

1. 心理课选题的意义是什么？
2. 在实际的心理课教学中，选题的常见问题有哪些？
3. 好的心理课选题具有哪些特点？
4. 如果是参赛的心理课，在选题和标题上如何做到出彩？
5. 结合本章所学的选题策略，开展三节心理课的选题。

第三章　心理课设计的学情分析

中共中央、国务院于2019年发布的《关于深化义务教育教学改革全面提高义务教育质量的意见》提出，强化课堂主阵地作用，优化教学方式，"精准分析学情，重视差异化教学和个别化指导"。2023年教育部等十七部门联合印发《全面加强和改进新时代学生心理健康工作专项行动计划（2023—2025年）》，强调加强心理健康教育，发挥课堂教学作用，"结合大中小学生发展需要，分层分类开展心理健康教学，关注学生个体差异"。以上文件精神均对心理课设计提出了明确的要求，即心理课需要深入关注"每一位学生的发展"。

第一节　学情分析的含义与意义

正如开发一个产品需要事先进行市场调研一样，设计一节心理课需要先深入了解听课者的需求及认知准备，而这一项工作在心理课设计中体现为一个非常重要的环节——学情分析。

一、学情分析的含义

学情分析也称"教学对象分析""学习者分析"或"学习者特征分析"。孔子提出的"因材施教""不愤不启，不悱不发"，孟子提出的"盈科而后进"等教育思想，就蕴含学情分析的观点。苏格拉底提出的"精神助产术"[1]，亚里士多德倡导的"教育遵循自然"[2]，以及培根坚持的"尊重天性"，都是适应自然本性学情观的表现。另外，从国内外学情分析研究的发展趋势看，国内外学者均注重以学生课堂"学习所得"评价教师的教学实效，强调动态地、综合地关注课前、课中和课后的学情。

---

[1] 也称产婆术，是苏格拉底提出的关于寻求普遍知识的方法。该方法强调启迪人们对问题的思考，通过比喻、启发等手段，用发问与回答的形式，使问题的讨论从具体事例出发，逐步深入，层层驳倒错误意见，最后获得某种确定的知识。

[2] 亚里士多德根据人的自然发展顺序，把人从出生到成年划分了年龄阶段，并指出根据年龄阶段提供相应的指导，以使教育适应人的自然发展。

本书界定的学情分析，聚焦课前备课中（教学起点）的学情分析，侧重了解与评估在心理课堂情境中影响教学的学习者内在特征（如现有知识经验、学习兴趣、学习动机、学习风格、能力特征等），以建立以学生发展为中心的新型教学关系，促进课堂的教与学实现精准关联。

二、学情分析的意义

戴维·保罗·奥苏贝尔（David Pawl Ausubel）指出，影响学习的唯一重要因素是学生已经知道了什么，教师应该探明这一点，并据此对学生进行教学。只有教师研究学生、读懂学生、尊重学生，才能教在点子上。学情分析是开展教学设计和教学实施的基础，也是实现精准、有效教学的保障，被视为教师的教学基本功。心理课强调以生为本，因此学情分析尤为关键。学情分析在心理课教学设计中的价值具体表现为以下几点。

（一）学情分析是满足学生学习需要的重要前提

首先，通过学情分析，心理教师可以真实把握学生的现实发展水平（现有学习经验），有效预测学生在不同主题、不同内容以及不同学习活动中的"最近发展区"，从而精准定位，使得教学目标能够落在学生的"最近发展区"。其次，立足于学情分析，心理教师可以跳出仅依靠教材逻辑和自身经验判断教学重难点的窠臼，让预设的教学重难点聚焦学生所处发展阶段应掌握教学内容的关键点，与学生在学习情境中遇到的困难点相吻合。最后，基于学情分析，心理教师可以综合考虑学生在知识、能力、动机、学习风格等方面的情况，合理选择教学策略，设计学习活动，能够满足学生学习需要，激发学生学习兴趣以及持续学习动机。

（二）学情分析是实现高效课堂的有力保障

就课前的学情分析而言，心理教师需要区分学生是否具备先前学习所确立的先决条件（即现有学习经验），并分析学生已有先决条件的类型（必要性或支持性），从而为不同的学生搭建适宜学习的"脚手架"，有效实施教学，即实现"学生懂了的不必教，教的应该是学生不懂的"。比如，在对以中学生情绪调节为主题的课堂教学进行学情分析时，如果学生已有基本情绪的概念，教师就不必再重复讲授如何识别喜、怒、哀、乐等基本情绪，可以选择某一种情绪进行深入探究，或是从"不合理信念会引发负面情绪"这一点出发，细化明确学生可能存在哪些常见类型的不合理信念。值得指出的是，学生的现有学习经验既可以是新学习的基础，也可以是新学习的障碍。在课堂教学的具体情境中，心理教师需要关注学生的现有学习经验是否准确或完善，以便及时增加、删减、延后教学内容，或是对某部分学习活动加以强调，确保课堂教学的实效性。

（三）学情分析是推动教师教研成长的关键切口

学情分析是心理教师专业成长的一项基本技能，进行学情分析还可以提升教师的教学研究能力。教师在课前借助标准化测验、行为观察、问卷调查、心理访谈、作业分析等专业调研手段，收集有效信息，并据此对学情做出评估的过程中隐藏着教师的学生观。教师的学生观直接支配和制约其开展学情分析的方法及行为，即"有什么样的学生观，就会发现怎样的学情"。如果仅把学生当作"知识容器"，或是笼统聚焦学生一般特征等共性问题，心理教师就容易忽略实际学情中的变化以及学生的个体差异。借助学情分析，心理教师可以逐步建立"以学生发展为本"的学生观，实现教学相融，还可以在课堂教学研究中切实把握和利用学情，达成高效课堂，进一步提升教研实力。

第二节　学情分析的基本内容

广义的"学情"涉及内容比较宽泛，涵盖课前、课中、课后三个阶段中所有与学生学习活动有关的因素，不同阶段的学情分析内容有所不同。心理课课前备课中的学情分析，实际上是对学生学习某一教学内容的学习需要进行分析。在教学设计中，学习需要一般指学习者目前水平与期望达到的水平之间的差距，包括知识、技能、情感、态度等方面。这里从学生的认知准备、情感准备和能力准备三个方面对学情分析的内容展开详细阐述。

一、学生的认知准备分析

学生的认知准备是指学生学习新的任务前已具备的知识和经验，是所有学习准备中最为核心的因素。对学生已有知识和经验的分析，有利于教师找准心理课在课堂教学的真正起点。对学生的认知准备分析工作包括以下三个方面。

（一）分析学生关于教学内容的生活经验

学生的学习行为通常要凭借生活经验发生。对于特定的知识内容，心理教师需要事先确定学生已具备哪些生活经验，并据此引导学生探索自己的心理世界，体悟生活经验与心理世界关联的价值和意义。

（二）分析学生对教学内容的知识储备

教师要关注学生的知识储备及认知状况（即学生学习该内容时已具备的与该内容相关的知识结构、学习方法等）。要注意，这里不是单纯地对学生已有知识"刨根问底"，而是搭建学生已有知识与新讲授内容的有机连接。

（三）分析学生可能遇到的学习困难

学生目前水平（起始点）与期待达到的水平（预设教学目标）之间的差距，往往会成为他们进一步学习与发展的阻力。教师要通过提前预设和日常观察，关注和发现学生可能存在的学习困难，分析其产生原因并制定相应的教学策略。

此外，前概念是儿童阶段特有的思维方式，是个体在日常生活中通过自己的观察、体验、思考对所学知识已有的认识和了解。有时，学生的前概念会与科学概念相悖。在分析学生的认知准备时，教师应注意区分积极和消极的已有知识经验，促进学生对科学概念的准确把握。

二、学生的情感准备分析

学生的情感准备分析即学生的情感特征分析，其有助于教师在心理课设计中选择合宜的学习活动。研究表明，在学习中带着积极情绪体验的学生的学习成效远远高于那些对学习毫无兴趣且情绪低落的学生。好奇心、兴趣对于学习动机的促进作用也得到了很多研究的证实。学生的情感准备分析包括以下内容。

（一）分析学生的学习兴趣

学习兴趣是学生对所学内容、学习方式的认知倾向，伴随着积极的情绪体验。教师在解读教材（教学内容）时，要根据学生的实际兴趣点进行二次加工，使两者建立关联，同时注意在形式上使得学习任务生活化、情景化和趣味化。

（二）分析学生的学习动机

这是心理课教学设计中不可或缺的任务之一。动机被充分激发时的能力发挥远远高于动机没有被激发时。在中小学阶段，学习动机在一定程度上受到学生心理特点和年龄的限制，也受到班级（课堂）氛围以及学习成绩的影响。

（三）分析学生的学习风格

学习风格是学习者一贯的带有个性特征的学习方式和学习倾向。按学生学习的感知模式，可将学习风格分为视觉型、听觉型以及动觉（触觉）型；按认知风格，可将学习风格分为场依存型与场独立型等。教师要关注学生的学习风格差异，通过相应的教学策略帮助不同学习风格的学生有效提升学习效果。

三、学生的能力准备分析

学生的能力准备与其所在年龄段的生理发展、能力发展以及个性发展等特征息息相关,故对学生的能力准备分析包括以下三个方面。

(一)分析学生的生理发展特征

学生的生理发展包括脑发育和身体发育。学生的脑发育具有独特的年龄特点。比如,低龄儿童的学习活动需要一定量的重复,强化大脑神经元的联结,以促进不同脑区协调配合来达成对学习内容的理解和记忆。又如,小学生相对精力旺盛,在小学课堂上设计一些角色扮演、动作模仿、音乐律动等身体活动,有助于减少课堂上的坐立不安、小动作频繁等行为。

(二)分析学生的能力发展特征

学生的能力发展包括学生思维能力、记忆能力、观察能力、想象能力等方面的发展。不同年龄段儿童的思维能力随着思维方式的发展而不断提高。我国心理学界认为,人的思维发展都要经历直观行动思维(感知运动思维)、具体形象思维、抽象逻辑思维三个阶段。心理教师在设计教学活动时,要充分考虑学生的能力发展特征,设计与能力发展水平相匹配的任务,帮助不同能力发展水平的学生在活动体验中增强自我效能感。

(三)分析学生的个性发展特征

个性发展的差异并不仅指个体在性格、智能方面发展的差异程度,更强调在这些方面的各种特点。心理教师除了关注学生个体的个性差异,还可以关注整体的"班级性格",比如有些班级相对活跃、反应迅速,但思维深度不足;有些班级相对沉闷、反应迟缓,但具有一定的思维深度。心理教师可以结合自身教学经验和课堂观察,敏锐捕捉学生或班级的个性行为特点。

第三节 学情分析的常用策略

陶行知说过,好的先生不是教书,也不是教学生,而是教学生学。教师只有了解学生,才知道怎么教学生学。国内外研究者提出了很多学情分析的方法,如自然观察法、访谈法、问卷调查法、资料分析法等。这些方法可以归为定量、质性两大类。这里介绍几种常用的学情分析方法。

一、自然观察法

自然观察法是教师在自然条件下对学生的言谈、行为等进行有目的、有计划的观察。自然观察法是一种比较容易实施的学情分析方法，既便于一线教师在课堂教学中随时随地进行观察，也便于教研人员等进入课堂观察，且所得结果（了解学生思维方式及心理活动等）较为真实。在观察中存在两种方式：一种是质性观察，即直接在课堂教学中观察学生的参与程度、课堂思维以及情绪状态；另一种是量化观察，即采用拍摄课堂实录或者录音等方式进行课后观察。质性和量化的观察均需要事先确定观察计划，包括观察目的、观察对象、具体观察维度以及编制观察记录表。

二、访谈法

访谈法是通过教师和学生互动交谈的方式进行课前学情分析。采用访谈法时，教师与学生面对面交流，既灵活易操作，又方便教师直接掌握学生的个性特点以及最近学习状态的一手素材。在操作时，心理教师可以拓展访谈对象范围，如学生个人或集体等，但要注意尽量关注不同层次的学生；也应提前制订访谈计划、预设精简有序的访谈问题提纲，注意问题的循序渐进、逐步聚焦；态度应亲切诚恳，最大限度地扮演好倾听者的角色，让学生能够自由主动地表达。为避免访谈法的主观性过强，心理教师还应结合科学的数据分析方法（包括问卷、量化分析等）。

三、问卷调查法

问卷调查法是教育研究中最常用的方法，也可用于学情分析，以了解学生的知识储备情况以及是否存在认知偏差。无论问卷调查采取何种方式（直接或间接、座谈会或书面调查等），教师都应对教学内容进行题目设计，比如以单元分析方式进行检测和分析，题目形式可以是开放式、封闭式、图表式或综合式，突出围绕学生是否具备学习新知识的先决条件、掌握新知识是否吃力、对新知识是否有学习兴趣等内容设置的问题。

问卷调查法虽然调查范围较广，结果相对全面和准确，仍使用该方法时需要注意一些问题。比如，在设计调查问卷时，应避免使用否定句，态度应保持中立，语言要简明等。再如，针对低年级学生做问卷调查时，应避免家长引导或代替学生完成。此外，心理教师还可以突破时空界限，使用问卷星、腾讯问卷等在线工具，及时收集信息、分析结果，评价学生当前的学习水平，或有针对性地确定教学重难点、设计教学环节等。

四、资料分析法

资料分析法就是教师依托已有文字记载资料间接了解、分析学生的基本情况的研究方法。通过查阅相关资料，教师可以比较系统地了解学生的学习、生活、思想、个性发展及家庭背景等信息，这对于教学活动预设有重要的指导作用。一般而言，书面资料可分为现有资料和诊断性资料，前者包括学生填写的各种档案资料（学习成果、作品等）和能客观反映学生个体与集体情况的资料（学生成绩单、成长记录册、操行评语等）。后者为基于一定的目的进行收集的文字资料（如观/读后感、周记、命题习作等）。通过书面材料间接了解学生时，教师要特别注意甄别材料的真实性与可信度，可以用自然观察法和访谈法的结果作为佐证补充。

五、经验分析法

经验分析法又称经验梳理法，是教师在教学过程中基于已有的教学经验对学情进行分析。如果心理教师教学经验丰富，很多时候能便捷、迅速地判断处于不同学龄段学生的学情。但基于每位学生的独特性，心理教师不能完全依赖于"经验之谈"，可以尝试由一次分析转向多次分析，不断与学生的实际情况进行比对、更新。

总而言之，心理教师在备课时，应注意多种方法配合使用、相互佐证，以提高学情分析的准确性；结合教学内容选择相应方法，提高学情分析的针对性；质性与量化方法相结合，提高学情分析的真实性。

六、学情分析的撰写方法

在做好学情分析之后，心理教师就要将结果通过层次分明又有针对性的撰写加以呈现。下面介绍三种学情分析的基本框架。

第一种学情分析的撰写方法，是将学生在特定领域的生活经验、知识储备、学习兴趣、学习动机、认知风格、能力特征等基本情况作为分析学生学习情况的关键要素，形成学情分析框架的主要维度。笔者对这一学情分析的基本框架进行调整，帮助心理教师较为全面地分析学生实际学情，并据此更清晰地确定教学起点、教学实施和教学评价。

数字资源3-1
学情分析的
基本框架1

第二种学情分析的撰写方法，是将学情分为认知性特征与情感性特征两大方面，涵盖三级指标，在实践取向与理论取向之间找到平衡点，确立学情分析的基本框架。该方法提供了兼顾可操作性与理论高度的学情分析流程。

数字资源3-2
学情分析的
基本框架2

第三种学情分析的撰写方法，是将课前备课学情分析视为学生的学习需要分析，即学生潜在状态与发展可能目标之间的差距，具体从知识差距、技能差距、动机差距、环境差距、沟通差距等五个方面进行分析。其中，差距分析一般采用逆推方式，即从最终目标出发，逆推达成这一目标需要的具体状态，直至明确学生学习前的起点状态。

数字资源3-3
学习需要的
分析框架

值得关注的是，心理教师对于"教什么"和"怎么教"的决策直接影响学生在心理课上的学习效果。无论使用哪种框架进行学情分析，都可以尝试将课前的教学设计、课中的教学实施以及课后的教学评价中的学情分析串联起来，使一节课的每个环节之间、上一节课与下一节课之间形成必要关联，使心理课教学成为动态的关联系统。

第四节　心理课学情分析的常见问题及对策

随着新课改的推进，心理课的学情分析受到教师们的普遍重视和关注，但纵观教师们日常教研公开课和赛事课例观摩中的教案，发现仍存在一些常见的问题。下面对当前心理教师开展心理课的学情分析时存在的主要问题进行阐述，并提出相应的改进建议。

一、当前心理课学情分析中存在的主要问题

当前心理课学情分析中存在的问题主要表现为对学生主体性、个性差异的重视度不够，在分析时过多依赖教师的主观经验评定。

（一）局限于教师的"主导"，忽视学生的"主体"

课堂教学是教与学合一的过程，也是教师"主导"与学生"主体"的双主互动过程。作为开展心理健康教育主阵地的心理课堂，不少新任教师只关注教师主导的"教"，而忽视了以学生为主体的"学"。比如，有的新任教师认为学生喜爱活动体验，一味设置活动任务，对活动只是简单叠加堆砌，缺乏内在逻辑性。这种情况下，教师仅仅是在课堂上"走流程"，尽管学生整堂课表现得热热闹闹，实际上并没有"入心"，一节课下来，有时学生并没有太大收获。还有的新任教师容易混淆"心理健康教育"与"心理学"，将认知类任务作为教学目的或重点，把过多的课时安排在普及心理健康知识教育方面，有本末倒置之嫌。因此，在课堂教学的设计中应高度重视学情分析，心理教师只有考虑学生在各学段的兴趣特点与实际需求，才能合理安排教学内容。

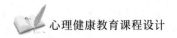

（二）注重学生共性分析，忽视学生个性差异

在日常教研公开课和赛事课例观摩中，不难发现一些年轻教师在做心理课的学情分析时，迫于"格式"或"模块"要求，直接从教参、优质教案里"找学情"，或只凭感觉"想当然"地写下三言两语，导致教学设计中的学情分析或是千篇一律，或是笼统不清，没有结合课堂教学内容分析，更没有匹配具体的教学情境中学生的学习状态。比如，很多年轻教师可能会有这样的经历——某节公开课或者赛事获取的优质教案，到了自己的课堂上却"不是那个味"。究其原因，除了课例作者的个人因素影响，关键原因还在于忽视了对于自身任教班级学生的学情差异分析。从某种角度而言，学情分析虽然篇幅不大，但应得到与课堂内容设计同等水平的重视，成为教师备课的重要组成部分。

（三）习惯于经验式评判，忽视科学测评手段的运用

近年来，心理团体辅导活动融入心理课成为常态，也成为心理教师喜闻乐见的上课形式之一。有些教师虽然在学情分析中明确了心理团体辅导活动能够帮助学生解决某些具体问题，但忽略了哪些活动方式更容易被学生接受，尤其是缺乏通过前测对学生起点状态的了解与研究。部分教师仅凭经验，自认为精心设计课程，一节课在一个年级各个班中循环使用。但当教师满心欢喜地走进课室时，却经常发现课程进行得"举步维艰"，学生不仅不领情，还可能出现各种纪律问题，无奈之下教师的"独角戏"只好重出江湖。实际上，教学设计的预设与现实教学的实效必然存在差距，因此需要教师在课前采取各种科学测评手段（如团体小组访谈、问卷调查、作品分析等）了解学生实际学习需要以及学习过程中可能遇到的困难，对应调整教学重难点以及教学策略。

二、做好心理课设计中学情分析的建议

了解了课前学情分析存在的常见不足，就可以有针对性地完善心理课教学设计中的学情分析工作。这里结合前人研究以及笔者十余年的教育教研经验，提出几点建议。

（一）树立学生本位思想

苏霍姆林斯基认为教师的职业就是要研究人，要长期不断地深入人的复杂的精神世界。培养人，首先就要了解他的心灵，看到并感觉到他的个人世界。现代教学设计理论强调"为学习设计教学"，学情分析理应成为教学设计的重要依据。心理教师在开展教学设计之前，就需要明晰学情的内涵，即深入考虑在课堂教学情境中可能对学生的学习和发展产生影响的因素，进而展开学情的分析和研究。

有教师开展了初中生同伴关系主题心理课"我的朋友圈",秉持"以学生为中心"理念所做的起点学情分析内容,注重教学起点分析以及学习活动之间的关联,对于课堂活动的有效设计具有一定的参考价值。

数字资源3-4
初中生同伴关系主题心理课"我的朋友圈"

任课教师先结合初中生的一般心理发展特点确定本课开展同伴关系主题的教学内容范畴,再借助《中国青少年健康人格工程调研报告》以及在校心理辅导相关数据的科学学情分析方法,厘清八年级学生存在"小团体""缺乏归属感"等影响同伴关系的现实因素,匹配该年级学生在同伴关系中的学习需要与本课具体教学内容"扩大朋友圈",最终确立教学设计的落脚点为"我的朋友圈",这也为后续学习活动的设计提供了有针对性的学情分析信息。

(二)关注学生差异

伯特兰·罗素(Bertrand A. W. Russell)说过,须知参差多态乃幸福的本源。只有了解和尊重学生的差异性,才能挖掘学生的潜在可能,促进教学共长。笔者在不少心理课教学设计中发现,不少教案根据发展心理学教科书,或是只简单地从学生所处年龄阶段特点出发进行分析,如学生自我意识强,不容易接纳他人意见;或是从学生学习能力的总体倾向来分析,如学生具备初步的记忆能力和思维能力、具备一定的观察能力、反应速度快等。这样模糊、笼统又雷同的学情分析,虽然不能说缺乏科学性,但由于没有紧密结合学生存在的实际差异,不能对教学设计起到有力的支撑作用。

有教师开展了小学生人际交往主题心理课"告别外号烦恼",其针对活动理念中的"关注学生差异"所做的学情分析内容,对于解决上述问题具有一定的借鉴意义。

任课教师通过调查得知,三四年级学生常见的"取外号"等语言攻击是人际交往攻击性发展的转折期,其来源各不相同,学生对于"外号"的看法也不尽相同,可能存在一定的错误概念,由此延伸出本课的具体教学内容——"告别外号烦恼"。如果再细

数字资源3-5
"告别外号烦恼"

致考量对"外号"存在的不同看法,笔者建议去掉"烦恼"这一负性标签,将课题命名为相对中性的"告别外号君"。

(三)注重灵活应用

教学设计者最初提出的问题并非"学生要学什么",而是"学生学完后将知道什么或会做什么"。在课前学情分析时,心理教师首要明确自己是一个教育者,也是一个观察者。

本章第三节已介绍了五种常用的学情分析方法,心理教师还可以结合心理健康教育的内涵,拓展实际教学中的学情分析路径。下面列举几种可行的路径。

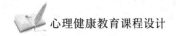

1. 通过心理测验把握整体学情

心理测验是依据心理测量学原理，使用量表收集学生信息并进行相对准确的评估，其能够较为全面地反映学生当下的心理健康水平。目前，不少中小学都在逐步建立学年心理测评制度，这也为心理测验的信息收集提供了更为有利的条件。值得注意的是，使用心理测验时应注意严格遵守保密原则，避免使用课堂自评的方式，以免现场自评结果给存在心理问题的学生带来额外的心理压力。

2. 通过课堂建议区分班级学情

在新课改推进的同时，市面上关于心理健康教育的教材或教辅五花八门，这时候心理教师该如何了解学生喜爱哪些类型的教材内容、教学方式与课堂形式？心理教师可以结合实际，设计关于课题内容、课堂形式等具体调查的项目，通过班级学生民主选举、意见箱等方式，具体了解学生想要学习的心理健康知识，了解学生可能存在的心理困惑与问题，促进课堂教学实效提升。

3. 通过心理辅导分析共性学情

心理辅导作为心理健康教育在课堂以外的延伸，能更深入地关注来访学生这类最需要心理健康教育的群体。尽管个案情况具有一定的差异，但同一年龄段学生仍存在一些共性问题。心理教师在征得学生同意后，可以对这些共性问题进行记录和梳理，这对于该年龄段学生的学情分析具有一定的参考价值。

4. 通过课后反馈补充潜在学情

随着心理健康教育的推进发展，不少学校在班级中设立学生心理委员这一学生职位，其作为朋辈支持力量，常态化开展班级心理晴雨表记录及情况反馈。对于心理教师而言，学生心理委员这一师生沟通桥梁有助于畅通班级学生在校课余学习生活的重要信息。此外，心理教师也可以通过观看关于学生畅谈心声、亲子养育、家庭访谈等类别的综艺节目，拓宽新时代学情的思路和眼界。

当教师看待学生的眼光发生变化时，观察学生的角度也会随之改变，而当观察角度发生变化时，教师所看到的学生也将更加真实和立体。心理教师在心理课的学情分析并不局限于"课前"，可以通过同一主题课程在不同班级的"反复上—调整上"的课堂教学的实施中发现、观察、共情和理解新的学情；也可以通过"教—学—评"等连贯多元的课堂教学评价收集、复盘、梳理学情，从而逐步将学情分析的视角从固有经验型转向实证研究型，从静态描述转向动态关联，从一次性转向持续多次，不断在教学实践当中提升对学情的洞察力与理解力。

思考题

1. 为什么在设计心理课时要特别注重学情分析？
2. 心理课的学情分析包含哪些基本内容？
3. 心理课设计中学情分析的常用方法有哪些？
4. 阐述当前心理课学情分析的常见问题及应对策略。
5. 结合本章所学，对你之前设计的一节心理课中的学情分析部分进行完善。

第四章　心理课的教学目标及教学重难点

"当代教育评价之父"泰勒(Ralph W. Tyler)认为，教学目标、教学内容、教学组织形式和教学评价是构成课程的四大要素，且在开展与这四大要素相关的课程设计工作时，确定教学目标是最为关键的环节。教学目标是课堂教学效果评价的依据，也是一节课的逻辑起点和落脚点，它规定了课程内容的选择和组织以及学生学习活动的方式，对教学质量和课堂效率起直接决定作用。同时，一节规范的高质量的心理课设计，也一定会体现授课者对该节课教学重难点的深入思考。可以说，教师对教学重难点的理解和把握直接决定课堂教学的重心。很多时候上课效果不好，给听众留下的印象不深，往往不是因为授课者专业知识不足，而是因为授课者缺少对教学重难点的把握意识，或者是没有制定教学过程中合适的重难点，只顾着不断进行知识输出或组织活动。

与传统主流课堂已经达到对教学目标的具体细化不同，心理课目前还没有建立全面、规范的目标体系。不少心理教师对一节心理课中教学目标的内涵及设定依然存在疑惑。本章首先阐述教学目标的作用及内涵发展、心理课教学目标的设定依据与方式，再针对心理课设计中的教学重点与教学难点的关系及确定策略等问题进行阐述。在论述相关内容时，加入了相关案例，旨在帮助广大心理教师在今后的心理课设计工作中，设定科学、有效的教学目标及重难点，并在教学过程中顺利实现教学目标、突破重难点。

第一节　教学目标的作用及内涵发展

虽然"教学目标"一词看起来浅显，但考虑到其在课程设计中的中心位置和关键作用，有必要在阐述如何设定教学目标之前介绍其定义、作用及内涵发展过程。

一、教学目标的定义

教学目标可以分为课程教学目标和课堂教学目标。课程教学目标是在教育部颁发的各学科课程标准中，明确要求教育工作者在教学过程中关注和达成的内容。课堂教学目标则指在一节课中教师通过自身的教学活动所期待得到的学生的学习结果或最终行为，是关于教学将使学生发生何种变化的明确表述。课程教学目标体现的是课程开发中的教育价值，课堂教学目标体现的是教学设计中的教育价值。本书重点关注一节心理课的设计，所提及的教学目标均指课堂教学目标。

二、教学目标的作用

教师如果在开展教学前设定了科学合理的教学目标，就会构建有效的课堂；如果不注重教学目标的设定和达成，就会导致教学无效。在一节课的教学过程中，教学目标的作用具体体现在以下两个方面。

（一）指导作用

教学目标对教师的教学活动发挥着指导作用。可以说，一节时长约40分钟的课程的所有教学活动都以教学目标为导向，都围绕教学目标来进行和展开。教师的教学方法和学生学习方法的选择、素材的运用、活动的组织，都必须以教学目标为导向。有经验的教师在整节课的组织过程中会对各环节的安排是否偏离教学目标进行自我监控。

一方面，因为教学目标具有指导作用，它成为教师进行课堂教学设计的基本依据。在心理课各阶段的素材选择、活动组织中，都需要考虑其与教学目标的关系，建议通过对各环节写上设计意图，使课程设计者不忘初心，防止教师脱离教学目标的主线，确保教学效果。另一方面，因为教学活动中的各种要素如教学内容、教学方法和手段、师生互动等，都是为教学目标的实现打基础，所以教学目标也是各教学要素之间联系的桥梁。

（二）评价作用

教学目标通过了解、理解、识记、掌握等词语对学生通过课堂教学所要达到的学习结果提出明确的要求，通过感受、体验、体会等词语体现教学如何发展学生的情感、态度和价值观。所以教学目标实质上就是对教师教学活动以及学生学习效果的预先设定。它对于教师教学活动的成功与否以及学生学习的结果如何具有检查评价的作用。教师在进行教学反思时，可以把教学目标作为评价尺度。听课者在评课时，也可以既定教学目标的达成情况为标准，进行课程效果的评定。

在心理课的实践发展中，曾出现过于重视活动组织和游戏开展，热闹一场但没有什么教学效果的问题，现在依然存在将几个活动拼凑成一节心理课的现象。这其中的主要原因就是设计者对教学目标不明确，使得在一节课中，教学目标的指导作用缺席。设计者应该牢记，无论采用何种形式、选择何种内容，都要依据教学目标进行，不能为了活动而活动。活动也好，体验也罢，如果忽视了教学目标的导向，那么即使拥有丰富的活动内容、热闹活跃的课堂氛围，也会成为没有意义的形式主义。因此，在进行课程设计时，教师头脑中要始终以教学目标为主线，每一个环节、每一个活动的选择与设计，都要为实现教学目标而服务。

三、教学目标的内涵发展

教学目标的内涵源于国家制定的教育目的。我国的教育必须为社会主义现代化建设服务、为人民服务，必须与生产劳动和社会实践相结合，培养德智体美劳全面发展的社会主义建设者和接班人。在这一大方向指引下，我国的基础教育课程教学改革经历了三个阶段的转变，即从"双基"到三维目标再到核心素养，体现了从注重学科本位到注重以人为本的课程理念转变。

20世纪七八十年代，国内教学目标的内涵为基础知识和基本技能的掌握。这一阶段的课堂教学注重学生对教材的理解、记忆和掌握。2003年进行的新课程改革提出了教学的三维目标，即认识与技能目标、过程与方法目标、情感态度与价值观目标。2016年，《中国学生发展核心素养》总体框架指出以培养"全面发展的人"为核心，从文化基础、自主发展、社会参与三个方面，综合表现为人文底蕴、科学精神、学会学习、健康生活、责任担当、实践创新等六大素养，具体细化为国家认同等18个基本要点。至此，课程标准的形态从教学大纲、内容标准走向成就标准。2018年，基于学科核心素养的高中各学科课程标准陆续出台，具体到不同课程又有不同的核心素养目标。

中小学心理课不是学科课程，所以心理课没有其他学科所对应的核心素养目标。很多心理教师对此感到疑惑，不知道如何处理现阶段心理课教学目标的内涵定位问题。从核心素养的培养要旨来看，要让学生在接受相应学段的教育过程中，逐步形成适应个人终身发展和社会发展需要的必备品格和关键能力。《纲要》明确规定中小学心理健康教育内容的重点是"认识自我、学会学习、人际交往、情绪调适、升学择业以及生活和社会适应等方面的内容"，可以发现，《纲要》的要求与核心素养是一致的。与学科教学中集中在某一学科知识体系的学习有所不同，心理课从有利于个体全面发展的角度，根据学生的发展特点，培养其学习、生活、自我意识、情绪调适、人际交往和升学就业等方面的素质，是对各项核心素养的综合体现，也是各学科所定核心素养的培育得到落实的重要保障。

第二节 心理课教学目标的设定依据与方式

教学目标是课堂教学效果评价的依据，规定着课程内容的选择和组织，即教学目标直接决定课程内容及课程组织方式。本节将围绕心理课教学目标的设定依据及设定方式展开阐述。

一、心理课教学目标的设定依据

设定一节心理课的教学目标时，需要紧紧围绕《纲要》提出的总目标，密切联系学生的学情。

（一）确保教学目标与《纲要》总目标一致

《纲要》可以说是心理健康教育工作的课程标准，其对学校心理健康教育的总目标、具体目标和主要任务等重要内容做了明确阐述。这些都是设定教学目标的重要依据。其中，《纲要》提出的心理健康教育的总目标是：提高全体学生的心理素质，培养他们积极乐观、健康向上的心理品质，充分开发他们的心理潜能，促进学生身心和谐可持续发展，为他们健康成长和幸福生活奠定基础。心理教师在备课、设定教学目标时需要将其熟记于心。

（二）根据学情设定心理课的教学目标

不同学段的学生有不同的身心发展特点，心理课必须结合这些特点来确定相应的教学目标。对于同样的主题，在面对不同学段的学生时设置的教学目标也会有所区别。如同样是以"认识自我"为主题的心理课，如果是面向小学低年级，教学目标为认识校园生活环境和基本规则，对小学中年级则设定为了解自我、认识自我，小学高年级则是正确认识自己的优缺点和兴趣爱好，在各种活动中悦纳自己；如果是面向初中生，教学目标则侧重于认识青春期的生理特征和心理特征；如果是面向高中生，教学目标则要调整为树立正确的自我意识，树立人生理想和信念，形成正确的世界观、人生观和价值观。此外，学情的区别不仅体现在学段的区别，文化区域、学生群体类型等差异也是在心理教师制定教学目标时需要考虑的。在设定教学目标之前，心理教师只有对学生各个方面有所了解，才可以更好地设计出具有针对性的目标。

要落实以上两点教学目标制定依据，心理教师需要研读《纲要》、研究学生。这两方面的工作成果其实也体现在一份规范的教案即选题依据和学情分析这两部分的内容中。以下是"自然的合作宝藏"（何可莹，2023）中选题依据、学情分析及教学目标的内容。

> 【选题依据】
>
> 《纲要》指出，小学中年级的心理健康教育内容包括帮助学生"树立集体意识，善于与同学、老师交往，培养自主参与各种活动的能力，以及开朗、合群、自立的健康人格"。本课以培养学生的合作素养为出发点，在合作中树立学生的集体意识，让学生学会与他人交往合作，同时培养他们合群的人格。
>
> 【学情分析】
>
> 本课的教学对象是小学三年级的学生。研究发现，小学三年级的学生合作概念单一，常常将合作与团结等同，他们初步意识到合作相较于团结更强调分工。此外，小学三年级的学生正处于合作模式建构的关键时期。基于以上介绍的学生认知发展特点，本课聚焦于运用合作的三种方法搭建他们的合作模式。

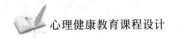

> 【教学目标】
> （1）认知目标：认识到大自然有合作宝藏，在自然探索中逐步丰富对合作的认识。
> （2）情感目标：感受高效分工和团队互助所带来的愉悦。
> （3）行为目标：掌握合作的三种方法，搭建合作模式。

二、心理课教学目标的设定方式

在设定一节心理课的教学目标时，心理教师需要思考课程会在各方面带给学生什么影响，即对学生各方面发展的影响预期是什么。传统的三维目标模式为心理课教学目标的制定提供了较为全面可行的框架，也是当前设定心理课教学目标时在现实操作层面上常使用的方法。

三维目标模式将一节课的教学目标分为三个方面，即知识与技能目标、过程与方法目标、情感态度与价值观目标。心理课活动设计的惯常逻辑为通过活动体验触发情绪，借由感悟和思考上升到理性层面，再引起认识层面的觉知，最终引发行动上的改变。这一过程也体现了知、情、意、行的不可分割、相辅相成的关系。三维目标模式与心理课设计的逻辑及团体运作方式是一致的。

（一）知识与技能目标

它对应于认知方面的目标，即每门学科的基本知识和基本技能。对于心理课来说，就是课程背后的心理学这一学科的相关基本知识和基本技能。心理学专业出身的心理教师因为有几年的专业知识积累，在确定和达成这一教学目标方面有一定的优势。但心理课重在活动体验与学生感悟的生成，教师们切忌将心理课上成心理学课。知识与技能目标就是通过课堂教学，让学生掌握某种知识，形成某种经验，或者改变某种固有的观念或看法。

（二）过程与方法目标

它对应于行为方面的目标，即学生达成某种行为上的变化所经历的过程及采用的方法。对于一般学科来说，过程与方法目标即让学生了解学科知识形成的过程、亲历探究知识的过程；学会发现问题、思考问题、解决问题的方法，学会学习，形成创新精神和实践能力等。行为目标就是通过教学，让学生养成某种良好的行为习惯或者改正某种不良的行为习惯，是运用有关知识技能和经验来分析及解决问题的行为过程。对于心理课来说，往往是对学生行为上的改变结果，包括外显的行为及内隐的行为改变。

(三) 情感态度与价值观目标

它对应于情感方面的目标，即让学生形成积极的学习态度、健康向上的人生态度，具有科学精神和正确的世界观、人生观、价值观，成为有社会责任感和使命感的社会公民，让学生乐学等。具体而言，情感不仅指与学习相关的学习兴趣、学习热情、学习动机，更是指作为一个人的心灵世界的丰富；态度不仅指学习态度、学习责任，更是指豁达乐观的人生态度、严谨求实的科学态度；价值观不仅强调个人的价值，更强调个人价值与社会福祉的统一，强调科学价值与人文价值的统一，强调人类价值与自然价值的统一。

由于心理课的定位是活动课程，所以行为和情感目标往往更加受到关注。但对于一节心理课来说，认知、行为和情感三个维度的教学目标缺一不可。虽然行为和情感目标经常被定位为教学的重点，但认知目标涉及学生认知结构的拓展与丰富，根据建构主义的观点，个体的成熟与发展体现在其图式的变化之中。认知目标的达成也为行为和情感目标的达成做了重要的铺垫，在一些课程中它也是教学的重点。另外，行为和情感目标往往也促进了认知目标的达成。也就是说，三维目标之间是密不可分、互相促进的。

这里以"'疫'时光，点亮你的心情粒度"（崔彩园，2022）一课为例。其教学目标设定如下。

> （1）知识与技能目标：初步认识"心情粒度"概念，了解到"心情不好"是一种笼统的情绪，背后可以细分为不同的具体情绪感受。
> （2）过程与方法目标：通过"心情粒度"的书写和绘本体验活动，学会体验和觉察情绪的日常练习基本方法，养成觉察自己内心感受的习惯。
> （3）情感态度与价值观目标：感悟提高情绪感知能力的重要性，主动对自己的内心感受进行探索，树立成为自己情绪小主人的积极态度。

第三节　设定心理课教学目标的注意事项

教师必须意识到制定教学目标的意义绝不是为了拼凑一份完整的教案。这样的意识才能使教师在制定教学目标时有的放矢，并且在其他教学环节设定及实际教学过程、课后教学反思中牢记教学目标，使制定的教学目标真正起到"教学靶心"的作用。笔者根据当前心理课设计的教学目标制定过程中存在的常见问题，列举以下几个方面的注意点。

一、目标要聚焦

与聚焦对应的是广泛。这并不是说广泛不好，而是基于一节心理课时长40分钟或45

分钟的时间限制方面的考虑。可以就某一大的主题制定若干个大的目标，然后通过一系列即多节心理课达成。在一节时间有限的课程里，需要围绕某个小的切口，以小见大，通过几个教学环节的设计，提升班级团体的动力，实现预期的教学效果。上述三维目标模式中，不管是认知、情感目标，还是行为目标，都必须贴紧同一主题制定。而聚焦的教学目标表述往往有这样一个特点：在三维目标的表述中有共同的关键词，围绕这一关键词，教学目标分别从认知、行为和情感层面清晰地描述了课程所要达成的教学效果。以下为目标聚焦的案例。

以"身体悦纳修炼记"（张珺，2020）一课为例，其三维教学目标设定如下。

> （1）认知目标：了解悦纳身体的重要性。
> （2）行为目标：掌握悦纳身体的三种方法。
> （3）情感目标：体会悦纳身体后的轻松情绪。

二、目标要实在

与实在对应的是空泛。教学目标是通过一节课想要实现的学生的预期变化，这种变化应该是实实在在甚至是可以测量的。如果一节课的教学目标与学期、学年或者心理健康教育的总目标表述差不多，那就过于大和空了。可以这样理解，一节节心理课的教学目标如同一颗颗珍珠，心理健康教育的总目标就像一串由这些珍珠穿起来的项链。当前有的教师在写教学目标时，存在延伸过多的问题，导致在表述教学目标的几个句子中，可能只有一个句子的内容是该节课的教学目标，其他都是任课教师给自己挖的不恰当的"坑"。很多评课专家在评课时会依据教案中教学目标的设定来评价课程任务是否完成，也评价教师对教学目标的理念把握程度。所以，在制定教学目标时，一定要实在，不要贪心，不要以为写得越多越好，要写能够做到的。此外，在设置行为目标时，最好能够将实现学生行为转化的方法也写出来。以下为目标实在的案例。

以"'可回收'的负面情绪"（林小莉，2019）一课为例。其教学目标设定如下。

> （1）认知目标：认识到负面情绪通过转化可以成为再利用的资源。
> （2）行为目标：在面对负面情绪时，学会使用三步法转化并再利用负面情绪。
> （3）情感目标：在转化负面情绪的过程中体验到情绪管理的自信心。

三、三维要相扣

认知、行为和情感是构成一个人内心世界与外在表现的成分。围绕某一主题，通过一节节心理课中三维目标的达成，心理健康教育最终实现对学生健全人格的构筑。心理课的"心理味"主要也体现在其教学目标的设定必须是认知、行为、情感等方面的内容，而不是学科教学中对知识体系的重视。对心理学相关概念、理论的认识和介绍保证了心理课的科学性和有效性，在一定程度上也有助于一节心理课的逻辑变得清晰。通过课堂上的活动参与、小组讨论等，学生在认知、行为、情感等方面同时得到发展。举例来说，心理课中常用的活动或者游戏倘若组织得当，必定能让学生在认知、行为和情感层面有所触动。因为人的知、情、意、行本身就是不可分割的整体。心理课的三维目标制定要利用这一整体的特点，做到三维相扣、互相呼应、互相促进。以下为三维目标相扣的案例。

以"帮助他人，快乐你我"（曾旻琪，2020）一课为例。其教学目标设定如下。

(1) 认知目标：认识到每个人都需要帮助。
(2) 行为目标：尝试主动地用合适的方法帮助他人。
(3) 情感目标：体验到帮助他人的快乐。

四、表述要规范

教学目标表述规范主要体现在三个方面。第一，达成教学目标的行为主体是学生，而不是教师，因此在一句成分完整的教学目标表述中，主语应该是学生。如果进行主语省略的表述，也应假设为主语是学生的省略句。所以，像"教师教会学生……"或者"使学生理解……"这样的表述是不规范的，因其主语是教师。尽管这样写也能表述清楚，但统一规范会使表述更加正式，同时以学生为主语的表述也与教学目标的定义更加吻合。第二，从某一教学目标的句子成分来说，规范的表述由行为主体、行为动词、行为条件、表现程度等要素组成。其中，行为动词是教学目标制定的关键，应使用可观察、可操作且具有指向性的动词来表述；行为条件是指学生在一定情况下或一定范围内完成指定的学习活动；表现程度是指学生学习达到的预期效果，如"通过角色扮演，学生认识到在人际交往中需要一定的边界"，或者"初步学会将3I策略应用于挫折的应对过程"。第三，三维目标的行为动词要加以准确区分。认知目标的行为动词常常是"认识到""理解""了解"等，行为目标为"学会了""能够应用"等，情感目标则常用"体验到""感悟到"等。表述规范的课例如下。

以"看见烦恼，化茧成蝶"（陈思言，2022）一课为例。其教学目标设定如下。

(1) 认知目标：认识到自我觉察对情绪调节的作用。
(2) 行为目标：初步掌握通过自我觉察化解烦恼的方法。
(3) 情感目标：体验到对烦恼进行自我觉察后的积极情绪。

五、措辞要积极

心理学对心理健康教育工作的影响体现在各个方面。不管是一节课的题目命名,还是心理课的教学理念,都受到积极心理学的影响。在学生心理健康问题日益受到重视的今天,通过心理课灌注希望、激发生命固有的潜能与动力,更应该得到重视和提倡。在教学目标的表述上,积极的表述是完全可以做到的。比如,不写"体会到挫折带来的烦恼""认识到人际交往中避免不了冲突",而是表述为"体会到战胜挫折带来的成就感""认识到人际冲突可以通过一定的方式解决"。当然,文字表述只是一个形式,更重要的是教师要有积极的心理健康教育理念,在开展各项心理健康教育活动中体现和贯彻对人性向上和向善的信念,在教学过程中注意对学生进行积极正向的引导。现在不少心理教师在职后培训中学习了焦点解决短期心理治疗、叙事疗法等,对于在心理课教学过程中如何开展正向引导,在教学目标制定中如何实现从负向到正向的表述,有一定的操作能力。关键是要形成并巩固这方面的意识。以下为目标表述积极的案例。

以"柠檬精变甜记"(冯浩彬,2020)一课为例。其教学目标设定如下。

> (1) 认知目标:认识到嫉妒不仅具有消极作用,还具有积极作用。
> (2) 行为目标:掌握将嫉妒的消极作用转化为积极作用的归因他人努力法。
> (3) 情感目标:体验嫉妒的积极作用带来的动力感,形成对嫉妒消极作用的警惕感。

以上几个教学目标设定的注意点,彼此之间同样是密不可分的。一个合适的教学目标会同时处理好这几个注意点。可以发现,前文所列举的案例基本上同时具有目标聚焦、实在、三维相扣、表述规范、措辞积极等特点。

教学目标是一节心理课教案中非常重要的部分。授课者要正确把握心育理念,对其进行全面、科学、精准的定位和表述。要做到这一点,广大心理教师首先要重视心理课程设计中教学目标的内容,研读相关文件精神,深入了解教学对象,养成个人教学反思的习惯,积极与同行进行心理课的研讨和交流,不断提升课堂教学成效及个人的专业素养。

第四节 教学重点与教学难点的确定策略

尽管教学重点和教学难点这两个词听起来比较简单,但对于很多心理教师尤其是新入职的心理教师来说,要在一节课中确定教学重点和教学难点比较困难。有的教师对教学重点与教学难点的区别和联系认识比较模糊,或者出现仅关注教学难点而忽略教学重点的现象。本节内容对教学重点与教学难点的定义、区别和联系以及制定策略进行介绍。

一、教学重点与教学难点的定义

教学重点和教学难点存在清晰的定义界限。从定义上看，教学重点是指一节课中学生必须掌握的学科或教材中最基本、最重要的知识和技能。它往往是基本概念、基本规律或内容所反映的思想方法，也被称为学科教学的核心知识。其之所以是重点，是因为掌握了这部分内容对于巩固旧知识和学习新知识起着决定性作用。而教学难点一般是指一节课中学生不易理解或容易产生理解错误、教师也较难讲清楚的教学内容，它可以是学生不易理解的知识，也可以是学生不易掌握的技能技巧。教学难点的本质是课堂新内容或教学目标与学生已有认知内容之间存在较大落差，是学生需要努力"跳一跳"才能摘得到的"桃子"。

二、教学重点与教学难点的区别

顾名思义，教学重点与教学难点的区别就在于"重"与"难"的不同，前者是重要，后者是困难。如前文定义所述，教学重点指学生必须掌握的基础知识与基本技能，一般是教学大纲所规定的，其内容比较直观，以记忆和训练为主。教学难点是学生不易理解的知识或不易掌握的技能方法，其可以体现在教学的过程中（如探究过程），也可以体现在情感、态度、价值观等方面，内容比较抽象，以理解为主。

从存在形式看，一节课中的教学重点是比较稳定的存在，可以说是课程设计的必备成分。教学重点一般与教学目标密切相关或部分重合，但教学难点相对具有不稳定性，即可以因内容或学情而异，在某些情况下不一定存在教学难点。教学重点对于所有学生而言都是一样的重要，而教学难点要根据学生的实际水平来定。

三、教学重点与教学难点的联系

教学重点与教学难点存在如下辩证统一的关系。

（一）教学重点与教学难点存在交叠

例如，在一节以"挫折应对"为主题的心理课中，"掌握3I策略应对困境"是教学重点，因为它是该课中最重要的教学目标，同时也可以作为教学难点，因为该授课班级的多数学生之前没有接触过相关的知识，需要教师在教学过程中做较多的讲解或活动设计。

（二）教学重点与教学难点相得益彰

一般来说，教学重点的突出有利于实现教学难点的突破，教学难点的突破也有利于教学重点的深化和理解。重合的情况自不必谈。即使两者不一致，也可以互相促进。

例如，在一节题为"表达爱，更有爱"的亲子沟通主题心理课中，教学难点是激发表达爱的勇气和动机，教学重点是学会多种表达爱的方式。教学难点得到突破后，学生在学习表达爱的方式时效率更高，更能激发他们去发现自身原先存在的表达方式这一资源。而当他们学会了爱的表达方式后，自我效能感得到提高，就会涌现更多表达爱的勇气。

四、教学重点与教学难点的确定

可以从两个主要方面进行教学重点和教学难点的确定工作。

（一）通过对教学大纲和教材的深入研究确定重难点

对于心理课来说，由于没有统编的教材，《纲要》就是最重要的备课参考。《纲要》虽然涵盖对中小学所有心理健康教育工作的方向指导，但其中对各学段心理健康教育的内容有明确的规定。在确定一节心理课的重点时，应对各学段的心理健康教育主题再三琢磨，同时要注意比较同一大主题在不同学段的内容侧重点安排。例如，同样是"自我意识"这一大主题，《纲要》中指出，小学低年级是"初步学会自我控制"；小学中年级是"帮助学生了解自我，认识自我""树立自信""培养开朗、合群、自立的健康人格""学会体验情绪并表达自己的情绪""帮助学生建立正确的角色意识"；小学高年级主要包括"帮助学生正确认识自己的优缺点和兴趣爱好，在各种活动中悦纳自己""学会恰当地、正确地体验情绪和表达情绪""逐步认识自己与社会、国家和世界的关系"；初中年级主要包括"帮助学生加强自我认识，客观地评价自己""鼓励学生进行积极的情绪体验与表达，并对自己的情绪进行有效管理""培养职业规划意识，树立早期职业发展目标"；高中年级主要包括"帮助学生确立正确的自我意识，树立人生理想和信念，形成正确的世界观、人生观和价值观""正确认识自己的人际关系状况""在充分了解自己的兴趣、能力、性格、特长和社会需要的基础上，确立自己的职业志向"等。心理教师应吃透《纲要》，对不同学段的教学内容都有所了解，从整体出发，知道如何去切中相应学段的重点。

（二）通过充分准确把握学情确定重难点

分析学情是找准教学起点、实现因材施教的有效方法。尤其是在教学难点的确定上，学情是最重要的依据。教师必须通过多种途径全面了解学生对于相关知识和技能的掌握情况，在已定教学目标的基础上精确把脉，知道哪些目标的达成难度比较大，从而有针对性地加以攻克。具体来说，教师在教学前要对学生学习本课的认知基础、思维特点、学习动力、预习情况等做深入了解，着重关注在新旧知识的衔接过程中，学生可能存在的理解障碍等。学生的发展与环境密切相关，所以有时候学情分析的开展需要结合学生所处的环境特点分析等进行。此外，教师要与任教相同学段的同行多加研讨，通过参考有价值的名师课堂或其他优质教育资源来确定教学重难点。此外,通过与学生交流发现学生中普遍存在的问题,也可以作为教学重难点确定的参考依据。关于学情分析的方法,本书有专门的章节进行讲解,在此不做赘述。

第五节　教学重点与教学难点的教学策略

在确定教学重点与教学难点之后,教师需要紧接着考虑教学重点与教学难点的教学策略。教案要求在撰写教学重点与教学难点之后,写清楚在该节课中教师是如何突出教学重点、突破教学难点的,否则确定教学重点和教学难点就成为一个摆设,失去了其在课程设计中应有的意义。

一、突出教学重点的策略

突出教学重点的常用方式是在教学时间方面给予一定的保障。俗话说"重要的事情讲三遍",即通过重复和强调的方式让听者印象更深刻。教师可以通过更多的讲解、询问学生是否已经听明白、主板书的书写呈现、学生练习应用的反馈等方式实现对教学重点的突出。对于心理课来说,不太提倡采用明确告诉学生某部分内容是重点的方式,而是通过教师的活动组织和材料呈现等方式,让学生在不自觉中加深对重点内容的印象。此外,为了保证突出教学重点的课堂时间及资源,教师应在总体上进行课程设计把握,如对非重点的内容一笔带过。这要求教师牢记心理课不是心理学课,不需要呈现关于某一心理现象的完整知识体系,所以并不需要对概念、类型、前因和后果变量等进行详细阐述,否则将导致课时不够、对重点内容的讲解不够深入甚至完全没有展开的情况。

二、突破教学难点的策略

在教学难点的突破方面,更加需要教师制定巧妙和用心的教学策略,其原则是"化解"。因为教学重点是相对固定的,教学难点则是弹性变化且因生而异的。围绕"化解"这一原则,将教学难点的突破方法列举如下。

① 将大目标分解为阶段性小目标,逐个突破,维持学生的学习积极性,进而实现整体目标。

② 通过回顾相关教学内容,提升学生对教学难点的熟悉度,从而提高接受度,也可促成学生旧知识向新知识的正迁移。

③ 通过有趣的教学活动组织等方式,巧妙渗透教学难点,提升学生的学习兴趣,使其积极提高学习效率。

④ 通过形象直观的方式呈现抽象知识,如联系学生生活实际进行实例讲解,运用板

书、板画、模型、多媒体等直观教具促进学生理解，或通过参观或现场教学，让学生在实际体验的基础上学习。

⑤结合学生的生活经验，通过联系生活实际的方式在具体情境中引入教学难点，借助学生已有的生活经验化难为易。

必须指出，有些难点之所以是难点，可能是受到教师素质和能力的限制，这就需要教师努力提升自身的专业素质、教学技能等。

三、教学重点与教学难点解决策略的案例

以下为三节心理课中教学重点与教学难点的设定及教学策略的案例。

案例1："听我说，谢谢你"的教学重点与教学难点教学策略

（郝旭升，2022）

1.教学重点：学习感恩表达的方法，感受感恩的力量。

教学重点的突出：首先，以感恩对象和感恩方式为切入点，学生阅读教师准备的绘本故事，从绘本中初步学习感恩对象及感恩方法；其次，观看"教师，听我说谢谢你"视频，直观地感受非暴力沟通的感恩表达方法；最后，在实践感恩环节通过活动体验让学生练习感恩表达，并鼓励学生在生活中加以应用。

2.教学难点：运用不同的方法表达感恩之情，传递感恩。

教学难点的突破：首先，本课从积极心理学的视角出发，以感恩表达的理论为依据，进行具体内容的设计，以体验式教学模式为依托设计教学流程。其中，对于教学难点，以创设风格独特的感恩表达三个关卡作为突破口，侧重通过说一说、做一做、想一想等系列活动的展开，在实际操作中激发学生的感恩表达体验。

案例2："柠檬精变甜记"的教学重点与教学难点教学策略

（冯浩彬，2020）

1.教学重点：认识到嫉妒不仅具有消极作用，还具有积极作用。

教学重点的突出：教师生动地讲解嫉妒的消极作用与积极作用，学生以小组形式讨论并分享嫉妒两类作用可能产生的影响，从而突出教学重点。

2.教学难点：掌握将嫉妒的消极作用转化为积极作用的归因他人努力法。

教学难点的突破：一方面，学生通过味觉小实验品尝柠檬，体验到柠檬的酸能够转化为甜，认识到嫉妒的消极作用能够转化为积极作用，以更好地理解

归因他人努力法；另一方面，学生以小组形式讨论在学习中容易产生嫉妒心理的情境以及如何使用归因他人努力法将嫉妒的消极作用转化为积极作用，从而突破教学难点。

案例3："拖延错觉，容我拒绝"的教学重点与教学难点教学策略

（李笑与，2022）

1. 教学重点：初步掌握"五分钟立即行动""四原则分解目标"两种方法。

教学重点的突出：利用"五分钟作业""真假战拖王"的活动让学生在课堂上对于方法的运用与成效产生直观的体验，有利于学生课后进一步运用这些方法。

2. 教学难点：体验探究拖延错觉以及运用"五分钟立即行动""四原则分解目标"带来的效能感及积极情绪。

教学难点的突破：在引导学生探究厌恶错觉后，运用类似方式，让学生尝试自己探究价值错觉，教师对结果进行积极反馈；在每一个拖延错觉探究学习之后，教师立即布置相关活动，让学生体验在活动中克服拖延错觉，初步掌握方法并获得效能感与积极情绪，更愿意在课后进一步运用课上所掌握的方法。

思考题

1. 心理课中教学目标的作用及设定依据是什么？
2. 设定心理课的教学目标时要注意哪些问题？
3. 教学重点与教学难点之间存在什么关系？
4. 如何突出教学重点、突破教学难点？
5. 结合本章所学，就某一节心理课的教学目标、教学重难点的设定及教学策略进行评析。

第五章 心理课设计的教材分析与选用

教材是帮助学生在学校获得系统知识的主要学习载体。从广义上说，教材是教学材料的简称，指教师和学生在课堂内外使用的所有教学资料，包括教学用书、学生用书、教师用书、练习册、活动册、教师自编材料等。从狭义上说，教材特指某一课程的核心教学材料，是教师和学生上课时所用的教科书，一般为装订成册或正式出版的书本，又称课本。跟课本配套的练习册、活动册、读物、音像带等也属于狭义教材的一部分。

教材是一门课程的核心教学材料，其确定一般经历了严格的编写和审查程序，正确使用教材可以保证教师相关教学工作的方向性和科学性。对于心理课来说，由于没有统一的课程标准，因此在教学用书即教材方面比较灵活。面对这种可供灵活发挥的空间条件，有的教师感到开展课程设计时"无米可炊"，有的教师干脆完全按照自己的想法上课。那么，作为心理教师，应该如何分析与选用教材，如何让教材在心理课中得到更有效的活用？本章将围绕心理课设计中的教材分析与选用这一主题来阐述。

第一节 教材的解读与分析

虽然没有全国统编的教材，但在高校专家等研究者和一线心理教师的努力下，当前国内有不少心理课教材。作为心理教师，可以借助这些教材资源，为开展自身的心理课设计打下良好的基础。以下将从通读和精读教材、分析教材时要处理好的关系、心理课教材面临的主要问题三个方面阐述如何对心理课教材进行解读与分析。

一、通读和精读教材

教材不是静态的，而是动态的。通读指的是将整本教材从头到尾读一遍，目的是通览整个教材体系。通读的另一层含义是"读通"，即在通览的基础上理解教材的整体逻辑。教师在通读教材时，对教材内容的感性认知越丰富，对教材的理解就会越系统。通读的通常做法是快速地了解教材的整体框架、编写体系和每课主题。完成通读任务可以在一定程度上解决上课时要"教什么"的问题。

精读是指精细深入地阅读。精读教材即对教材进行深度加工，对教材的每字每句做到深刻理解。可以通过列出整体框架、明确主题的选择、确定教学目标、提炼关键内容、整理流程步骤、收集资源素材和效果评估等操作步骤对教材进行理解和消化。其中的重点工作是全面把握教材在整个学段教学中的地位、目标、内容和要求，详细了解重点内容是哪些、每个单元由哪些板块组成、每个板块侧重哪一方面。精读教材是一个反复推敲、精雕细刻的过程。在精读时既要尊重现有教材，又要联系学生的实际，这是不断梳理教材思路和明确教材结构的过程。完成精读任务可以在一定程度上解决"怎么教"的问题。

在通过通读和精读分析教材时，还需要站在课程组织者和引导者的角度，分析教材内容的启发性和开放性，以提升课堂的教学效果。例如，注意挖掘教材中哪些实例和活动富有启发性、哪些板块设置了开放性的问题，利用这些教材内容在课堂上激发学生思考和探究。此外，教材内容的情感价值也是需要教师关注的。教师可以通过挖掘教材中具有积极情感和积极思维的内容，有目的地培养学生良好的情感品质，促进学生的人格健全发展。

二、分析教材时要处理好的关系

首先，要处理好心理课教材与教学过程的关系。心理课教材是基于《纲要》的精神，依据《纲要》的教育理念编写的，故心理教师应在研读指导纲要和教材文本的基础上，把握教材的内容和内涵，整理出教材的主要观点和框架结构，细化心理健康教育的目标，使心理课教材中所蕴含的文件精神在教学过程中得以真正落实。

其次，要处理好课堂教学与学以致用的关系。一方面，利用课堂教学使心理课教材得到充分的运用；另一方面，在课后实现教材内容的学以致用，使心理课教材在学生的日常生活和学习中得以丰富和延伸。在分析教材时，教师应通过查阅资料、学生调查、做成长记录和活动分享等多种课外实践，实现心理课教材的内容补充和扩展。

再次，要处理好学生的知识掌握与能力培养的关系。在知识掌握方面，做到在心理课的教学过程中，重视教材包含的心理学原理和科学知识的教学，保证其科学性。在能力培养方面，注重培养学生解决问题和运用迁移的能力，增加学生主动参与的活动，使教材的功能得到充分发挥。

最后，要处理好教师与学生的关系。学生是学习的主体，教师是学习的引领者，教材则是师生互动的载体。心理教师要从学生的需求出发，将心理课教材与社会热点、焦点问题相结合，选用贴近学生生活的教学素材，巧妙整合相关元素，设计出兼具科学性和教育性且能够吸引学生的心理课。

三、心理课教材面临的主要问题

《纲要》提出，心理健康教育要防止学科化倾向。这体现在心理课上，就是避免将心理健康教育当作心理学知识的普及和心理学理论的讲解，但这并不意味着完全不使用心理课教材。心理课教材与专业课堂上的心理学教材不同，前者是中小学心理健康教育课所用的教材，后者是进行心理学系统理论传授时所用的教材。在实际的心理课设计中，既不能完全放弃对现有教材的研读和参考，又不能将以往大学所用教材内容直接搬到心理课堂上。总的来说，当前心理课教材面临以下三大问题。

（一）心理课教材无人用

在学校没有开设心理课时，学生和教师的手头上都不会有心理课教材。当学校开设了心理课时，可能有很多学校不知道在哪里、可以通过什么途径订购心理课教材。同时，图书市场上的心理课教材种类繁多、质量良莠不齐，有些学校不知道订购哪种心理课教材更合适。这些"不知道"和"不确定"使得不少学校迟迟没有给心理课配套教材。还有些学校认为心理课不是主科，平时课时也不多，因此不需要使用专门的心理课教材，故没有给学生订购。这些情况导致心理课教材无人用。比较常见的解决方法是由县级以上的教育管理机构（如教师发展中心或教研院）在本区域成立中小学心理健康教育教学指导委员会，规定或推荐不同学段使用心理课教材的名称和出版社，指导各所学校给上课的学生和教师配备公开发行的心理课教材，以逐渐实现心理课教材有人用，同时推动心理教师深入研究教材，甚至参与教材的编写工作。

（二）心理课教材不真用

上面的问题是没有教材，但在有了教材之后，心理教师是否会将其用起来呢？我们发现，在现实中不少心理教师在选题和授课时习惯按照个人风格进行课程设计，他们对心理课教材的利用率是不高的。有的心理教师就算拿到了心理课教材，也常常将其闲置一边；有的心理教师只是上课前偶尔翻一翻；有的心理教师只是写教学计划和教学总结时看一看心理课教材；还有的心理教师只是在上公开课、说课或者参加比赛时，需要写教材分析这部分的内容时，才想到搬教材的东西进去。这些情况表明，教师们没有真正发挥心理课教材的功用。对此问题的解决方案，首先是心理教师自身要认识到心理课教材的价值所在，并自觉改变拼凑式备课、随意安排教学内容的不良工作模式。在学校管理层面，可以通过交流后确定选用一个系列的不同年级教材，按照该教材对学校的心理课进行科学、整体的授课规划。学校教师还可以在通读和精读所选教材的基础上，根据本校实际及资源对其进行适当的变更和补充，多角度挖掘教材的潜在价值，以真正发挥心理课教材的作用。

（三）心理课教材不会用

当前，不少心理教师在打磨一节心理课时会经历一个从无到有的创作过程，他们花费大量的时间和精力以提高心理课的设计效率，这时候，会用心理课教材就显得相当重要，尤其是参加比赛有指定的教材时。心理教师在进行课程设计时，不会用教材的表现如下：认为教材没有帮助而将其弃之一边；对教材的选题背景思考得不够深入；面对教材找不到思路，课程设计卡在某一环节无法继续；不知道如何挖掘教材资源，形成合乎自己思路的设计。对于这些问题，比较有效的应对方法是回归教材，反复仔细地研读教材，深挖和汲取教材的资源，理清设计思路，寻找设计灵感。心理教师需要明确，一本好的心理课教材大多由理论基础扎实、实践经验丰富的高校心理学教师、一线中小学心理教师倾注大量心血共同编写，在内容选择和体系构建上具有较强的科学性、实用性和严谨性。实际上，大多数心理课教材为相应心理课的设计提供了较为完整的逻辑思路，也提供了生动合适的活动素材。

第二节 如何活用心理课教材

教材是一种工具，心理教师首先要意识到在心理课设计中不是要"教教材"，而是要"用教材"。"教教材"是完全依照一本心理课教材来设计课程，所有的教学基本围绕这本教材照本宣科。"用教材"则是教师基于《纲要》指示，结合学生实际情况，利用教材创设教学情境，选用适合的教学资源与方法，组织学生进行体验式学习、探究、建构和习得知识，形成教学评价，促进学生身心健康发展。

一、取其精华——善用和活用教材

"用教材"的核心是取其精华，即吸取教材中精华的方面，处理教材中欠妥的方面。教师要根据学生的身心发展特点，结合国家发展形势、当前时代特点和本土化情况来确定具体的教学内容，转变处理教材的观念，大胆处理教材，善于裁剪和调整教材内容。在保证全面把握教学重难点的前提下，对现有教材进行"增、删、调、换"的调整。其中，"增"是指对一些教材内容进行适度拓展，根据学生学习的规律适当增加内容；"删"是指删掉一些不恰当的不符合教材内在逻辑的教材内容；"调"是指调整一些教材板块前后顺序，按照心理学科本身的逻辑顺序来推进；"换"则是指替换一些不合适的学生活动，替换的内容主要是依据学生的生活领域进行筛选。

以教育科学出版社出版、连榕和李林主编的《心理健康》教材高中一年级下册"设身处地学共情"一课为例。该课的教材内容分为如下五部分。

（1）心事话题：故事一《小羊和小狗》和故事二《小猪、绵羊和奶牛》。
（2）心理解析：了解共情的含义和作用。
（3）心动行动：通过同伴小兰和小芹的冲突、英语老师和小月的师生冲突、小南与妈妈的母子冲突三个情境来"议一议""演一演"和"谈一谈"感受和做法。
（4）心灵宝典：共情能力的培养。
（5）心智拓展：通过"学一学"和"读一读"了解能共情的人会怎么说和做。

教师根据学生的学情对教材进行"增、删、调、换"调整。首先删除第一部分"心事话题"的故事；调整第三部分"心动行动"的情境一同伴冲突到第一部分，直接引出第二部分"心理解析"中了解共情的含义和作用；替换第三部分"心动行动"的情境二师生冲突的主角小月为小兰，替换情境三母子冲突的主角小南为小兰，将主角小兰的三个冲突情境作为一条线索贯穿全课；对第四部分"心灵宝典"进行引导和延伸，用第五部分的"能共情的人会怎么说和做"解决三个冲突情境；删除第五部分"读一读"，增加贴近学生生活的回归自我练习，并且请学生演一演自己共情的例子，进行学以致用；最后，让学生分享讨论共情的感受和感悟。

二、推陈出新——改造和创新教材

将推陈出新应用于心理课，表达的就是敢于和善于在课堂上创造新的内容。教师要结合学情，改造和创新教材，采用新颖和恰当的变式，激发学生的兴趣，使学生在课堂上主动参与、全身心投入，进行深度的体验和分享，让心理课真正达到动心、开心、入心的效果。下面结合一些实际例子，对将心理课教材中的内容进行变式的三种方法展开阐述。

（一）变式一：一条主线串到底

心理课教材里大部分主题都设置了不同的板块，但每个板块都是点到为止，看似充实丰富，但如果心理教师照本宣科，则对学生的引导和触动作用很有限，不利于激发学生深入有效的思考。倘若教材板块过多，授课的心理教师就容易顾此失彼，为了上完教材全部内容而急于赶场，课堂生成自然难以深入。这时，通过一条主线贯穿全课，虽然选题小，但层层深入，有助于把一个主题讲深讲透。这种变式就像剥洋葱一样，逐层剥开，以小切口、深度走的方式处理教材。

以教育科学出版社出版、连榕和胡胜利主编的《心理健康》教材七年级上册的第十四课"拆解抱怨漂流瓶"一课为例。该课的教材内容主要分为两大部分：第一部分的热身环节是抱怨漂流瓶，让学生写出抱怨放进漂流瓶并随机传递；第二部分是不抱怨手环运动。这两部分内容比较多，学生的参与很难深入，愿意主动分享的学生很少。为了能层层深入，教师大胆创设了"不抱怨手环三部曲"。

> 第一部：制定不抱怨的阶段性目标，设计不抱怨手环壁纸，每七天达到目标后，送自己一个手环壁纸作为奖励。
> 第二部：找一个不抱怨手环的守护伙伴，成功分享、相互支持。
> 第三部：体验不抱怨手环运动，改变语言方式。

实际授课中教师发现，对原有教材内容进行处理，改为聚焦不抱怨手环，并以其作为主线深入到底，极大地激发了学生的兴趣，课堂氛围活跃。该设计使学生从不同层面体验了不抱怨的操作策略，体现了学生的主体性，让课堂更加丰富有趣。这是变换教材形式的成功例子。

（二）变式二：以一变十的活动

在心理课教材中，每一课的活动板块通常是学生最喜爱的内容。这部分让学生通过活动自由地表露内心世界，达到寓教于乐的效果。但教材里的活动往往比较多，有些活动乍看跟本课主题无关，有些活动看起来比较简单，不一定适合该学段或该地区的学生。教师不要因此否定或抛弃这些活动资源，尤其是在备赛没有其他资源的情况下，要对其加以充分利用。例如，可以将活动进行一些改造，在形式、材质或用词上稍加变化，使学生产生符合教师教学期望的体验和感悟。

以清华大学出版社出版、彭跃红和贺小卫主编的《小学生心理健康教育》教材第七课"微笑面对每一天"一课为例。该课的教材主要围绕"笑"这个关键字，提供了丰富的活动和素材：在"智慧岛"是笑声的作用，在"亲子加油站"是故事《笑的妙用》，在"七巧板"的活动内容是"情绪大联唱"，播放大家熟悉的音乐《如果感到快乐你就拍拍手》。具体内容如下。

请你动起来，根据改编的歌词，大家起身，跟教师一起，一边唱歌，一边做出与所唱情绪相应的动作。

如果感到快乐你就拍拍手

如果感到快乐，你就（拍拍手）（动作）；
如果感到愤怒，你就（跺跺脚）（动作）；
如果感到无奈，你就（耸耸肩）（动作），（耸耸肩）（动作）；
我们大家陪你一起（耸耸肩）（动作）。
如果感到悲伤，你就（哭一哭）（动作）；
如果感到害怕，你就（抖一抖）（动作）；
如果感到紧张，你就（深呼吸）（动作），（深呼吸）（动作）；
我们大家陪你一起（深呼吸）（动作）。
如果感到着急，你就（抓抓头）（动作）；
如果感到兴奋，你就（大声笑）（动作）；
如果感到疲惫，你就（伸伸腰）（动作），（伸伸腰）（动作）；
我们大家陪你一起（伸伸腰）（动作）。
如果感到心烦，你就（跳一跳）（动作）；
如果感到孤独，你就（握握手）（动作）；
如果感到无聊，你就（转三圈）（动作），（转三圈）（动作）；
我们大家陪你一起（转三圈）（动作）。

上面素材中熟悉的旋律、重复的动作和简单的歌词，在班里掀起了学生的参与及互动热潮。然而，上述歌词内容涉及不同的正性情绪和负性情绪，因此，教师尝试把歌词改为与本课题目"微笑"有关的2.0版本。

正性情绪大联唱

如果感到开心，你就（跺跺脚）（动作）；
如果感到愉悦，你就（耸耸肩）（动作），（耸耸肩）（动作）；
我们大家陪你一起（微微笑）（动作）。
如果感到得意，你就（伸伸手）（动作）；
如果感到满足，你就（抖一抖）（动作）；
如果感到幸福，你就（深呼吸）（动作），（深呼吸）（动作）；
我们大家陪你一起（微微笑）（动作）。
如果感到惊喜，你就（摸摸头）（动作）；
如果感到兴奋，你就（大声笑）（动作）；
如果感到激动，你就（伸伸腰）（动作），（伸伸腰）（动作）；
我们大家陪你一起（伸伸腰）（动作）。
如果感到感激，你就（跳一跳）（动作）；
如果感到高兴，你就（握握手）（动作）；
如果感到幸福，你就（转三圈）（动作），（转三圈）（动作）；
我们大家陪你一起（转三圈）（动作）。

之后，教师还根据《你笑起来真好看》这首节奏欢快、脍炙人口的歌曲，创设了与本课题目"微笑"有关的3.0版本，内容如下。

你笑起来真好看

你笑起来真好看，像春天的花一样。（笑的动作）
把所有的烦恼所有的忧愁，统统都吹散。
你笑起来真好看，像夏天的阳光。（笑的动作）
整个世界全部的时光，美得像画卷。
你笑起来真好看，像春天的花一样。（笑的动作）
把所有的烦恼所有的忧愁，统统都吹散。
你笑起来真好看，像夏天的阳光。（笑的动作）
整个世界全部的时光，美得像画卷。
你笑起来真好看，像春天的花一样。（笑的动作）
把所有的烦恼所有的忧愁，统统都吹散。

> 你笑起来真好看，像夏天的阳光。（笑的动作）
> 整个世界全部的时光，美得像画卷。

再以《沧海一声笑》的歌曲为素材，将其稍作加工（加上动作），创设与本课题目"微笑"有关的4.0版本，引导学生唱出了微笑面对生活的开阔心胸。

沧海一声笑

沧海一声笑（笑的动作），滔滔两岸潮。
浮沉随浪记今朝。
苍天笑（笑的动作），纷纷世上潮。
谁负谁胜出天知晓。
江山笑（笑的动作），烟雨遥。
涛浪淘尽红尘俗世记多娇。
清风笑（笑的动作），竟惹寂寥。
豪情还剩 衣襟晚照。
苍生笑（笑的动作），不再寂寥。
豪情仍在痴痴笑笑（笑的动作）。
啦……啦……
啦……啦……

这些素材以学生耳熟能详和节奏轻快的歌曲为原型，在贴合主题的基础上进行了改编，并加上简单轻松的肢体动作，让学生通过多感官体会欢笑的力量，唱出愉悦的感觉，既调动了学生的积极情绪，又引导学生自我赋予积极能量。实践证明，这些通过创编教材的心理课很好地达成了教学目标。

（三）变式三：融入艺术表达的形式

心理课教材涉及对内心的探索、对经历的反思和对自我的反观。但在现实课堂中，我们发现不少学生难以做到真诚表达，或是没能感同身受，代入感不强，这导致学生在心理课上无法进行真实的自我探索。图形、绘画、剪纸、手工等非言语工具，通过艺术表达营造了一个假想情境或真实的自然环境，使每个学生都有机会在心理课上寻找开启心灵的钥匙。而且，艺术表达允许呈现丰富的细节，因此在以艺术表达为媒介的心理课堂互动中，常常会呈现带给人无限惊喜的智慧。

以清华大学出版社出版，彭跃红、邓公明等主编的《高中生心理健康教育》（第二版）教材第六章第三节"合作至上"一课为例。该课的教材在"活动拓展"中，以"解开千千结"的活动主题进行合作策略训练。教师在钻研教材并进行深入思考之后，对教材该部分内容进行了改造和创新，将艺术元素带入合作创作，让学生以合作为主题，以小组为单位，循环作画。图画主题是合作，可以用画笔，也可以用在校园里的捡到的花草树叶，还可以用胶水、剪纸、报纸、卡纸等材料，每人创作1分钟，循环8人，最后进行讨论分享。实践证明，经过这一环节的活动组织，整节心理课的氛围都活跃起来了，既充分调动了学生的主体性，又贴近了学生的生活。

上述例子表明，对于心理课来说，教材仍然是开展课堂教学的最基本元素。心理课的质量、教材的应用效果，取决于心理教师对教材处理的深度和广度。

第三节 如何整合心理课教材

教与学既要遵从教材，又不能死守教材。心理教师要做心理课教材的主人，要勇于并善于整合教材，对其进行深化拓展，能够举一反三。下面从确定理论依据、确定学生需求、确定设计框架和确定学生素材等方面阐述心理课教材的整合方法。

一、确定理论依据

心理健康教育本质上是一门行动科学，不仅关注对学生心理发展教育的效果，还关注对其效果机制的应用。在确定心理课设计的理论依据时，应根据教材的主要内容，进行系统化的理论梳理。最实用可行的理论梳理方法是文献综述，即对教材的主题和内容进行国内外文献搜索，在广泛阅读和理解的基础上，对该主题关键词的研究现状、新动态和新发现进行综合分析、归纳和整理，以确定相关理论框架，明确核心内容之间的关系，界定核心概念，提炼操作性定义，确定整合教材的理论依据。

以吴洁（2018）的"乐观练习生"一课的设计为例。该课以广东教育出版社出版、王玲主编的《学校心理健康教育（高中版）》为教材，在课程设计的理论依据上先进行如下论证。

> 积极心理治疗创建人诺斯拉特·佩塞施基安教授认为，我们应当把注意力集中在增进和培养学生自身的积极力量上。这主要包括勇气、洞察力、乐观、能从多角度思考问题、对未来充满希望等。

接着，作者引用了乐观可以后天习得这一重要观点，即"塞利格曼认为，乐观可以而且能够通过后天的学习来获得，又称习得性乐观（Learned Optimism）"。这就为这节课的选题、意义及可行性打下了良好铺垫。为了教会学生习得乐观之道，作者查阅文献后发现一个可以借鉴的研究。

> 王鉴忠等人（2017）的一项研究发现：习得性乐观作为人的一种心理资本，形成的关键在于个体能否形成正面思维。正面思维主要表现在"语言模式、注

意的内容、理性性质和思维风格"四个方面，并由此构成了习得性乐观生成的四种心理机制，即"成长式框架积极语言模式、选择性注意正面信息、理性信念、乐观解释风格"。习得性乐观从正面思维注意的内容来看，其生成的心理机制即选择性注意正面信息。以往经典的注意的认知理论如过滤器模型理论、衰减理论等都旨在阐明注意的选择性功能。因此，一个人要变得乐观，就要学会选择性注意正面信息，即注意积极的、有价值意义的、有利于人保持愉悦心情，能够不断成长的信息。王鉴忠等人（2017）认为，选择性注意正面信息的具体操作方法主要包括以下几点：转换注意视角；转换注意焦点；转换注意标准或参照系。

由于本课为10多分钟的微课，所以作者最后从三个具体操作方法中选择"转换注意焦点"作为切入点，组织实施该课程内容。

二、确定学生需求

确定学生需求主要是为了了解学生的真实想法，如学生关心什么、喜欢什么、对什么感兴趣、现在在想什么、在谈论什么话题、玩什么活动等。教师可以通过开展心理测试和问卷调查来了解学生最渴望得到什么。

如果是在课前开展心理测试，需要采用具有一定信度和效度的心理测量工具，对教材主题进行相关测量，以了解学生目前的心理状况。这些心理测量工具入选的标准包括以下几点：一是测量工具已发表，最好有一定常模；二是中文版工具依据经典心理测量学的程序进行了表述；三是符合本土化的研究与实践，保证能对教材主题的整合提供规范性的参考。

如果是在课前自编问卷调查，就需要了解学生目前的困惑和最关心的问题，了解与教材匹配的学生现状和需求。在问卷中要同时设置客观题和主观题两种形式，客观题可以列举与该主题相关的常见热门话题，让学生选出最感兴趣的3～5个话题；主观题通常以开放的形式收集，常常在最后设置一个问题。例如：关于人际交往（或其他方面）的主题，你当前最大的困惑是什么？在对问卷调查的回答内容进行整理的过程中，教师可以发现学生的问题集中在哪些方面、他们已经具备了哪些能力等。再通过对调查结果的分析，选择与学生实际生活最密切的话题，找到学生迫切想解决的问题，使教材整合变得更有针对性和可行性。

三、确定设计框架

思维导图是有效的思维模式，有助于确定教材的框架和课程的重难点，也有利于教材整合时扩散思维的展开。在确定设计框架时，可以通过思维导图，运用图文并重的技巧，根据教材主题各级内容的关系与相关层级，用图表形式呈现，把主题关键词与图像、颜色等建立联系。这种图文兼具的方法，使教材整合变得条理清晰。常用的软件工具包括 Xmind、MindMaster 等。具体的设计框架中的相关内容，其他章节已有详细阐述，此处不做赘述。

四、确定学生素材

教材整合还需要借助学生的智慧、调动学生的力量。教师可以创造与学生交流的机会，让学生进行思考，听听学生的心灵故事以及解决问题的方法；还可以通过多次心理辅导实践，发现学生群体中共同存在的问题，创设相关情境文本，使文本素材源于学生生活，贴近学生生活。

以高等教育出版社出版、邹泓和侯志瑾主编的《心理健康与职业生涯》教材第三章第七课"学会感恩"一课为例。教材中"阅读与思考"讲述了刘秀祥的故事，讲述她如何表达对母亲的爱，引出心怀感恩这一主题，再通过"相关链接"引导学生用语言表达感恩。教材中"感恩"这一主题是老生常谈，教师为了更好地进行教材整合，在课前做了以下几项准备工作。

> 首先，通过搜索文献确定感恩的理论依据和理论框架，界定感恩的核心概念，提炼感恩的操作性定义和感恩行为发生的两种阻碍因素。
>
> 接着，为了深入了解学生对感恩的真实想法，课前让学生填写感恩量表，从感恩的强度、频度、广度和密度四个方面进行测量，并让学生完成教师课前自编的调查表，了解学生关心的感恩内容和形式。教师发现学生最关注的是如何表达感恩。
>
> 最后，确定设计框架的思维导图，组织部分学生思考"生活中哪些方面值得感恩"，尽可能多地收集学生的内心想法。

在以上工作的基础上，教师根据学生的学情对教材进行了整合，设计出以下课程环节。

> 第一部分，传递感恩球。学生围圈就座，读一段文字，当读到"感恩"时，感恩球停在手里的成员需用"感恩"造句，表达对团体、他人或自己的感激。
>
> 第二部分，感恩身体。身体是生命中最重要的礼物，让学生说出对自己身体的感恩之情，例如：我感恩我的双脚，它们带我丈量世界。
>
> 第三部分，感恩之心。分内外圈，每一轮外圈的学生向左移动一位，分三轮分别感恩人、事、物。
>
> 第四部分，感恩行动。在粉红色纸上画出或写出今天感恩课的所感所悟，并且在课后完成感恩邮寄、感恩回顾、感恩行动三个延伸练习。

以下为第三部分的部分课堂生成，从中可见学生的分享真实且有个人特色，这些就是心理课上最宝贵的生成性资源。

> Q：今天值得你感恩的人是谁？请具体描述为什么令你感恩。
> A：今天值得我感恩的人是我的妈妈，她特别关心我，今天帮我做的早餐特别可口！
> Q：今天值得你感恩的事情是什么？请具体描述令你感恩的细节。
> A：我今天感恩的事情是值日的同学清洁了课室，让我有舒适的学习环境。
> Q：今天值得你感恩的物体是什么？请具体描述为什么令你感恩。
> A：今天值得我感恩的是太阳。广州冬季的太阳散发着金黄色的、温暖的光，这阳光不会像其他季节那样暴烈，让我觉得非常舒服。

通过以上几个部分的环节设计，教师丰富了课程活动细节，高质量地整合了教材，帮助学生更深入地理解了感恩，进行了更真实的分享，并能够在课后基于情感驱动做出积极的感恩行动。

通过解读、分析、活用和整合教材，心理教师一步步地成为教材的主人。俗话说"教学无小事"，在心理课设计中开展对教材的选用工作，需要教师根据教材确定符合学生心理成长需求和激发学生内在动力的主题，按照教材框架顺应课堂教学逻辑，选取教材中贴近学生生活的教学内容，善用活动、巧用心理课教材，增强学生的内心体验和感悟，促进学生知识经验的内化，最后达成心理课的教学目标。

思考题

1. 如何对心理课的教材进行解读与分析？
2. 举例说明如何活用心理课教材。
3. 请尝试借助思维导图，根据教材确定一节心理课的设计框架。
4. 结合本章所学，对一节心理课教材内容中的素材进行改造和创新。

第六章 心理课设计常用的教育教学理论

心理课往往具有一定的教学模式,而这些模式一般基于特定的教育教学理论创设。教育教学理论旨在揭示教育教学规律,并根据教育教学规律提出教育教学目标、内容、方法、手段、评价等方面的原理和策略,为教育教学实践活动提供思想基础和行动指南。教学模式又称教学结构,是在一定的教育思想、教学理论和学习理论的指导下,为完成特定教学目标,针对构成教学的诸多要素设计的比较稳定的简化结构方式及其活动程序、方法或阶段。本章介绍几种心理课设计中常用的教育教学理论,包括建构主义理论、体验式教学理论、团体动力学理论、非指导性教学理论、多元智力理论。

第一节 建构主义理论及其在心理课的应用

让·皮亚杰(Jean Piaget)的发生认识论为建构主义奠定了核心基础。他认为儿童通过同化(个体把外界信息整合到原有认知结构)和顺应(个体的认知结构因外部影响发生改变)与环境相互作用,个体的认知结构在"平衡—不平衡—新的平衡"的循环中得到丰富和发展。由于个体的认知发展与学习过程密切相关,因此关于儿童认知发展的理论也能较好地解释学习发生、意义建构、概念形成等现象。在建构主义理论的指导下,关于学习、教学和教学设计的新的认知学习理论逐渐形成并发展。同时,由于建构主义理论所要求的学习环境得到了当代最新信息技术成果的有力支持,建构主义理论在与教学实践切实结合的过程中成为学校深化教学改革的指导思想。

建构主义理论的核心是以学生为中心,强调学生对知识的主动探索、主动发现和对所学知识意义的主动建构。其教学思想主要反映在知识观、学习观、学生观、师生角色的定位及作用等方面。

一、建构主义理论的知识观

学习是对知识的学习,因此,了解建构主义理论的知识观是理解其学习观的基础。

建构主义的知识观包括三个要点。首先,知识不是问题的最终答案,而是人们对客观世界的一种解释、假设或假说,必将随着人们认识程度的深入而不断变革和改写,出现新的解释和假设。

其次，知识不能绝对准确地概括世界的法则，无法提供对任何活动或问题解决都实用的方法。在具体的问题解决情境中，需要针对具体问题的情境对原有知识进行再加工和再创造。

最后，知识不能以实体的形式存在于个体之外。真正的理解只能是由学习者自身基于自己的经验背景而建构起来，取决于特定情况下的学习活动过程。

二、建构主义理论的学习观

建构主义理论指出，学习是在一定情境下借助人际协作实现的意义建构过程。理想的学习环境包括情境、协作、会话和意义建构四个部分。

（一）情境

知识只有在真实情境中才能被真正地理解和接受，创设教学情境有利于学生对知识的意义建构。应把情境创设视为教学设计的重要内容，所创设的教学情境既要充分考虑教学目标和教学内容，还要有利于学生建构能够灵活迁移的知识和经验。

（二）协作

教师组织学生一起讨论和交流，共同组建教学群体。在这一群体中，个体间的协作对于教学资料的收集与分析、教学假设的提出与验证、教学成果的评价、知识意义的最终建构都有重要作用。

（三）会话

协作学习过程也是会话过程。教师应放权给学习小组，而且小组的规模应足够小，以便让所有的人都能参与到集体任务中。学习者对问题的理解千差万别，师生、生生之间的相互交流和质疑有助于为个体认知结构的丰富提供宝贵资源。

（四）意义建构

意义指事物的性质、规律以及事物间的内在联系。要获得学习意义，学习者必须以原有知识经验为基础，对新信息重新认识和编码，建构自己的理解。帮助学生进行意义建构，就是帮助学生对当前学习内容所反映的事物的性质、规律以及该事物与其他事物之间的内在联系产生较为深刻的理解。

三、建构主义理论的学生观与教师观

建构主义理论的学生观包括两方面的主要内容。一方面，学生是有经验的人。在日常生活和以往各种形式的学习中，学生已经形成了相关知识经验，对任何事情都有自己的看法。教师应该重视学生对各种现象的理解，把其原有的知识经验作为新知识的生长点，引导学生从原有的知识经验中"生长"出新的知识经验。另一方面，学生是教学活动的积极参与者和知识的积极建构者。教师应让学生拥有更多的管理自己学习的机会，如主动收集和分析有关信息资料，对所学问题提出各种假设并加以验证，把当前学习内容与自己已有的知识经验联系起来，并对这种联系加以思考。

建构主义理论认为，教师是学生学习的高级伙伴或合作者，也是学生建构知识的积极引导者。教师的主要作用是为学生提供真实复杂的问题情境，激发学生的学习兴趣，尽可能组织学生协作学习，使学生通过实验、独立探究、合作学习等方式展开学习。教师还要激励学生产生解决问题的多种观点，帮助学生建构当前所学知识的意义。

四、建构主义理论的教学模式

在建构主义理论教学模式下，目前已开发出的比较成熟的教学方法有支架式、抛锚式、随机进入等几种教学模式。

（一）支架式教学模式

苏联心理学家维果茨基（Lev Vygotsky）将"最近发展区"定义为儿童现有发展水平和可能达到的潜在发展水平之间的差距，这启示人们教育应走在发展的前面。美国教育心理学家杰罗姆·布鲁纳（Jerome Seymour Bruner）借用脚手架这一比喻，指出可以将儿童的内在世界视为一座建筑，儿童的"学"是不断地积极建构自身的过程，教师的"教"则是根据学生的"最近发展区"建立一个必要的脚手架，支持儿童不断地建构自己，帮助学生将自己的智力从一个水平提升到另一水平。

综上，上述理念下的支架式教学模式就是为学习者建构对知识的理解提供一个概念框架，这一框架中的概念是学习者进一步理解问题所需要的，为此事先要把复杂的学习任务加以分解，以便把学习者的理解逐步引向深入。

支架式教学模式的教学过程由以下几个环节组成。

（1）搭脚手架。围绕当前学习主题，按"最近发展区"的要求搭建概念框架。教师在教学过程中可以把一个复杂的学习任务分解为若干步骤，每一步就是一个台阶，同时逐步增加难度。

（2）进入情境。将学生引入一定的问题情境。

（3）独立探索。让学生独立探索，探索内容包括：确定与当前所学概念有关的各种属性，并将各种属性按重要性大小排列；探索开始时先由教师启发引导，然后让学生自己分析；探索过程中教师要适时提示，帮助学生沿着概念框架逐步攀升。

（4）协作学习。进行小组协商、讨论。讨论的结果有可能使原来确定的、与当前所学概念有关的属性增加或减少，各种属性的排列次序也可能有所调整，并使原来混杂甚至矛盾的意见和态度逐渐明朗一致。学生在共享集体智慧的基础上完成对所学知识的意义建构。

(5) 效果评价。效果评价包括学生的自我评价和学习小组对个人的学习评价。评价内容包括：自主学习能力；对小组协作学习所做的贡献；是否完成对所学知识的意义建构。

（二）抛锚式教学模式

学习者要想完成对所学知识的意义建构，就必须到现实世界的真实环境中去感受和体验。抛锚式教学模式的"锚"即有感染力的真实事件或真实问题，所以这一教学模式也称实例式教学模式、基于问题的教学模式或情境性教学模式。就像轮船被锚固定一样，通过确定真实事件或问题而确定整个教学内容和教学进程即"抛锚"。抛锚式教学模式的教学过程由下面几个环节组成。

（1）创设情境。使学习在和现实情况基本一致或类似的情境中发生。

（2）确定问题（抛锚）。在上述情境下选择与当前学习主题密切相关的真实事件或问题（锚）作为学习的中心内容。

（3）自主学习。教师向学生提供解决该问题的有关线索，并特别注意发展学生的自主学习能力。

（4）协作学习。教师组织学生进行讨论、交流，通过不同观点的交锋，补充、修正、加深每个学生对当前问题的理解。

（5）效果评价。由于抛锚式教学的学习过程就是解决问题的过程，该过程可以直接反映学生的学习效果，因此对这种教学效果的评价只需要在学习过程中随时观察并记录学生的表现。

（三）随机进入教学模式

由于事物的复杂性和问题的多面性，要达到对所学知识全面而深刻的意义建构是很困难的。通过随机进入教学模式，即学习者随意通过不同途径、不同方式进入同样教学内容的学习，可以实现对该知识内容比较全面而深入的掌握。随机进入教学模式的教学过程主要包括以下几个环节。

（1）呈现基本情境，即呈现与当前学习主题基本内容相关的情境。

（2）随机进入学习。根据学生随机进入学习所选择的内容，呈现与当前学习主题不同侧面特性相关的情境。此过程中教师应注意使学生逐步学会自己学习。

（3）思维发展训练。随机进入学习的内容通常比较复杂，所研究的问题往往涉及多方面，教师应注意发展学生的思维能力。

（4）小组协作学习。围绕呈现不同侧面的情境所获得的认识展开小组讨论。在讨论中，每个学生的观点在和其他学生以及教师一起建立的社会协商环境中受到考察、评论，同时每个学生也对别人的观点、看法进行思考并做出反应。

（5）效果评价。效果评价包括自我评价与小组评价，评价内容与支架式教学模式中的评价内容相同。

五、建构主义理论教学模式在心理课设计中的应用

建构主义理论强调以学生为中心，教师利用情境充分激发学生的主动性和创造精神，最终使学生实现对所学知识的意义构建。下面分别举例说明建构主义理论的三种教学模式在心理课设计中的运用。

（一）支架式教学模式在心理课设计中的应用

确定学生的"最近发展区"、设计合理的教学任务是支架式教学模式开展的首要步骤。教师可以事先把复杂的学习任务加以分解，以便使学习者的理解逐步深入。

例如，对学生异性交往方面的心理健康教育，应根据学生的"最近发展区"开展。小学高年级应引导学生进行恰当的异性交往，建立和维持良好的异性同伴关系，扩大人际交往的范围。将复杂的学习任务加以分解，小学高年级可以开设"异性交往的度""异性交往的相处之道"等课程，这样学生对于建立良好异性同伴关系的理解将更加深入。初中年级应引导学生把握与异性交往的尺度，建立良好的人际关系，为此可开设"男生女生性别差异""理性吃瓜""喜欢和爱情的区别"等课程。高中年级应引导学生正确看待和异性同伴的交往，分清友谊和爱情的界限，为此可开设"如何面对心动""青春期性教育"等课程。

数字资源6-1
支架式教学
模式心理课课例

（二）抛锚式教学模式在心理课设计中的应用

抛锚式教学模式有两条重要的设计原则：一是学习与教学活动应围绕某一"锚"来设计，并且"锚"应该是某种类型的个案研究或问题情境；二是课程的设计应允许学生对教学内容进行探索。

抛锚式教学模式创设的情境既不是为了导入而引用的故事，也不是堆砌的背景资料，更不是远离事实逻辑或者学生认知范畴的情境，而是就在学生身边的、真实发生的、符合学生认知发展规律的、学生已经建构但存在认知偏差的情境，这样才能激发学生的真实需求。进而通过后续教学的开展，有效地回应真实问题，回扣主题，帮助学生将所学所悟顺利迁移到现实生活中。

例如，小学高年级学生的心理健康教育内容是学会恰当、正确地体验情绪，为达成这一目标，在心理课中可创设问题情境如"小A究竟为何哭泣""心爱的礼物坏了是什么感受"等。对于初中生而言，需要学会进行积极的情绪体验与表达，并对自己的情绪进行有效管理，可以创设"发脾气引发了人际冲突""嫉妒导致好友关系紧张"等情境，引导学生通过自主学习或协作来解决问题，

数字资源6-2
抛锚式教学模式
心理课课例

学会有效地管理自己的情绪。高中生则要克服考试焦虑，可创设真实情境，引导学生解决问题。

（三）随机进入教学模式在心理课设计中的应用

根据随机进入教学模式的做法，教师需要让学习者通过多次进入同一内容，实现对学习内容的理解和知识的迁移，所以该模式的应用难点在于教师需要根据学生的发展特点和课程需求，灵活选择多样的方式呈现教学内容，以便学习者可以通过不同途径、不同方式进入同样的教学内容。

例如，在帮助小学中年级学生了解自我、认识自我的心理课上，由于小学中年级学生刚从关注权威人物对自己的评价开始转向来自同伴的评价，所以可以提前布置作业，让学生收集父母及朋友对自己的评价；同时小学生缺乏自我认识的理论知识，所以课堂上教师可以用讲授法介绍该年龄段的一些普遍特征，这样可以让学生从多角度了解自己的心理特征。在帮助初中生加强自我认识、认识青春期的生理特征和心理特征的心理课上，可以采用漫画或者视频的形式展示相关情境，让学生直观地感知青春期的特征，同时可以采用知识问答的形式既激发学生兴趣又加深学生对知识的理解和掌握。在帮助高中生形成正确的自我意识、树立人生理想和信念的心理课上，可以通过心理测验的形式帮助学生正确认识自己，同时采用情景模拟方式让学生扮演个别职业角色，以此丰富体验、加深理解。

数字资源6-3
随机进入教学
模式心理课课例

第二节 体验式教学理论及其在心理课的应用

20世纪80年代初，大卫·库伯（David Kolb）提出了体验式学习理论。他认为有效的学习是始于体验，进而发表看法，由此引发反思，继而形成理论，并最终把理论所得应用于实践的过程。由体验式学习理论引申出的教学理论强调教师的作用在于为学生提供丰富的学习情境，寓乐于教，帮助和指导学生主动学习。

一、体验式教学的概念

体验是一种在实践中亲身经历、感受并达到认知事物目的的方式，是知、情、意、行过程和结果的统一。从心理学的角度看，体验是一种由感觉、知觉、情感、想象、思维等诸多心理因素共同参与的心理活动。深入而持续的体验往往能在人们的身体或意识中留下烙印。

库伯指出,人的学习是一个基于体验的循环过程。体验式教学指在教学过程中,教师以一定的理论为指导,有目的地创设教学情境,激发学生情感,并对学生进行引导,让学生亲自去感知、领悟知识,并在实践中得到证实,从而成为真正自由独立、情知合一、实践创新的"完整的人"。体验式教学理论以学生为主体、以教师为引导、以活动为载体、以情境创设为手段、以能力培养为目标、以体验为基本特征,强调在具体、有意义的情境和实践中学习主体的即时感受、领悟和体会。

不难看出,体验式教学理论与建构主义教学理论中强调学生的主动建构思想有一定的共通之处。此外,体验式教学理论还受到经验自然主义在经验和活动中学习,以及非指导性教学模式所强调的学生经验、意义学习和情感因素等思想的影响。

二、体验式教学理论的操作流程

库伯指出体验式学习过程经由具体体验、反思性观察、抽象化概念、积极实践等四个阶段。其中,具体体验是指在特定的场景和事件中产生个人经历和学习;反思性观察是指从不同角度审视自身所经历的事件,发表看法,进行反思;抽象化概念是指按照理性思维对资料进行领会、总结;积极实践是指通过行动将新知识或初步结论运用到实践中。这四个阶段是基于体验的重复循环的过程。由此,我们可以把体验式理论的教学过程分为以下几个阶段。

(一)创设情境

此阶段教师根据一节课的教学目的、内容、手段和原则等构建教学情境。这里的教学情境可以是现实的情境,也可以是模拟或虚拟的情境。教学情境必须适应学生特点、源于社会生活实际。

(二)激发体验

通过上述情境,学生获得了感知、感悟,产生了情感意义。但学生新认知和新技能的习得需要教师在教学过程中加以引导和协助。此阶段,教师需要时刻关注学生心理状态,使学生更深刻地体验自我、感怀他人,达到"助学生自助"的目标。

(三)分享与交流

该阶段的主要内容是师生间、生生间的多向互动交流,学生互相分享感受或困惑,教师及时点拨与疏导。在这个阶段,教师要让学生有机会表达自己内心的感受,促进学生间的互动,帮助学生学会思考,提升对自己和他人的认识和理解,收获新的认识。

（四）评价与总结

通过上述体验、分享、交流，学生有了新的认识和收获。此阶段，学生通过评价的方式，对这些认识和收获进行总结。评价时可以先由学生自我评价，再由学生之间互评，最后由教师点评。

（五）实践应用

学以致用是教育的目的。学生将课堂中学到的东西加以应用，转化为他们自身的一部分。此阶段，教师可以通过布置作业的方式，引导、督促学生将在体验式课堂上学到的知识、技能延伸到课外，应用到日常生活中。

三、体验式教学理论在心理课设计中的应用

体验式教学理论是当前不少心理教师在设计课堂教学流程时喜欢采用的理论。这可能主要是因为体验式教学理论重视学生参与以及实践体验，契合心理课重视体验和应用的特点和要求。根据上述体验式教学理论的操作流程，可以将一节心理课分为以下四个主要环节。

（一）创设情境，启动体验

在体验式教学中，活动设计是重要载体，而恰当的教学情境则是激发学生产生心理体验的"按钮"。这一环节主要是创造与学生实际生活紧密相关、符合学生需求的教学情境，引导学生设身处地地思考和感受，激活学生的情感，从而使学生获得体验。通常教学情境越贴近现实生活，就越有助于增强学生在体验式教学中的体验和感悟。

（二）设计问题，激活体验

心理体验是学生将内心世界与个人经历相结合，实现学习创新知识和提高综合能力的重要途径。在创设安全且接近真实的教学情境后，教师应采用适当的方法，将教学内容与学生的生活、精神、社会和科学世界紧密联系起来。通过活动、操作和观察，学生亲身体验知识的创新过程，并在其中自行经历、体会、感悟和思考，感受各种情绪和情感，激发积极思维，拓展精神世界。

（三）交流感悟，升华体验

体验式心理课教学模式的重点在于学生的互动分享。这一过程不仅是把握和引导学生对体验活动进行感受的关键，也是探讨具体问题、观念磨合、升华体验的阶段。学生自我体验并自由表达情感体验，围绕体验结果展开热烈讨论，以多样化方式独立解决问

题。教师应及时回应学生的反馈，帮助他们有效地沟通和交流，从而使学生领会和理解心理健康教育课程知识，提升自我心理健康教育技能。

（四）评价反思，践行体验

反思建立在对体验进行意识化的基础上，旨在思考即刻体验中情绪和身体感受带来的影响和作用。将反思的经验推广到类似情境中的过程称为概括。只有通过反思和概括，才能将即刻体验中获取的经验概念化，这是引发改变的关键环节。在这一环节的教学中，教师应引导学生进行反思。学生在课堂上分享经验有助于他们进行直接经验学习，而教师的总结与提炼则引导学生深入反思，促进他们进一步对知识和经验进行加工和理解。

数字资源6-4
体验式教学
心理课课例

第三节　团体动力学理论及其在心理课设计的应用

库尔特·勒温（Kurt Lewin）的团体动力学理论是当代西方社会心理学发展史上的一个里程碑。勒温认为，团体是有生命力的组织，由团体内部人与人的关系、人与人的互动产生。班级是一个团体，这一属性使得班级活动必然遵循团体运作的规律。教师必须牢记团体发展的共性规律，自觉有效地一步步催化团体动力，以促成班级课程的正向运作。团体动力学理论比较成熟，有清晰的操作程序，是目前心理课设计中常用的教学理论之一。

一、团体动力的相关概念

团体动力是指在任何时间内，发生在团体里的各种驱动性力量，包括被人们觉察或未觉察到的团体力量。由于这些动力的存在，团体的运作才得以开始并持续下去。广为人知的团体心理辅导即运用团体动力学原理设计团体活动，营造和推动信任、接纳、理解、支持的团体氛围，通过共同商讨、训练、引导，预防及处理团体成员共同的发展性问题或共有的心理不适应问题。团体动力主要表现在团体凝聚力、团体气氛、团体规范、团体活动的参与度及成员互动水平等几个方面。

二、团体的发展阶段

不少研究者对团体的发展阶段进行了探索。如林孟平将团体的发展阶段分为团体创始阶段、团体过渡阶段、团体工作阶段和团体结束阶段。

（一）团体创始阶段

团体创始阶段的主要任务是建立成员对团体的正向感觉，工作重点在于情绪接纳。可通过热身活动促进成员初步的互动，充分展现团体带领者的尊重、接纳、关爱的辅导态度，必要时告知团体成员基本规范以及注意事项。

（二）团体过渡阶段

在团体过渡阶段，通过形象具体的方式，提出团体成员共同关心的问题，引出团体成员中不同观点和不同的认知方式、行为方式的碰撞和冲突，催化团体动力。

（三）团体工作阶段

在团体工作阶段，需要设置更为贴近生活实际、更能反映成长困惑的活动或情境，引导成员参与活动并进一步感受、体验、思考。这一阶段的工作重点是继续催化正向的团体动力，促进自我开放，鼓励团体成员之间不同观点的交换，在支持与面质之间实现平衡。

（四）团体结束阶段

在团体结束阶段，重点在于适度引导成员总结本次活动的收获，澄清团体经验的意义；鼓励成员将认知、经验加以生活化与行动化，使自己的收获向课外延伸；设置团体结束活动，为本次主题探索画上一个圆满的句号。

三、团体动力与心理课

在一节心理课中，教师与学生、学生与学生之间的互动会产生一种力量。这种力量就是心理课中的团体动力。这一团体动力标志着团体运作的状况，是教师进行心理课设计与操作时需要密切关注的。以下主要参考钟志农的四阶段观点，对团体动力学理论指导下心理课的运作流程进行整理和阐述。

（一）团体暖身阶段

该阶段学生尚未有足够的心理准备，对课程主题和目标茫然无知，这时教师可以通过暖身活动促使学生投入心理课。团体暖身阶段的工作重点是情绪接纳，工作要点如下。

（1）通过热身游戏或其他媒体手段，促进团体成员产生初步的互动。团体暖身阶段的活动最好轻松有趣，可以从三个层面进行暖身：一是肢体运动暖身，可通过简单规则让学生的身体动起来；二是内心促动暖身，可通过故事、音乐、诗歌、影像材料等让学生的身体动起来；三是人际互动暖身，可通过游戏、讨论或其他活动让学生的身体动起来。不管采用哪种活动或方式，都是为了将学生的注意力吸引到心理课中，激发团体动力。

（2）充分展现教师的尊重、接纳、关爱的辅导态度。教师除了用语言表现，还可以通过肢体行为展现：平行面对学生，身体微微倾向学生，集中精神，用温和、理解的目光与学生交流，身姿呈开放式，双手自然下垂或者手指自然相握置于腰间。

（3）必要时，明确告知学生团体基本规范及辅导活动的注意事项。

团体暖身阶段的活动要注意把握分寸，避免过热，否则不利于课堂教学的进一步开展。在选择小游戏或肢体类活动作为团体暖身活动时，操作简单、活动幅度小的活动更为适宜，最好让学生在暖身的同时对课程内容有所准备。如果能够挖掘暖身活动的教育内涵，并在后续阶段善加运用，则更能体现心理教师的功力。

（二）团体转换阶段

团体转换阶段有时也称团体过渡阶段，该阶段是团体暖身阶段与团体工作阶段的过渡环节。团体暖身阶段和团体转换阶段的活动主要是为了促进团体工作阶段的顺利进行，这两者在活动内容、活动形式上相似。团体转换阶段的工作重点是通过开展与团体工作阶段相关但又不是直接指向学生的活动，营造更加安全的心理环境，为活动主题的深入讨论做铺垫。

必须指出，与一般的团体辅导转换期重在处理成员的焦虑、抗拒心理和团体成员的内部冲突有所不同，心理课在这一阶段的工作重点是"展开主题"，具体来说包括以下几点。

（1）以形象具体的方式提出团体成员共同关心的某个问题，引出团体成员中不同的观点和不同的认知方式、行为方式的碰撞和冲突，催化团体动力。

（2）鼓励全体成员参与互动讨论，积极对他人的意见予以回馈。这一阶段应将全体成员主动介入团体活动作为工作重点之一，其基本方式是缩小团体规模，让学生在小组内充分发表意见。

（三）团体工作阶段

经过前两个阶段，团体氛围已经进入积极状态，团体带领者必须集中精力进行"问题解决"。团体工作阶段即一节心理课的问题解决阶段，教学目标是否顺利达成在很大程度上取决于这一阶段工作的开展情况，因此团体工作阶段是心理课的核心阶段。该阶段在一节心理课中所占的时间比例也是最大的。教师的具体操作流程如下。

（1）设置更为贴近学生生活实际、更能反映学生成长困惑的活动或情境，引导学生在参与活动的过程中进一步感受、体验和思考。

（2）继续催化正向的团体动力，促进学生的自我开放。

（3）注重团体的组织调控，引导学生关注团体目标，鼓励学生相互倾听，共同探讨有效对策。

在这一阶段，辅导教师的角色要从团体中心位置向外推移，而学生的角色则逐渐向团体中心位置靠拢，学生自己寻找解决问题的方法与策略，在团体成员的独立性越来越清晰表现的同时，团体也形成了自己的动力并且依赖该动力向前推进。

（四）团体结束阶段

团体结束阶段的目的是回顾和反思团体进程，促使学生内化团体目标，将团体辅导中的所学应用到生活中，解决实际的发展性问题。这一时期的工作重点包括以下几个方面。

（1）引导学生总结本次活动的收获，澄清团体经验的意义。通过回顾可以再次明确团体活动的主题和目标，帮助学生达成共识，还可以提升其认识层次，从中得到新的感悟。

（2）鼓励学生将认知、经验加以生活化与行动化，使收获向课外延伸。在团体气氛十分融洽的情况下，教师还可以启发学生在团体内做出"承诺"或者订立某种"契约"。

数字资源6-6
团体动力学理论指导下的心理课课例

（3）设置富有新意的团体结束活动，为心理课画上一个圆满的句号。团体结束阶段应力求有一个富有韵味的尾声，例如具体化的优点轰炸、正向具体的终结赠言、感人肺腑的歌曲音乐等，以便给每一个团体成员留下深刻的、美好的记忆，促进学生课堂体验与课后实践的更好衔接。

第四节　非指导性教学理论在心理课设计的应用

非指导性教学理论是由卡尔·罗杰斯（Carl Ransom Rogers）创建的来访者中心疗法在教学情境中应用而形成的教学理论。非指导性不是抛却教学过程中的一切指导活动，而是不进行明确的指导，即讲究指导的艺术。该理论强调教师在教学活动设计与实施过程中的非指导性行为，提倡教师以一种开放的教学形式进行整体教学活动，营造和谐的课堂教学氛围，通过情感领域而不是智力领域来促进学生的自主发展，引导和启发学生的思维能力。

一、非指导性教学理论的学生观

非指导性教学理论假设学生乐于对他们的学习承担责任，学生也能自主发现自身兴趣所在，自由地选择感兴趣的学习内容。教师必须充分重视学生学习时的情感和兴趣。罗杰斯强调教学过程中教师情感功能的发挥，是因为教师的情感投入对课堂人际关系有重要影响，只有建立亲密无间的关系，学生才能发现自己各方面的能力，真正知晓学习的目的与意义，实现更大程度的个人整合及成长。

学生是非指导性教学学习评价的主体。每个学生的学习目标都是自己制定的，所以只有学生才能对自己做出最恰当的评价。这种自我评价使学生更能为自己的学习负起责任，从而更加主动、有效、持久地学习。罗杰斯指出，当个人意识到那种标准很重要，而自身力图达到那些目标和实现那些目标时，才真正知道应承担对自己和各方面的责任。

二、非指导性教学理论的教师观与师生关系观

罗杰斯认为，教师应扮演学生学习的促进者、帮助者、辅助者、合作者和朋友等角色。非指导性应答通常是一些简短的答话，这些话不是对学生的理解进行解释、评价或忠告，而是对学生的理解加以反映、接受和证明，其目的在于形成一种能让学生充分表达其观念的自由气氛。非指导性教学的精髓是给学生安全感，为此教师需要摆脱传统教学的中心地位，而是作为班级的一员，以真诚、开放、包容的态度与学生平等交流，产生共鸣，真正做到教学相长。具体而言，教师在教学过程中应以真诚、理解的态度对待学生的热情和兴趣，为学生建构一种轻松愉悦的学习氛围，引导学生单独或合作制定培养方案，并培养学生为自己的决定承担责任的意识。教师以学生为中心并思考学生在教学中要达到什么目的、怎样才能使学生顺利地学习与成长、是否已把学生的感情和问题放在教学过程的中心位置等。

非指导性教学理论认为积极的人际关系使人成长，教学应以人际关系的概念为基础，而不是以教材的概念、思想过程或其他理智来源为基础。罗杰斯认为，促进学习的关键是教师和学生之间关系的态度和品质。良好的师生关系应该具备三种品质，即真实、接受和理解。真实是指教师对学生要以诚相待，将自己内心的思想感情真实地向学生敞开；接受是指教师把学生视为具有自身价值的独立个体并给予充分的、无条件的尊重；理解指带有浓厚感情色彩的移情理解，是非判断性的。

三、非指导性教学理论的教学模式及教学评价

研究者基于非指导性教学理论总结出了以下教学阶段及教学评价方法。

（一）非指导性教学模式的教学阶段

非指导性教学模式在具体教学中的实施可分为以下五个阶段。

（1）确定辅助情境阶段。通过师生交谈，鼓励学生自由表达自己的思想和情绪。教师应提前组织好语言以限定学生表达的范围，对师生共同关注的问题达成一致的意见。

（2）探索问题阶段。在这一阶段，教师的工作重点是在鼓励学生表达消极和积极的情感基础上澄清和分辨学生的情感。

（3）发展洞察力阶段。由学生发表个人对问题的看法，教师引导学生从多角度观察、分析问题，使学生观察、分析问题的能力得到发展。

（4）规划与决策阶段。学生对相关问题做出规划，教师引导学生做出与自己期望一致的决策，并鼓励学生开展积极的行动。

（5）整合阶段。学生汇报他们所采取的学习行动，进一步增强分析问题、解决问题的能力，并对自己的系列积极行动做出总结和评价。

（二）非指导性教学模式的教学评价方法

罗杰斯从心理治疗的角度出发，认为对学生的评价应该是让学生进行自我评价。自我评价不仅考虑学生对知识的掌握程度，还可以从学习兴趣、学习态度等方面进行评价，这样学生才会清楚自己在哪些方面还存在不足、是否已经付出最大努力，使学生真正成为教学的中心，对自己的学习负起责任。罗杰斯提出了几种具体的学生自我评价的方法：一是在某些课题中，让学生提出问题，并据此编制试卷，由学生参与评价；二是在小组中让学生自己决定讨论要达到的水平，让每个学生畅谈自己已经达到的程度，并说明理由；三是师生共同讨论评定每一项的分数；四是在一些课程中，让学生进行书面的自我评价（包括适合自己的分数等级的评价等）。

数字资源6-7
非指导性教学
模式心理课课例

第五节　多元智力理论在心理课设计的应用

智力是人类大脑中文化知识的积累。它是一种生理和心理的潜能。这种潜能受个体经验、文化和动机的影响，在一定程度上得以实现。长期以来，国内外的教育学家、心理学家对人类的智能进行了探索与研究。1983年，美国教育家、心理学家霍华德·加德纳（Howard Gardner）提出了多元智力理论。这一理论大大拓展了人类智力的内涵，得到了人们的广泛认同。

一、多元智力理论与传统智力理论的区别

传统智力理论主张智力是以语言能力和数理逻辑能力为核心、以整合方式存在的一种能力。这种固化的观念忽略了对人的发展具有同等重要作用的其他方面，如音乐、空间感知、肢体动作、人际交往等。传统智力理论的覆盖面远不如实践世界中所真正表现出来的那些智能广泛。同时，传统教育中偏重语言、数理逻辑智能培养的教学观与评价观，极大地抑制了多样化人才的培养，未能对多样化人才进行潜质开发。

加德纳将智力定义为：在某种社会或文化环境的价值标准下，个体用来解决自己遇

到的真正难题或生产及创造出有效产品所需要的能力。这一定义特别强调了智力是个体解决实际问题或生产及创造出社会需要的产品的能力。这就是说，智力并不是像传统的智力定义那样以语言能力和抽象逻辑思维能力为核心，也并非以此作为衡量智力水平高低的唯一标准，而是以能否解决现实生活中的实际问题或生产及创造出社会需要的产品的能力为核心，也是以此作为衡量智力水平高低的标准。

二、多元智力理论的理论内涵

加德纳认为智力不是某一种能力而是一组能力，而且不是以整合的方式存在而是以相互独立的方式存在，其中的每种能力都有不同的发展规律并使用不同的符号系统。在大量心理学实验数据和实例的观察分析基础上，加德纳认识到大脑存在多个不同的智力中心，进而提出每个人至少有七种不同的智力。

（一）言语语言智力

言语语言智力指对语言的掌握和灵活运用的能力，表现为用词语思考，用语言和词语的多种不同方式来表达复杂意义。

（二）数理逻辑智力

数理逻辑智力指对逻辑结果关系的理解、推理、思维表达能力，其突出特征为用逻辑方法解决问题，具有对数字和抽象模式的理解力，认识解决问题的应用推理。

（三）视觉空间智力

视觉空间智力指对色彩、形状空间位置的感受和表达能力，其突出特征为通过对视觉世界的感知，产生思维图像，产生三维空间的思维能力，能辨别和感知空间物体之间的联系。

（四）音乐韵律智力

音乐韵律智力指人感受、辨别、记忆、表达音乐的能力，其突出特征为对环境中的非言语声音，包括韵律和曲调、节奏、音高音质的敏感度。

（五）身体运动智力

身体运动智力指人的身体的协调、平衡能力和运动的力量、速度、灵活性等，其突出特征为能利用身体交流和解决问题，熟练地进行物体操作以及需要良好动作技能的活动。

（六）人际沟通智力

人际沟通智力指对他人的表情、说话、手势动作的敏感程度以及对此做出有效反应的能力，表现为能觉察和体验他人的情绪情感并做出适当的反应。

（七）自我认识智力

自我认识智力指个体认识、洞察和反省自身的能力，其突出特征为对自己的感觉和情绪敏感，了解自己的优缺点，善于用自己的知识来引导决策、设定目标。

（八）自然观察智力

自然观察智力指观察自然的各种形态并对物体进行辨认和分类、能够洞察自然或人造系统的能力。

上述每一种智力在人类认识和改造世界的过程中都发挥着巨大的作用，具有同等的重要性。同时，每个人的智力都有独特的表现方式，每一种智力都有多种表现方式，所以在智力方面很难找到适用于所有人的统一的评价标准。

三、多元智力理论在心理课设计中的应用

多元智力理论并不涉及学习过程或智力形成过程，其体现更多的是与人类智力本质相关的观点以及对智力存在形式的独特洞察，所以其在心理课的应用与上述团体动力学理论、体验式教学理论等不同，不在于对心理课流程的设计，而在于课堂中教师如何看待学生、如何评价学生，并在该理论指引下开展心理课。

（一）对心理课选题的启示

多元智力理论蕴含的内容本身就可以作为心理课设计的主题。这一主题可以挂靠自我认识、人际交往等传统的心理健康教育主题。从自我认识主题的角度看，教师可以通过对多元智力理论的内涵讲授，引导学生意识到智力的多元内涵，了解自己的多面智力，增强自信，挖掘自身独特的潜能，这样的教学设计与积极心理学思想下的心理课设计是一致的。此外，多元智力理论还可以结合人际交往的主题，只是将了解和洞察的对象指向他人，即通过多元智力理论的内涵讲授，使学生认识到每个人都有一种或多种优势智力，只是组合的方式和发挥的程度不同，从而学会用更包容、更积极的眼光看待身边的人。

（二）对心理教师设计和实施心理课的启示

多元智力理论给予当今学校教育多方面的积极启示。首先，在学校教育中应提倡全

面的、多样化的人才观。在正常条件下，只要有适当的外界刺激和个体本身的努力，每一个个体都能发展和加强自己的任何一种智力。学校教育占据一个人身心发展的关键时期，应秉持多元智力观，培养多元智力人才。其次，教育者应持有平等积极的学生观。学生的问题不是聪明与否的问题，而是在哪些方面聪明和怎样聪明的问题。只要教育得法，每个学生都有自己的优势智力领域，有自己独特的智力特点、学习风格类型和发展特点，都能成为某方面的人才。再次，教育者应注重学生的个性化发展，因材施教。教育应该尽可能创设适应学生优势智力发展的条件，为学生的学习提供多样化的选择，使学生能扬长避短，激发潜在的智能，充分发展个性。最后，教育者应采用多种渠道和形式去评价学生和教学。通过多种不同的实际生活和学习情景，切实考查学生解决实际问题的能力和创造初步产品的能力，推崇更自然、对情景更敏感的在生态学上更可行的评估方式，且评估活动由师生共同参与。

以上观点是对所有学校教育工作者的启示，适用于所有教育工作者。对于心理教师来说，可能比其他教师更重要的使命是内心对多元智力理论的真正认同与贯彻。唯有如此，心理教师才能在日常的心理科普、个体辅导、家校互动中产生有力的影响。具体到一节心理课的设计和实施中，涉及的方面也有很多，比如选用的教学方法是否考虑到不同智力优势的学生、评价学生在心理课上的表现时是否考虑到了固有的个体差异、在组织各项课堂活动时是否创设了兼顾多元发展的包容的课堂氛围等。

建构主义理论、体验式教学理论、团体动力学理论、非指导性教学理论和多元智力理论等几种教学理论是当前比较常用的心理课教学流程设计和方法选用的理论依据。当然，心理课设计中所用的教学理论并不局限于这几种，但有两点是比较肯定的。首先，授课者在设计课程时要意识到，如果想要在一节课堂中达到相应的教学目标，就必须重视团体的运作情况、学生在课堂中的实际状态，否则，课堂将变成教师一厢情愿的输出。而研究相应的教学理论并将其应用到课堂的运作过程中，将大大提高课堂的效率。其次，如果确定选用某一种教学理论，心理教师需要先琢磨透该理论，根据其教学和学习的观点以及对学生各个阶段发展特点的描述，制定相应的教学流程和活动。否则，即便写了某种理论依据也会遭到质疑。这里建议心理教师在熟悉各种教学理论后，根据自身情况确定个人拟常用的一种，同时结合课程主题灵活应用。

1. 熟悉并掌握一定的教学理论对设计课程有什么意义？
2. 阐述心理课中常用的教学理论及其主要内容。
3. 在心理课设计中选用教学理论时应注意哪些方面的问题？
4. 结合本章所学，应用几种常用的教学理论各设计一节心理课。

第七章　心理课设计常用的教学方法

教师如何教、学生如何学，是教师开展课程教学设计工作时要重点思考的内容。在所有的教学活动中，要想顺利达成教学目标，教师必须合理选择教学方法并熟练掌握不同方法的应用技巧。作为一门学校课程，心理课与其他课程一样，要求教师遵循科学的教学原理和客观规律；同时，教师不但要知道如何选择并运用恰当的讲授方法，而且要懂得如何组织学生在课堂上选择并运用恰当的学习方法。这对组织积极有效的课堂教学具有重要的意义，可以有力地促成教学目标的实现。

第一节　教学方法的概念辨析

教学方法是教师和学生为了达成既定的教学目标、完成共同的教学任务，在教学理论与学习理论的指导下，共同遵循教与学的操作步骤，包括在教学过程中使用的各种方式和手段的统称。教学方法主要包括两个方面：一是教师讲授的方法（教法）；二是学生的学习方法（学法）。

一、教学方法与教学策略的区别

教学策略是以一定的教学思想为指导，在特定的教学情境下，为达成既定的教学目标而制定，并在实际教学中不断进行调整和优化，以确保达到最佳的教学效果的系统性决策和设计。不论是教学方法还是教学策略，都是为了实现既定的教学目标、优化教学效果而精心设计的。教学策略较为宏观、抽象，属于顶层的设计；而教学方法较为具体、实在，是落实教学策略的实际层面的措施。在一节心理课的设计中，除了需要列出课程所需要使用的教法和学法之外，往往还需要在教学重点和教学难点之后写出突出重点、突破难点的教学策略。

二、教法与学法的关系

教法与学法的关系是一个有一定辨析难度的问题。从动作主体的角度来看，可以对两者进行以下区分：教法指的是教师为了实现教学目标所采取的教学手段，而学法是学生在教学活动中积累经验的方法总和，即教法解决"教师教"的问题，学法解决"学生学"的问题。由于教学过程是由教师教和学生学的双方互动、相互促进构建的整体过程，同时教法与学法是不可分割的有机整体，具体体现为教师的教法通过学生的学法发挥作用，学生的学法在教师教法的指导下通过教学过程来形成和体现，因此在实际课堂教学中，教法与学法并非像动作主体那样完全分开，往往合二为一、相互融合和体现，作为不可分割的课堂过程而存在。

总的来说，教法和学法之间的密切关系体现在以下几个方面。其一，教法对学法有指导性，学法对教法有依赖性，教学的整个流程实际上是"从教到学"的转变过程。在这一过程中，教师的主导作用不断转化为学生的主观能动性。其二，学法是教法的基础，学法对教法有一定的制约作用。教法必须符合学生学习的特性和规律，否则便会因为缺乏针对性和可行性而无法有效地达成既定的教学目标。其三，教法与学法具有一致性，两者的目标都指向相同的认知过程并完成相同的任务，活动的时间和地点具有一致性，评价标准也一致。

为便于理解，本章根据动作的主体、教学方法的外部形态以及对应的学生认知活动的特点，对心理课中常用的教学方法进行分类，将教学方法分为以语言传递信息为主的教学方法、以学生的直接感知为主的教学方法、以强化学生知行改变为主的教学方法、独具心理学学科特色的教学方法、创新式课堂的教学方法等，并介绍了选用教学方法的一些注意事项。

第二节　以语言传递信息为主的教学方法

以语言传递信息为主的教学方法的外部形态呈现为通过语言工具进行信息传递。从以教师为语言发出者的角度看，这一范畴的教法主要包括讲授法、演示法、故事熏陶法等；从以学生为语言发出者的角度看，这一范畴的学法主要是价值观辨析法，具体包括讨论法、辩论法等。

一、以教师为语言发出者的教法

（一）讲授法

讲授法是最传统的教学方法，也是心理课中最常用的教学方法。可以说，没有一节课堂的顺利开展可以脱离讲授法，也没有哪一种教学方法在实际应用过程中可以不结合讲授法。

1.讲授法的定义及优势

讲授法是教师在课堂上采用口头讲述（具体包括叙述、解释、推论等）的方式，向学生传递信息、传授知识、阐明概念、论证定律和公式等，引导学生分析和认识问题的一种教学方法。在心理课上，讲授法常体现为教师根据学生的身心发展特点，贴近学生的日常生活，传授心理健康教育的相关知识，旨在帮助学生掌握具体的心理知识和技能，进而提高学生的心理健康水平。

讲授法的优点是教师对课堂教学过程的可控度高，容易使学生在较短时间内获得大量系统的科学知识。虽然心理课的定位为活动课，学生的体验和生成为心理课所强调，但在学生从感性认识到理性认识提升的关键过程中，往往离不开教师的点拨讲解。教师必须重视这"临门一脚"的作用，以帮助学生真正实现"从体验中获得感悟、从感悟中获得成长"。而在一些重要技能的传授环节，教师还必须对课件和板书中的重要内容进行清晰明确的阐述，以突出教学重点。从这一角度看，心理教师的专业技能依然离不开"讲授"这一基本功。

2.运用讲授法的注意事项

如何将讲授法运用好，对于教师而言是很大的挑战。与其他教学方法相比，讲授法是单向的知识传输，容易限制学生的主动性和积极性，如果运用不当会出现"教师满堂灌、学生被动听"的局面。为更好地发挥讲授法的优势，避免课堂沉闷，心理教师运用讲授法时需要注意以下事项。

（1）确保讲授内容的科学性。需要教师讲授的内容，往往是一节课中专业性比较强的概念、定理和方法等学科核心知识，教师必须事前做较深较多的教研工作，确保所讲内容无科学性和思想性错误。对于不确定的地方，应查资料求证或与同行切磋。由此可见，在一节心理课中，仅基于教师个人生活经验的讲解和分享是不可靠的。这也体现出积累一定的心理学专业基础知识对一名心理教师上好课的重要性。

（2）注意培养学生的学科思维。学科思维指的是当个体遇到真实的学科问题和生活难题时能够以学科专家的视角去思考。与学科思维相对应的是常规思维，即不能恰当地运用学科知识，只是基于日常经验进行思考。学科核心素养提倡理解本位的学科知识观，并将知识定义为人类对世界的理解和创造成果的过程。在心理课上，教师的讲授应着重培养学生运用心理学学科思维解决实际问题、认识并创造世界的能力。

（3）通过设问等方式带动学生思考。这是避免将讲授法变成单向灌输的重要做法。有经验的教师会将问题融入讲解中，即善于设问解疑，激发学生的求知欲和积极的思维活动。在讲授的过程中，教师可以适当放慢语速或设置停顿，启发学生就某一问题进行思考，再继续围绕要点进行讲解。在这一过程中，哪怕只有教师的自问自答，也比教师单纯传授既定知识要让学生更有参与感。

（4）应用语言艺术加强感染力。讲授的内容无误、教师语言表达清晰、普通话标准等当然是运用讲授法的基本条件。若能在此基础上讲究语言艺术，将大大提升讲授的效果。教师的教学激情、丰富的面部表情、肢体动作，变化的音量、语速，抑扬顿挫的语调，通俗易懂的讲解，生动形象的举例，能够很好地吸引学生在课堂上的注意力，大大增强课堂的感染力。

（5）适应教学对象的发展特点。很多时候，运用讲授法时，教师是在认知层面开展工作。对于小学低年级的学生而言，讲授法在课堂上的比例宜小，而且还应结合生动形象的例子进行概念和方法的讲解。而对于初中学生而言，因其认知能力和思维水平相对于小学阶段有显著的提升，因此可以接受更为抽象的心理学知识的讲授。到了高中阶段，可以讲授较为完整的理论，适当满足学生在心理课堂上的心理学求知欲（但同样要牢记不能将心理课上成心理学课）。

（6）注意讲授的时机与讲授的知识量。如前所述，学生在完成活动之后往往会产生一定的体验，但这些体验能否上升到理性认识或个人成长的层面，需要教师抓住时机，进行精准科学的讲授，以对活动组织和体验起到良好的升华作用。在以视听的方式呈现一些素材之后，教师可以通过适当的理论讲授分析心理现象，以提高学生的认知水平，实现教学目标。教师在进行这种分析时要注意适可而止，不做过度解读，避免引发超限效应。

（7）灵活结合多媒体、板书等手段。讲授是以口头语言为主的信息传递，结合一定的视觉刺激可以给听众留下更加深刻的印象。俗话说"重要的事情讲三遍"，课件和板书上重现相关的内容，会使学生意识到该内容的重要性。因此，多媒体课件上呈现相应内容、板书写上要点内容或关键词等，使之与讲授内容相互补充，可以有效突出教学重点。

二、演示法

运用演示法时往往结合较多的讲授，但与讲授法相比，使用演示法时的语言信息传递是结合现场演示进行的。

1.演示法的定义及优势

演示法是教师在课堂上通过展示各种实物、使用直观的教具或进行示范性实验，使学生能够通过观察获得感性认识的教学方法。演示法作为一种辅助性教学手段，在教学过程中并不会单纯演示，而是需要与讲授法等教学方法相结合。在使用演示法进行教学时，教师要现场演示实践操作内容，一边操作，一边讲解，强调关键的步骤和需要注意的事项，这样可以将一些抽象的知识和原理简明化、形象化，帮助学生加深对知识和原理的理解。

演示法的优势在于为学生提供观察学习的平台，有效地缩短了理论与实践之间的距离，促进师生之间的良好互动，从而提高学生的学习兴趣和学习效率。具体而言，首先，教师结合教学内容，运用演示法向学生展示相关材料，使学生通过对直接或间接直观材料的感知，获得感性认识，并升华到理性认识。其次，演示法还能帮助学生更好地理解和记忆。再次，当教师以各种直观手段进行演示时，其鲜明性、生动性和真实性有助于吸引学生的注意力，激发学生的学习兴趣。最后，演示法有助于培养学生的观察能力、思维能力和想象力。演示法经常与挂图、模型等教学工具相结合，这有助于学生认识和理解抽象的心理概念。

随着自然科学和现代科技的发展与进步,演示法的手段和种类日益丰富。依据演示材料的不同,演示法可以分为:实物、标本和模型的演示;图片、照片、图表、地图的演示;实验性的演示;幻灯片、视频、音频、教学电影的演示等。根据演示内容和需求的不同,演示法可以分为事物现象的演示、通过形象化方式来呈现事物内部形态及变化过程的演示。

2. 演示法的操作步骤

在教学过程中,教师可以遵循以下几个步骤来开展演示教学。

(1)提出主题。在此环节中,教师需要营造良好的演示氛围,激发学生的学习兴趣,同时提出演示主题,强调演示主题的重要性,以便让学生积极参与演示活动。

(2)明确目标。该环节中教师必须明确演示目标,详细讲解与演示相关的知识点,并提出在观察过程中的注意事项,确保学生在观察前对演示主题有基本的认识,以便在观察中把握重点内容。

(3)进行演示。基于演示概况的讲解,教师进行实操演示,完成整个演示的过程,使学生对演示主题有全面、直观的认识。必要时,教师可进行第二次、第三次演示,或将演示技能细分为几个部分,逐一进行解释和展示。

(4)练习强化。在这个环节,教师可以提出问题,组织学生围绕演示主题进行深入思考,并对演示现象进行归纳,需要时鼓励学生自己动手操作,以强化学生对演示现象的认识和理解。

3. 选用演示法的注意事项

演示法是近年来心理课的设计和教学中常用的方法。为了达到最好的教学效果,在运用演示法时,需要注意以下几大事项。

(1)明确演示目的。所有的教学方法和素材选用均为了更好地达成教学目标。演示法的选择与运用,同样要服务于教学需要,符合学生的实际。为更好地使演示为教学目标服务,演示的时机必须得当,即在必要时才进行演示,演示结束后相关的模型和教具要及时收存,以避免分散学生的注意力。

(2)面向全班学生进行演示。演示的"示"是让所有学生都能看到。教师要将演示物放置在具有一定高度的讲台上。如果实物尺寸较小,可以将其分发给学生,教师一边演示,一边让学生观察分发的材料;还可以通过课件来展示。在进行演示时,教师需要留意全班同学是否都能清楚地看到演示内容,确保没有演示盲区。

(3)与讲授、板书相结合。如前所述,演示法要结合讲授法进行。教师可根据知识、原理的难易程度,选择先讲解、后演示,或先演示、后讲解;还可以在这个基础上结合板书,一边演示,一边讲述,一边板书。在教学演示中,教师需要通过讲解引导学生进行观察,并将学生的注意力集中于演示对象的主要特征或事物的发展过程。

(4)内容贴近学生生活。在教育教学中,演示法可以充分发挥教师和学生的主观能动性，活跃课堂气氛。值得一提的是，如果演示内容让学生感到陌生、遥远，就不能激发学生的学习兴趣，因此，演示内容必须贴近学生的日常生活，这样才能引起学生的情感共鸣。

（三）故事熏陶法

故事熏陶法是在以教师为语言发出者的教法中较为常见的一种结合故事讲述的方法。

1.故事熏陶法的定义

故事熏陶法是指教师通过讲述故事的方式，帮助学生从故事中获得积极的力量，促进学生的心理健康成长。教师讲述的故事可以是童话故事，也可以是真实的故事；可以是名人的故事，也可以是普通人的故事，还可以是教师或者学生自己的故事；可以是积极的故事，也可以是消极的故事。在听故事的过程中，学生的心灵受到熏陶，不断反思和改变自己的行为，进而达到某种建设性的教育效果。

2.故事熏陶法的优势

真实且贴近学生日常生活的故事不仅能触动学生的心灵，还能得到学生心理上的认同，改变学生固有的观念和行为模式。例如，通过西楚霸王项羽在乌江自刎的故事情节，学生能明白合理归因的重要性；通过"中国的居里夫人"何泽慧的故事，学生能够认识到性别并不是成功的决定因素，真正的成功在于不断努力和坚持不懈。

对于低年级的学生来说，通过绘本讲述故事是心理课的常用教学方法。与单纯的语言讲授相比，绘本往往绘制精美，其构图、色彩能使阅读者产生愉悦的视觉体验，因此绘本讲述故事是低年级学生喜闻乐见的。教师结合心理课的主题选择切合主题的绘本，不但可以在课堂上吸引学生，而且可以为课程主题找到良好的载体。因为绘本的背后往往有一个完整的故事，其在背景、问题情境及解决方法方面都有绘本作者的一番思考，教师一般可据此搭建全课框架。由于目前市面上的绘本作品质量良莠不齐，因此教师在选择绘本时要注意其是否有可靠的专业背景、科学性是否经得起推敲、思想导向是否正确等。

二、以学生为语言发出者的学法

中小学心理健康教育工作并非持完全中立的态度，而是存在一定的价值观引导。心理课上的教育导向作用主要体现在价值观辨析这一方法的运用中。

（一）价值观辨析法的定义

价值观辨析法指的是在教师的指导下，学生通过讨论和辩论等方式，运用理性思维和情感体验来审视自己的行为模式,并对比他人的行为模式,从而解决价值观上的冲突,并根据更符合社会要求的价值观来指导自己的言行。

路易斯·拉斯(Louise Raths)等人指出,价值观是个体内在的价值观念,人们常常难以明确地认识它,因此难以用其指导个体的行为。为了让潜在的价值观发挥作用,我们需要对其进行细致的辨析。价值观辨析法旨在帮助人们利用理性思维和情感体验来审视自己的行为模式,辨析自己的价值观,理解其与其他观念的关系,揭示并解决自己的内在冲突,同时与别人交流自己的价值观,并根据自己的价值观来行事。由于价值观辨析法采用的是诱导方式,与刻板的说教和强硬的灌输式教育有所不同,因此教师易于掌握,学生乐于接受。该方法有助于提升学生的自我认知,促进其良好行为的发生。

常见的价值观辨析法包括讨论法、辩论法、脑力激荡法、意见箱法等。无论采用何种价值观辨析法,都需要遵循特定原则。具体来说,教师要引导学生表达态度和价值观;要中立且不加批判地接受学生的思想、情感、信念和观点;要向学生提出问题以促进学生深入思考自己的价值观。

(二)讨论法

讨论法是指教师在课堂上指导和组织学生以班级或小组为单位,就特定问题表达个人的观点和意见,通过相互交流和分享各自的观点,集思广益,促进问题的解决,并让每位学生从中获得感悟和心理上的成长。

讨论法在心理课中得到普遍的运用,主要是因为其可以较好地体现学生的主体参与性,让教师关注每位学生的既有资源,并通过课堂生成有益朋辈互助成长的资源。从方法的吸引力来看,讨论法能有效激发学生参与课堂活动的热情,为学生提供自我表达的机会。此外,所有学生参与讨论活动有助于培养学生的合作精神,点燃学生的学习热情,增强学生学习的自主性。讨论法在高年级学生中运用较多。必须指出,小学低年级所用的讨论法一般较为简单,即谈话法或称问答法,也即教师向学生提出问题,学生回答,具体包括复习对话、启发性谈话等。

1. 讨论法的常用形式

讨论法可以分为小组讨论法和集体讨论法两种,其中小组讨论法的运用更加广泛。小组讨论法就是将学生分成若干小组,组织各组学生对教师的问题发表自己的观点。该方法适用于探索学生的自我评价、学习态度、个性、人际交往等,要求学生具备一定的认知分析和归纳能力,因此更适合高年级的学生。

从内容来说,除了集中讨论一个专题以外,还可以采用分专题讨论的方法。在讨论过程中,如果分组讨论相同的主题,各组代表发言可能会重复,因此可以考虑分专题进一步讨论。分专题讨论就是把一个大主题拆分成若干个小专题。大主题和小专题需要教师提前进行精心设计,且应是学生最为关心、最为困惑和最迫切希望解决的议题。当题目设计得新颖有趣时,学生就会感到有话可说、有感而发。教师在组织教学活动时应努力让学生充分参与和展示自我，让其感到自己是自己思想和行动的主导者，从而增强自主性和选择性。

2. 运用讨论法的基本要求

讨论法是具有一定深度且非常考验教师思维和控场能力的方法。要保证获得良好的教学效果，教师在运用讨论法时要注意以下几点。一是讨论具有吸引力的话题。在讨论前教师应提出议题和具体的讨论要求，指导学生整理阅读相关资料或进行深入调查，并准备好发言提纲；二是在讨论过程中，教师要善于引导学生自由表达观点，为此需要注意营造一个安全的集体讨论氛围，同时密切关注讨论的过程，避免学生的讨论偏离主题；三是在讨论结束后，教师需要进行小结，总结讨论内容，引导学生获得正确的观点和系统的知识。此外，在教学过程中，教师还要了解学生的内在需求，并给予学生积极引导。

（三）辩论法

需要明确的是，作为学法的辩证法和辩论比赛是有本质性区别的，前者没有胜败结果，教师不需要对学生的辩论技巧进行评价，其主要任务在于通过深入分析辩题，提高学生对辩论主题的理性认识。心理课上辩论法的使用也比一般的辩论比赛更为简便，其教学流程一般为：教学导入—展示辩题—确定正反两方的学生—学生当堂认真准备—小组讨论，整理发言材料—课堂上开展正式辩论—教师进行点评和总结。

1. 辩论法的定义

辩论法是教师引导学生围绕一个具有争议性的话题进行分组讨论，引导学生提出正反双方不同的观点和论据，自由表达、互相学习，在辩论中主动获取知识、提高自身素养的一种教学方法。在心理课上采用辩论法就是教师将学生分为正反两方，让双方就某个有争议性的热点心理话题提出不同的意见和理由，以帮助学生更全面地认识和了解问题。例如，以"躺平是时代的解药还是毒药"为辩题，确定正方观点为"躺平是时代的毒药"，反方观点为"躺平是时代的解药"。

2. 辩论法的优势

辩论法的优势主要表现在以下几点：一是为课堂教学过程提供多方互动的平台，增强学生学习的积极性、认识的深刻性和交流的多样性；二是将课堂的预设资源和随机生成有机结合，增强课堂的趣味性，同时思维间的碰撞可以激发鲜活的灵感；三是与课堂讨论相比，辩论法能更好地培养学生的逻辑思辨能力、表达能力以及民主意识；四是营造了竞争与合作的课堂氛围，激发学生的求知欲和学习动机，同时明确的辩论任务能促进学生人际交往智能的发展；五是尊重学生的话语权，注重学生学习的过程与方法，提升学生参与的广度与深度，促进其情感与价值观的形成。

3.运用辩论法的注意事项

（1）合理进行辩论分组、分配辩论时间。一般抽签决定正方和反方，每队随机分成几组，每队选出一名辩手和一名计时员。学员在明确辩题任务后，需要在小组内做好分工，确保每位学员都能参与。

（2）提前将分组安排、辩题要点及相关资料交给学生。学生的准备是否充分、参与辩论的积极性是否普遍高涨，直接决定了辩论法运用的效果。有些辩题与生活关系比较密切，也可以让学生在课堂上就抽到的辩题任务进行小组讨论，直接在课堂上展示整个辩论过程。

（3）在设置辩题时一般设定两对以上紧扣主题的系列辩题。不同的辩论主题要求有不同的系列辩题，辩题之间应注意学理的逻辑性。辩题应具有可辩性，没有哪一方是无可辩驳的绝对真理。

（4）巧妙设计好辩论前的教学导入。这不仅关系到辩论主题能否吸引学生的注意力、教师能否点明辩论主题，也关系到教师能否为学生提供辩题背景，启发学生开启理性思辨之旅。

（5）遵循参与辩论的机会平等原则。通过建立课堂契约、明确辩论规则等方式，师生共同营造开明、和谐、包容的教学环境和氛围，让所有学生都拥有同等的参与课堂和自我发展的机会。

（6）切实做好教学总结工作。教师对辩论主题的分析、归纳和总结，是体现自身理性深度和理论层次的重要环节，对于引导学生进行辩论主题的反思起关键作用。教师在总结时要善于兼顾学生的代表性观点，并进行必要的价值观引导。

在心理课上采用辩论法，有时可以结合两难问题法，即教师引导学生对假设的或真实的两难问题进行选择判断，引发内心价值观的冲突，松动原有的心理认知结构，以促进原有认知结构的改变，从而提高心理健康水平。该方法比较适用于小学生的个性塑造和品德形成等。此外，辩论法还可以结合积极心理学成为一种多元课程模式，对小学生的身心发展产生积极影响。

数字资源7-1
辩论式教学丰富
学生的认知能力

（四）脑力激荡法

脑力激荡法也叫头脑风暴法。它由亚历克斯·奥斯本（Alex Faickney Osborn）最早提出，是为较多人所熟知的创意思维策略。具体来说，脑力激荡法就是通过团体思考和讨论，鼓励参与者在规定时间内创出大量的构想，让不同的思想观念相互碰撞，以引出更多的想法和观点。人们常常可以从中获得创造性解决问题的方法。从主要呈现形式来看，脑力激荡法主要是通过团体讨论的方式进行，但没有辩论的成分，故可以归纳为上文所提及的讨论法。

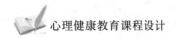

脑力激荡法的优点主要在于允许学生对一个问题进行自由的、深入的考量，创造一种兴奋的、接纳的课堂氛围，鼓励学生提出自己的意见（无论所提意见是否有价值）。该方法适用于各年龄阶段且多应用于学生智力训练等教学内容，其除了有助于创新性解决问题方法的出现，还有助于锻炼学生的合作能力和思维能力。

运用脑力激荡法时的注意事项包括以下几点：一是在学生讨论时，教师不做评价，只在最后进行总结；二是告知学生只需提出构想而不加以评判，不局限思考的空间，鼓励其产出更多的想法；三是应有单一主题，不能同时将两个以上的主题混在一起，问题太大时，要细分成几个小问题；四是提倡独特的想法，告诉学生创新的思考模式将会带来更好的主意；五是综合并改善构想，多个好主意往往能激发并融合成一个具有建设性的更好的设想。

如在以"联想创造"为主题的心理课中，教师引发学生思考"一颗西兰花让你联想到什么"。学生进行了颜色联想（绿色的背包、绿色的杯子）、形状联想（树、云朵、厨师帽子）、放大联想（西兰花房子、西兰花热气球）、拟人联想（加表情、加衣服、加动作）、组合联想（乌龟、冰淇淋、羽毛球）等，培养学生的发散性思维。

（五）意见箱法

意见箱法是与脑力激荡法类似的一种方法。教师在心理课上就某一主题设置意见箱，学生将自身的想法投入意见箱，还可以向全班宣读，促进集体共同讨论，这有助于促进师生之间的了解，激发学生的积极性。如在以"开学适应"为主题的课程中，教师设置意见箱，让学生针对"新学期，你来到新校园有哪些困惑或烦恼（生活、学习、人际等方面）"这一问题发表自己的意见。之后，教师宣读并统计班级学生的入学适应情况，这有助于更有针对性地设置心理课程。

第三节 以学生的直接感知为主的教学方法

以学生的直接感知为主的教学方法在本书中主要包括游戏活动法、角色扮演法等。该方法是在教师的组织引导下，以学生为活动主体，通过学生的身心参与唤醒其内在体验，促进其情感和认知改变，从而引导其塑造相应的行为模式。由于这类教学方法以学生为活动主体，可以很好地体现心理课的活动性、体验性、生成性等，因此在当前心理课中被广泛运用。

一、游戏活动法

游戏是学生喜闻乐见的方式。在中小学心理课中，游戏活动法可谓最重要的教学方法，也是最能体现心理课特色的教学方法。

(一) 游戏活动法的定义及优势

游戏活动法是指教师以游戏为载体,引导学生主动参与游戏活动,在轻松愉悦、和谐活跃的氛围中,表露自己的真情实感,投射自己的内心世界,体验和反思自己的行为,分享同伴的经验和感悟,从而促进学生自我成长的一种方法。

游戏活动法有以下独特优势:其一,它具有较强的吸引力,能充分调动学生的积极性;其二,它能培养学生遵守规则的意识;其三,它能提升学生的综合素质和能力。总体上说,运用游戏活动法可以创设安全轻松的课堂氛围,让学生通过参与游戏活动激活自身的内在体验,在团体中交流感受和收获,促进自身经验的整合和发展。

(二) 游戏活动法的类型

教师可以根据教学内容和学生的发展特点设计不同类型的游戏,如竞赛类游戏和非竞赛类游戏。竞赛性活动能激发学生的好胜心,促进团体的交流互动。例如,学生在"安全岛"游戏中能够培养合作与竞争意识,具体游戏规则为:三人一组,每组一张报纸,看哪组能用所占的最小面积的报纸来承受三个人的重量。在这个过程中,学生可用背、抱等方式来减少脚和报纸的接触面积。再如"大风吹""雨点变奏曲""击鼓传花""抓与逃"等非竞赛类游戏能营造良好的课堂氛围。如在以"团队协作"为主题的活动课中,全班学生分成若干组进行"达芬奇密码"活动,即设置起点线和终点线,在终点线上有为每组准备的数量相同且反面向上的扑克牌,在起点线上各组每次派一人上前翻牌,各组需要按从小到大的顺序依次翻牌,翻对打开,翻错盖上,用时最短的小组获胜。

(三) 运用游戏活动法的注意事项

虽然游戏活动广受学生喜爱,但如果组织不当,很可能流于形式,成为诟病心理课只追求表面热闹的理由,更糟糕的结果是激发不了学生的兴趣。为优化游戏活动法的教学效果,在运用该法时要注意以下事项。

(1) 讲解、示范游戏要求或规则。游戏活动中,教师必须注意讲清楚游戏的要求与规则。如果是团体暖身阶段的游戏,应选择一些规则简单的游戏活动,以节省学生理解规则所用的时间,更快地吸引学生到心理课堂中。如果开展的是学生比较熟悉或者教师之前在课堂上已经使用过的游戏活动,开展时可以只在口头上重复一下;但如果是学生未接触过的游戏活动,最好在课件上用分点分步骤的方式,清晰地呈现游戏规则。讲解规则时也可以结合教师示范或邀请学生上讲台配合示范的方式进行。

(2) 把握好游戏活动所需时间。一节课的时间是既定的,教师在备课时需要对每个教学环节所需时间做精心的安排。在心理课中运用游戏活动法,需要考虑的相关时间问题有许多,比如准备组织几个游戏活动,是以一个游戏活动情境贯穿全课还是只设计某一环节的情境,围绕一个游戏活动讲解规则、开展活动、分享体验、引导升华等必备环节各需占用多少时间等。只有对这些相关细节做精心安排,才能保证通过游戏活动,让学生在活动中有充分的体验，经历完整的过程，确保活动的方向性，降低活动的盲目性和随意性。

（3）确保学生是游戏活动的主体。如上文所述，游戏活动法深受欢迎是因为其体现了学生的主体性，体现了心理课对体验学习的强调等。据此，教师在教学中使用此方法时，应明确自身的角色定位，即主要职责在于讲清规则、组织学生充分参与、促进学生分享，最后进行点拨升华，回归心理课的主题。至于如何参与、分享什么，都是学生的事情，必须由学生自己去生成，教师是无法在课堂实施中进行干预的。为确保学生为游戏活动的主体，教师需要在备课时预想学生可能的反应，必要时设定更具弹性的时间，以尽量创设轻松、活跃的支持性氛围，让学生得以安心地表露情绪、投射内心世界、体验和感悟，最终实现自我成长。

（4）使学生从活动体验中获得成长。活动、体验、感悟、成长等环环相扣，前者是后者的铺垫，后者是前者的升华。通过教师的规则讲解和组织活动，学生获得了身心上的直接体验，但这些体验能否成为心理课上宝贵的生成性资源，还需要教师进行点拨和引导。学生的自发体验可能比较零散，可能为玩游戏而玩游戏，体验中也可能包含迷茫、困惑等情绪，这就需要教师提供适当的指导和帮助，以提高学生通过游戏活动进行体验式学习的效率。因此，在活动体验及分享环节之后，教师要引导学生从游戏活动中走出来，做好针对性的总结点评、强调回顾重点、反思和提炼要义等工作。

二、角色扮演法

角色扮演法由雅各布·莫雷诺（Jacob Levy Moreno）创立，是心理课经常采用的一种教学方法。作为一种行为疗法，角色扮演疗法也称心理剧，旨在运用戏剧表演的方式，促使个体发现问题，理解问题的症结，从而更好地调整自己的心态，促进问题的解决。心理课上所用的角色扮演法侧重于让学生通过角色扮演体验和演绎他人的角色，促进其对他人内心感受和处境的理解，同时反映个体深藏于内心的感情。

（一）角色扮演法的定义及优势

心理课上的角色扮演法指教师结合所教的内容，设置一定的情境和主题，让学生扮演或模仿不同的生活角色，用行为模仿或替代重演的方式来重现事件的始末和人物的内心活动，让扮演者和观众在观察、体验、分析、讨论的过程中获得反思、感悟和成长。

角色扮演法因具有较多的优点而受到很多心理教师青睐：首先，它能让学生了解事件的来龙去脉和内在联系，设身处地理解他人的真实感受，这是一种缓解紧张和宣泄情绪的有效途径；其次，它能提升个体的自我觉察能力，有助于改变学生的自我观念，促进其更好地适应环境和融入社会；最后，它能让学生走进他人的内心世界，促进对他人的了解，提高自己的共情能力。总的来说，由于角色扮演能使学生亲身体验所演绎角色的内心活动和言行举止，常常能引发学生较大的心理转变。

(二）常用的角色扮演法及适用对象

在心理课上常用到相声表演、哑剧表演、角色互换、小品表演等角色扮演法。

1. 相声表演

这种表演形式可以是一人的单口相声，也可以是两人的对口相声或者多人的众口相声。表演者用通俗易懂、幽默风趣的语言，将深刻的心理学知识呈现给学生。比如：想使学生认识到"注意"这一心理状态在生活和学习中的作用，可以邀请一名学生进行"我叫注意"的自我介绍。在情绪管理课程中，可以请两名学生来一段"我不生气"的对口相声。由于此类表演需要具备较好的语言表达功底和相应的表演技巧，因此更适合小学中、高年级学生和中学生，且教育内容可涵盖所有可以提高学生认知水平的心理训练。

2. 哑剧表演

顾名思义，哑剧表演是非言语性的表达。教师根据活动内容，提供特定的话题或情境，让学生充分利用肢体、面部、身段等表情达意。该方法尤其有助于提升学生运用非言语信息的能力。

哑剧表演可以是一人表演，也可以是多人表演。如在与情绪有关的主题课程中，教师在导入环节，邀请个别学生运用非语言信息，展现被表扬、同学见面、生气、幸福一刻、等待等不同情境下的情绪状态，其他学生猜测具体的情境，激发学生的学习热情。这类表演难度较小，适合小学生。就教育内容而言，哑剧表演适用于情绪教育和人际交往等，也可根据实际情况运用于其他方面。

3. 角色互换

这是指教师指导学生先后扮演不同的角色，体会不同角色的情绪、态度和想法，促进角色之间的相互理解，并学习符合角色的言行举止、承担相应的职责。该表演可以是一人进行也可以是多人配合进行，如"我来做教师""失败时的我""如果我是他"等。此类表演难度较小，适合小学生，在教育内容上，其主要适用于自我探索、情感教育、个性塑造和人际交往等。再如，在亲子沟通的主题课中，依据PAC理论，即parent（父母模式）、adult（成人模式）、child（儿童模式），请学生扮演不同情境和状态下的父母，也邀请父母扮演不同情境和状态下的孩子，亲子之间进行角色互换，帮助双方理解彼此的感受和行为，以改善亲子沟通状况，营造良好的亲子氛围。

4. 小品表演

这种方式是把幽默、讽刺或赞许的言语和滑稽的行为相结合来展示生活或学习中的某些场景，旨在揭示特定的道理或处理问题的方式。大部分小品都是多人参与，力求贴近生活，情境更逼真、更有感染力，比如"同学病了""同学到我家做客""给妈妈过生日"等。这类表演有一定的难度,更适用于小学中、高年级学生和中学生。就教育内容而言,小品表演适用于自我意识、情感教育、个性培养、人际交往等。

5.其他

在心理课上有时还会运用空椅子表演、镜像法等角色扮演技术。空椅子表演是格式塔学派较为常见的技术,这种方法常常运用两把椅子,要求学生坐其中一把,假设另外一把椅子上坐着与主题相关的另一个人,学生依次表演两把椅子上的角色。如在"理性竞争"主题课程中,学生坐在一把椅子上扮演"胜利者",接着以"失败者"的角色坐到另外一把椅子上,以此一人分饰二角来展开对话,目的在于帮助学生分析两种不同的心态。镜像法(他人眼中的我)也偶尔运用,这是一种看别人表演自己的方法。

(三)运用角色扮演法的原则

由于角色扮演法是一种公开表演,要求学生具有较强的参与意识,因此那些性格随和、开朗外向、有安全感的学生更容易接受,而那些害羞、内向、防御心较强的学生比较难参与。这时,充满安全、接纳、信任的氛围和教师的鼓励能促进学生的参与。在使用角色扮演法的过程中,需要遵循以下原则:一是如果学生有明显的担心、害怕情绪,不能强迫他们表演,而应让他们先承担其他任务,直到他们愿意参加;二是引导学生把角色扮演看作一种游戏;三是教师应专注于角色,而非学生本身,即教师应关注角色所表现出来的感觉和意义,而不是关注学生是如何表演的,营造一种不加批判的氛围,让学生充满信心、乐于表达自我;四是营造活跃的课堂气氛,没有参加表演的学生积极关注表演者,并给予表演者支持和鼓励。

数字资源7-2
以教育戏剧为
载体开展生命
教育的策略

第四节 以强化学生知行改变为主的教学方法

以强化学生知行改变为主的教学方法通过课内外的练习、实验、实习、社会实践、研究性学习等以学生为主体的实践性活动,使学生巩固、丰富和完善所学知识,培养学生解决实际问题的能力和多方面的实践能力。以下主要对练习法进行介绍。

一、练习法的定义

练习法是在教师的引导下,学生通过自觉控制和纠正对某些动作或活动方式进行反复练习,从而形成技能、技巧或行为习惯的教学方法。在心理课上,为了提升学生的心理健康素质,往往需要安排一定的课堂练习,以巩固或验证学生所学所思。

二、练习法的优势及类型

练习法在巩固知识、指导学生将所学知识运用于实践、提高学生的能力和培养相关品质等方面具有重要的作用。在生理学机制上，练习法能让学生在神经系统中形成一定的动力定型，助力学生顺利完成某种活动。由于练习法具有独特的优越性，因此被广泛运用于各学科教学，特别是工具性和技术性学科。

根据练习的内容，可以将练习法分为心智技能的练习、动作技能的练习和行为习惯的练习三类：心智技能的练习包括阅读、作文、计算技能的练习；动作技能的练习包括体育技能、劳动操作技能的练习；行为习惯的练习包括卫生习惯、礼貌习惯、守时习惯的练习。根据练习的目的，可以将练习法分为语言的练习、解答问题的练习和实际操作的练习：语言的练习包括口头语言和书面语言的练习，目的在于培养学生的表达能力；解答问题的练习包括口头和书面解答问题的练习，目的在于培养学生运用知识解决问题的能力；实际操作的练习旨在培养学生的操作技能，其在技术性学科中具有重要的地位。

在心理课上，可以根据教学目标合理采用练习法。如教师对学生讲解某一技能，或者根据学生的分享总结若干解决问题的方法时，为了巩固所学并验证学生是否真正掌握，可以安排学生在课堂上进行练习应用。具体如人际沟通中的换位思考、区分事实与评价、乐观解释风格、成长型思维等，都可以提供问题情境让学生去练习应用。

数字资源7-3
教师训练学生
"正念行走"

三、运用练习法的注意事项

为了提高练习法的教学效果，在心理课上运用练习法时需要注意以下事项。

（1）钻研教学目标和教学重难点。与讲授法不同，练习法不是每节心理课都必须运用的，所以运用练习法前首先要明确练习是否与教学目标紧密相关。在心理课的三维目标中，技能目标往往与教会学生掌握某种技能、学会某种方法有关，假如该技能目标又根据学情被设定为教学难点或重点，就需要课堂上对相关技能和方法进行练习巩固。

（2）明确练习的目的和要求。虽然练习是一系列的活动，但它不是简单机械的重复，而是有目的、有步骤、有引导地培养和提升学生的相关技能，使得学生能力得到发展。所以，在练习中，教师不但自己要有清晰的目标，还要让学生明白每次练习的目的和具体要求并结合对教学内容的理解自觉地进行实践。学生的练习不是被动机械的，而必须是自觉主动的。因为练习也是一种体验，结合思考的体验才能带来感悟和升华。

（3）选择和设计练习材料。如上文所述，练习的材料可以是语言的、解答问题和实际操作的。教师要根据练习目的、学生学习和生活的实际需要选择练习材料，以确保通过练习达到教学目标，确保学生积极地投入相关的练习安排。为此，教师需要对学情有较好的把握，设定科学的教学目标。以训练学生的发散思维为例，教师可以就一个问题，如"砖头的用途"，从流畅性、变通性、独特性三个维度引导学生进行思维的发散训练，但如果能够在此基础上设计紧密结合学生学习和生活的问题就更有意义了。

（4）激发学生练习的动力。只有全班大多数学生主动参与，练习法才能发挥应有的教学效果。为此，教师应注意以下几个方面：其一，在学生现有水平的基础上，将练习的难度设在多数学生的"最近发展区"范围；其二，练习开始时，教师要适当讲解和示范，使学生获得有关练习的方法和实际动作的清晰表象；其三，在学生实践的过程中，教师应适当点拨和反馈，让学生清楚自身的掌握情况及努力方向，在反馈注意采取正强化的方式，如给予社会性奖励（微笑、赞扬、加分、拥抱等）、物质性奖励和活动性奖励等，促使学生对自己保持信心进而有动力做到更好。

如在"情绪调节"专题课程中，教师为了让学生掌握通过腹部呼吸进行情绪调节的方法，一边讲解一边为学生示范腹部呼吸要点："请大家放松身体，双脚打开与肩同宽，双手轻轻地放在大腿上，将注意力集中于自己的呼吸，先缓慢地通过鼻孔吸气，坚持5秒。接着，用嘴巴缓慢地吐气。呼吸的同时，感觉腹部的起伏。之后继续下一个深而慢的呼吸。"

此外，心理课上所学技能和方法往往与学生的实际生活密切相关，所以往往需要布置课后练习，如周末回到家中与父母进行沟通练习。当学生在实际生活中体会到心理课所学知识对其生活和学习带来的实际帮助时，就会更加喜欢这一课程。教师应多鼓励和引导学生在实际生活中进行应用练习。

第五节　独具心理学学科特色的教学方法

心理健康教育的兴起主要得益于心理学这门学科的发展。作为心理健康教育主要途径的心理课，其教学方法不可避免地体现心理学的学科特色。尤其是随着心理健康教育师资队伍专业化水平的不断提升，科班出身的心理教师逐渐成为心理教师队伍的主干。在考虑心理课设计的创新及专业水平提升的同时，这些教师也在努力尝试将一些心理学专业元素融入心理课堂。近年来，各种比赛的心理课参赛作品正体现了这一特色发展趋势。

一、心理测验法

心理测验法是指用一套标准化的问题（量表）对个体某些心理品质进行测量，或反映个体行为活动中的心理特征，并根据一定的原则进行推断和量化分析，给予相关的科学指导。根据测验内容，可以将心理测验划分为智力测验、成就测验、态度测验和人格测验；根据不同形式，可以将心理测验划分为文字测验和非文字测验；根据测试规模，可以将心理测验分为个别测验和团体测验等。

(一) 心理课上运用心理测验法的优势

教师在心理课上运用心理测验法，即在课堂上或课前运用专业量表对学生的心理状态进行评估，帮助学生更好地了解自身的状态以及心理健康教育水平的情况等。目前，一些心理教师在心理课上运用该方法，主要基于以下几方面的考虑：首先，心理测验法运用比较方便，占用的课堂时间不会太多，尤其是安排在课前或课后施测的情况下，因此具有较强的可行性；其次，青少年正处于确立和寻找自我的关键时期，即便是在课堂上没有接触到心理测验，也会通过网络等方式做各种所谓的"心理测验"，可见，在心理课上运用心理测验法回应了学生的自我了解需求，因此也得到了学生的喜爱；最后，从了解自我、完善自我的角度来看，心理健康教育的目的在于帮助学生培养健全的人格，这需要学生有科学全面的自我了解，而符合各项要求的心理测量工具可以助力实现这一目标。

(二) 心理课上运用心理测验法的注意事项

虽然在心理课上运用心理测验法具有独特优势，但确切地说，心理课上使用该方法也具有一定的风险，如果教师对该方法把握不当，其对整节课教学效果的影响也会是极具破坏性的。

（1）正确认识心理测验。这是运用心理测验法最需要注意的事项。从横向来看，心理测验仅为学生提供一种心理学视角的参考结果，而不能以此对其做出系统性判断。同时，心理测验法采用的是心理健康的社会常模，而常模标准是动态变化的，国外的测试常模和以往的测试常模不一定符合我国当前的社会情况；从纵向来看，心理测验只是提供个体在进行测试的某个时间点的心理状况，而个体是不断成长和变化的，不能依据测验结果对个体下终生的论断。

（2）慎重选用心理测验。首先，根据学生的年龄选取恰当的量表，为此要对将选用的量表使用背景有详细了解，同时在选用前要对量表的内容和文字表述与学生的契合度进行初步判断。其次，要尽可能选取较为开放轻松的话题的测验，不宜选取较为隐蔽沉重的话题如抑郁、焦虑等。与咨询室相比，心理课堂是一个开放的空间，不论是分享讨论还是做心理测验，都不适宜选择隐私性过强的主题，否则学生的参与度不高，也可能无意中给学生带来伤害或困扰。最后，尽量选择题项少的或趣味性强的量表，当然，也要保证一定的科学性。心理课不是康乐课，但心理课的氛围应以轻松、安全为主，题项多或问题性强的测验容易使学生厌倦。在一些压力疏导课堂上，一些教师喜欢用包括比较多题项的压力状态测验，课堂容易陷入沉闷氛围，这是需要注意的。

（3）慎重解读心理测验结果。学生做完心理测验后，会迫切地想知道结果。这时就需要教师进行解释。教师此时要将第一点注意事项的相关认识传达给学生，让他们对心理测验形成正确的认识。尤其是注意不要轻易给学生"贴标签"，要让学生知道测验结果只是一种参考，是帮助其了解自己心理状况的一种工具。学生完成心理测验并得知自己的结果后，教师要结合测验主题确定是否设计分享环节，以及如果设计分享环节，分享到什么程度，是同桌之间、小组之间还是对全班分享。在此环节，教师要注意对测试者的隐私加以保护。不管是什么主题的测验，如果学生不愿意，都不能强制其分享。教师还要留意班上是否有取得相对"糟糕"成绩的学生，如果有，要对其加以关注，可以在课后和他们单独交流，疏导其内心的困惑，必要时可以联系班主任协助教育，或者转介到专科医院或专业机构。

（4）引导学生正确对待心理测验。比如，让学生明白网络上的心理测验多是娱乐性质的，可以简单通俗地对学生讲解心理测验知识，如信度（测量结果的一致性）、效度（测量工具能测出其所要测量特质的程度）、常模、标准化测验的原则等，让学生认识到科学的心理测验具有严格的程序，从心理测试的前期准备到正式实施再到最后测试结果的解释，都要遵循严格的程序。网络上的心理测验虽然有趣，但科学性不强，可以抱着娱乐的心态去完成测验，跟同学交流时也可以作为谈资，但对此不能盲目相信，尤其不能为此给自己贴上负面标签。教师还可以跟学生介绍与心理测试相关的巴纳姆效应[①]。

二、实验法

实验法是通过有目的地严格操控某些条件，人为地引起或改变某种心理现象，并加以记录的研究方法。与其他研究方法相比，实验法由于对条件进行了严格控制，可以揭示控制或创设条件与引起或改变的现象间的因果关系。根据实施实验法的场地，可以将实验法分为实验室实验法和自然实验法。心理课上运用的实验法可以列入广义的自然实验范畴。

（一）心理课上运用实验法的优势

如前所述，在近年来各省市及全国的心理课相关比赛中，一些选手积极尝试将实验法运用于心理课堂。结果也表明这一做法是可行的。将实验法运用于心理课具有如下优势。

（1）直观呈现心理现象的规律。由于条件的限制，心理课上选用实验法时，一般无法做到让每个学生都参与其中，而是由教师作为主要操作者或引导者，邀请部分学生作为被试进行体验和分享（从这个角度讲，实验法有前述演示法的影子）。教师在课堂上将学生的注意力吸引到教师的实验操纵过程中，让学生亲自看到实验过程中发生的现象，一般以学生的认知就可以得出实验条件与结果间的关系。对于参与者来说，这更是一种直接经验，具有很强的说服力，一般教师不需要进行详细讲解。

（2）提高专业感和科学性。相较于游戏活动法等教学方法，将实验法搬到心理课，

[①] 巴纳姆效应是指当被用一些普通、含糊不清、广泛的形容词描述时，人们往往容易接受这些描述，认为描述中所说的就是自己。该名称源于一位名为菲尼亚斯·泰勒·巴纳姆的杂技师的自我评价，他自评之所以受欢迎是因其节目中包含了每个人都喜欢的成分，故使得"每一分钟都有人上当受骗"。心理学家保罗·米尔以其名字命名"巴纳姆效应"。不管是算命先生还是一些网络测验，给每个人的结果往往都是一些笼统、一般性的概括和描述，加上受测者易受暗示的特点，所以经常显得很准。

可以体现出"高大上"的专业层次。众所周知，在心理学的研究方法中，实验法所得出的结果是科学性最强的。所以，不论是参加比赛还是在平时的观摩课上，运用了实验法的心理课通常因其具有的科学、专业光环脱颖而出。当然，这必须是在恰当运用实验法的前提下。

（3）推动心理课的教学创新。经过二十多年的积累和沉淀，不论是在课程内容还是在教学方法方面，心理课都期待实现教学的改革与创新。将实验法搬到心理课可以说是心理课改革与创新的途径之一。这也意味着如果教师没有钻研精神，不能投入较多的时间和精力，没有一定的专业志向和情怀，可能就不会开展这样的教学尝试。所以，这种尝试和探索是值得鼓励的。

此外，实验法因其新颖性、直观性、高参与度受到学生欢迎。将实验法用于心理课可以更好地吸引学生的注意力，提升教学效果。

（二）心理课上运用实验法的注意事项

在心理课上运用实验法作为教学方法，要求授课者在进行课程设计时有充分的准备，尤其要注意以下几方面事项。

（1）选用流程较为简单、不导致负面心理体验的内容。一节心理课的时间是有限的，再精妙的实验也不应该占用过多的时间，因此可以优先考虑流程简易、结果明显的实验。此外，就像开展心理学研究需要伦理审查一样，在心理课上运用实验法也要有伦理和教育性方面的考量。一般选用能够引发积极、轻松感受和情绪的实验，如果实验可能引发学生的负面心理体验，就必须考虑后续处理问题。

（2）明确选用实验法的目的。只有明确选用实验法的目的，才能将揭示的心理现象落实到心理课的教学目标中。实验法是一种形式，而形式都是为内容服务的。教师要保持对运用实验法目的的清晰认识，并引导学生通过实验产生应有的感悟。教师可在实验开始之前告知学生实验的要点或背景信息，也可以在实验结束后通过言语指导，达到实验为教学目标服务的目的。此外，教师还要注意让学生明白心理课上的实验与实验室里的严谨实验是有区别的。

（3）把握开展实验的时机。如前所述，实验因其专业性及新颖性，可以很好地吸引学生的注意力，但如果实验呈现和开展的时机不当，则很可能成为学生分心的刺激源。教师要紧密结合教学设计，把握开展实验的时机，在没到相应步骤时，相关的实验仪器或材料就不应该暴露在讲台上。这一点跟课堂上直观教具的呈现时机注意点是一样的。

（4）在选用某个实验之前，教师要真正把握实验的精髓。对于科学性存疑的实验，在选用时一定要慎重，以防以讹传讹。有些实验结果仅局限于某一语境，不具备普遍推广的意义，这也是教师需要加以注意的。简而言之，心理课上运用实验法有一个重要的作用，就是提高课程的专业性，而这一作用的产生是以实验的科学性为前提的。

数字资源7-4
运用实验法的
心理课课例

最后，必须指出，在心理课上选用的实验并不是严格意义上的心理学实验，其实验类型也不一定是心理学实验，可以是跨学科的如一些自然科学实验。教师需要明确教学目标，善于从各种素材和现象中发现和挖掘可用于心理课的实验，或直接运用或进行微调，只要逻辑通顺，进行一些灵活变通都是允许的。

三、心理咨询与治疗方法的课堂化

近年来，心理课上教学方法的应用表现出将心理咨询与治疗方法应用于心理课堂的趋势，如叙事疗法的外化技术、焦点解决短期治疗的量表技术、表达性艺术疗法等。鉴于表达性艺术疗法近年来在心理课上被运用较多，以下对表达性艺术疗法的定义及类型、表达性艺术疗法在心理课上的应用优势及在心理课上运用表达性艺术疗法的注意事项进行介绍。

（一）表达性艺术疗法的定义及类型

表达性艺术疗法是一种综合的、多模式的疗法，该疗法运用写作、音乐、视觉艺术、戏剧和舞蹈等多种方法，帮助来访者探索和理解他们自身对不同形式的表达艺术的反应。根据表达性艺术疗法中常用的四大类型的创作手段，心理课上的表达性艺术疗法可相应分为以下四种类型。

（1）视觉艺术疗法，即在心理课上利用视觉艺术如绘画处理情绪、思想或经验。其中的手指画、拼贴、自画像、摄影、曼陀罗创作及着色等，是当前心理教师比较常用的课堂元素。

（2）舞蹈艺术疗法，也称舞动治疗技术，即在心理课上运用舞蹈或即兴表演的形式，对个体情绪和认知层面进行治疗，提高个体自我认识水平，改善个体心智状况。其关注的是个体身心关系以及和其他人及社会之间的关系。在空间和时间允许的情况下，有舞蹈特长的授课教师可以结合课程主题对此方法加以运用。

（3）音乐艺术疗法，即在心理课上直接使用或引导学生通过聆听或创作音乐调节情绪、缓解焦虑。音乐在心理课上有较多的用途，除了作为直接的治疗工具，还可以作为学生在讨论或思考时的背景音乐，营造轻松的氛围，同时还可以作为计时工具。

数字资源7-5
运用表达性艺术疗法的心理课课例

（4）写作艺术疗法，即在心理课上引导学生通过写作探索自身思想和情感。如在培养感恩这一积极心理品质时，教师布置学生在课堂上或在课后完成每天记录感恩三件事的作业。再如，在幸福主题心理课的结束环节，引导学生在课堂上完成写给自己的幸福三行情诗。

(二) 表达性艺术疗法在心理课上的应用优势

作为一种较新的教学方法，表达性艺术疗法之所以被较多心理教师选用，是因为其具有以下两方面的优势。

（1）表达性艺术疗法为授课教师提供了较为广阔的操作空间。其类型包括上述视觉、舞蹈、音乐、写作等，教师可以根据自身的特长及兴趣加以应用。不少心理教师在入职后不断提升心理咨询和治疗的专业水平，将表达性艺术疗法运用于心理课，也为他们展示和实践相关的心理咨询或治疗技术提供了平台。如果是作为参赛作品，也可因其展示元素较多，提升竞争力。

（2）表达性艺术疗法可促使学生由内向外发生变化，这既能提高心理课的教学效果，也能增强课程对学生的吸引力。通过绘画、舞蹈、音乐、写作等，学生开启了日常言语所无法表达的自我探索之旅，通过了解自己并分享感受，实现内心的情感释放，有机会完整而具体地表达埋藏于内心的东西，进而获得内在的治愈。研究表明，表达性艺术疗法的好处包括发展优势和技能、促进个体成长、减轻症状、改善沟通以及赋予个体经历意义。实践证明，在心理课上适当应用表达性艺术疗法，不仅可以实现其疗法效果，还能受到学生的喜爱。

(三) 在心理课上运用表达性艺术疗法的注意事项

如前文所述，表达性艺术疗法用于心理课有其独特的优势。但若选用不当，则可能徒劳无功，甚至适得其反。在心理课上选用表达性艺术疗法需要注意以下事项。

（1）严守心理咨询与心理课之间的伦理界限。尽管不少心理教师已经做了将心理咨询与治疗应用于心理课的勇敢尝试，但必须指出，上心理课与开展心理咨询是不同的心理健康教育工作方式，两者之间的通道并非畅通无阻。例如，对于学生创作的绘画作品，不可随意在课堂上公开，也不能强制要求学生对作品进行当众分享。教师需要牢记，心理课提供的课堂氛围是安全且具有辅导性的。同时，教师要对学生在表达性艺术疗法运用过程中被带出的强烈感受和情绪做好应对预案，比如将如何引导其安静，以及课后如何进一步辅导。

（2）在指引学生进行艺术创作时，教师要强调参与时不需要经过先前的培训或经验。这是很有必要的，否则学生可能不愿或不敢参与，因为他们担心自己创作得不好。可以跟学生说明表达性艺术重在表达和创造的过程，而不是创造的结果，学生要对自己的创造力持开放态度，从中获得与自己和他人互动和交流的机会。与此相关的课堂引导是告诉全班学生在面对其他同学的作品时，不要关注其是否专业、是否符合审美标准，只需用心去感受其内心世界。

（3）表达性艺术疗法的大多载体具有投射性质，选用此方法前最好有一定的精神分析知识积累。如房树人绘画、曼陀罗创作的成功运用，需要授课教师对相关理论、技术背后的假设等比较熟悉，这样才能在课堂上运用自如。综合上述第二点，可概括为学生不需要具有专业技能，但教师需要有一定的专业基础。如果授课教师对精神分析相关流派有较大的兴趣，至少是比较接受精神分析的观点，或者对艺术的直觉感受能力较强，则较能胜任此方法。现实中有的心理教师将多年所学的绘画心理治疗技术用于心理课的设计，从一节课到一系列的课程，取得了良好的效果。

艺术性表达的形式是多种多样的，其本身就是一个创造的过程，所以除了上面列举的方式，还可以有其他的呈现形式。无论是通过什么形式，选用此方法时，教师都要结合相关主题，将关注点放在学生参与艺术创造过程时的内在情感体验，引导学生将内心的感受和想法外化为创造性的艺术表达，让其情绪自由流淌，以促进学生心灵的疗愈和自我成长。

除了表达性艺术疗法，后现代主义哲学观以尊重个体独特经验的人性化视角引起了咨询爱好者的广泛注意，其两大代表性技术——焦点解决短期治疗技术和叙事疗法在校园中被广泛采用。心理教师就这些技术如何应用于心理课做了勇敢的尝试。限于篇幅，本书不做相关介绍，有兴趣的教师可以通过网络搜索或与同行切磋交流的方式加深了解。

第六节　创新式课堂的教学方法

随着我国教育强国战略的持续推进，教育教学也在不断推陈出新，涌现出多种课堂教学创新方式。心理课也需要和其他课程一样，紧跟时代的发展，努力创设更具真实性、互动性、融合性的新型课堂。虽然当前这些创新式课堂在心理课上的运用还不够成熟，但从与时俱进、增强心理课活力的角度来看，心理教师有必要对这些新型教学方法有所了解。

一、创新式课堂的教学方法——教法

创新式课堂的教学方法中的教法主要有项目式教学法、智慧教学法、案例式教学法、翻转课堂法和跨学科教学法等。

（一）项目式教学法

该方法源于杜威提出的"做中学"这一教育理念，即让学生通过参与真实世界的项目来产生学习体验。具体做法是在教师的指导下，将一个相对独立的项目交由学生自己处理，学生需要自己负责信息的收集、方案的设计、项目实施及最终评价等工作。在这个过程中，学生需要了解并把握整个过程及每个环节的基本要求。

在项目教学中，学习成为全员参与的创新实践过程，其重点不是最终的结果，而在于完成项目的过程。其最大的特点就是"以项目为主线、以教师为引导、以学生为主体"。项目式教学法倡导先练后讲、先学后教，这样就实现了教师角色的转换，有助于提

高学生的学习能力、创新能力、领导能力、合作能力、动手能力、创造能力及解决问题的能力等，可以帮助学生面对和解决真实世界存在的问题。

（二）智慧教学法

在大数据时代背景下，基于现代信息技术手段的教学方法已不再局限于以往的多媒体教学法，而是让传统的课堂教学模式转变为数字化的教学模式。智慧教学法利用现代信息技术辅助课堂教学，如应用新型通讯、投影仪、平板、网络、希沃白板、问卷星、ClassIn、触控屏幕等平台和技术手段，让学生可以在视、听、触觉等多个方面获得更加全面的教学体验。智慧教学法为学生提供了更加智能、有趣的学习环境，包括有形的物理空间和无形的数字空间。智慧教学法创设的课堂称为智慧课堂。在智慧课堂上，学生还可以通过在线问答、实时投票、小组讨论等方式增强师生之间的互动与合作，提升教学效果。

智慧教学法使得教师不再局限于教室内某一固定的多媒体系统演示，打破了传统的单向讲授模式，使得师生之间的互动和交流变得更加频繁和自然，学生能够更加主动地参与课堂教学，教师可以针对性地进行教学调整和优化，从而提高教学效果。智慧教学法契合心理课强调课堂互动和即时体验的要求。心理教师应主动学习相关技术，践行国家对教育信息化的号召，积极提升教育信息素养，推动心理课的教育教学向高质量和科技化的方向发展。

（三）案例式教学法

案例式教学法是指在课堂教学中，通过实际案例的形式，给学生提供一些具体的情境，鼓励学生综合运用所学知识对实际问题进行分析和解决的教学方法。案例式教学法把一部分现实生活带入课堂，让学生在较短的时间内经历一系列真实事件与问题，既真实又生动，富有吸引力和启发性，从而促使学生提高运用理论知识分析和解决问题的能力。

案例式教学法将抽象思维和形象思维有机结合，通过对典型案例的分析和研究，不仅可以开发学生从个别到一般、从具体到抽象再从抽象到具体、分析与综合、归纳与演绎等的思维辨别能力，还可以提高学生应对各类具体事务的技能，培养学生探明事件缘由的能力，增强学生对事件的判断决策能力，并提升学生运用所学理论知识分析和解决问题的能力。

（四）翻转课堂法

翻转教学法是在互联网背景下产生的一种新的教学方式，其核心在于对课内和课外时间的调整，把学习的决定权由教师转向学生。翻转即将传统的"先教后学"转变为"先学后教"，即学生在家先观看教学视频，完成知识点的学习，回到学校后在教师的引导下进行课堂互动，深入探索和学习知识和经验。在互联网时代，学生甚至可以在家学习丰富的线上课程，而不必亲自到学校听教师的讲授。

在翻转课堂中，学生要在课前进行自主学习，可以看视频讲座、听播客、阅读功能增强的电子书，也可以在网上和其他同学交流，并查阅相关资料。这样，教师有更多的时间与学生交流，而不需要占用过多的课堂时间来讲授知识。可见，在翻转课堂中，学生可以更关注项目的学习，合作探究问题，加深对问题的理解。该方法也有助于培养学生的主动学习能力，赋予学生更多的学习自由，让学生获得个性化教育。

（五）跨学科教学法

跨学科教学法围绕一个共同的主题将不同的学科联系在一起。跨学科教学法指向学生知识结构的建构，其重点在于连接学生的各科知识与生活实际，改变过于细化的分科学习，帮助学生进行知识的整体建构。运用跨学科教学法的目的是引导学生在面临问题时灵活运用自己的知识体系解决问题。跨学科教学法通常与其他教学方法相关联或作为其组成部分。

基于学科的综合性教学实践是国家提出的教育教学改革新要求。除了与此要求相回应，跨学科教学法的优势还体现在以下几个方面。一是可以弥补传统分科教学的不足。分科教学容易出现知识与现实生活的脱节，在联系实际时，往往不能涵盖真实情境的完整问题。二是跨学科创新逐渐成为全球科技发展的新趋势，与此相对应的跨学科教学成为培养学生综合运用多学科所学知识解决问题、提高创新能力的重要举措之一。三是使教师的视野更开阔，思维水平不断提升。通过用不同视角看待原学科，教师可以形成对人的整体观，有利于看到学生的多样性和潜能性。

心理课上的跨学科教学操作空间是比较大的。众所周知，学科教学渗透是学校心理健康教育的重要途径之一，几乎每一学科的教学都包含对学生完整人格的培养任务。不管是专职心理教师还是其他学科的专职教师，在设计和实施课程时如果养成跨学科的视角习惯，对心理课或学科课程的效果提升都会有很大益处。

二、创新式课堂的教学方法——学法

随着学习方式的改革，创新式课堂更关注学生的主体性，强调学习方法的个性化、灵活性、互动性和实用性，让学习行为真正发生。常见的创新式课堂的学习方法有真实性学习法、探究学习法和合作学习法。

（一）真实性学习法

真实性学习法是一种基于真实生活并面向现实世界的学习方法，强调学生在真实的问题情境中围绕任务进行探索与互动，将学科内容与生活实际建构联系和意义。"真"是教与学的核心和关键。陶行知先生一直致力于"千教万教教人求真，千学万学学做真人"的实践。真实性学习注重设计"真任务"，关注学生的"真实践"，在"真任务"的驱动下，激发学生的好奇心和探索欲，让学生对学习内容进行组织和建构，并将生活实际与学习内容联系起来，关注学生的内在体验，提升学生的高阶思维能力，提高学生解决问题的能力。"真实践"是指学生真正完成任务，这不仅要求学生学习和理解新知识，还要求学生能举一反三、触类旁通并学以致用，实现知与行的合一、学与用的统一。例如，在以"时间管理"为主题的课程中，教师创设"小试牛刀"环节，引导学生运用四象限法则进行日常生活的时间管理，从课程回归真实生活，学以致用。

（二）探究学习法

探究学习法是指在教学过程中，学生在教师的指导下，通过以"自主、探究、合作"为特征的学习方式对当前教学内容进行自主学习和深入探究，以获取知识、提升技能。在探究学习中，能否取得较好的学习效果，取决于学生在学习过程中的主体地位能否得到比较充分的体现，同时还需要教师方面的引导、帮助与支持。也就是说，探究学习既要充分体现学生在学习过程中的主体地位，又要重视发挥教师在教学过程中的主导作用。主体与主导相结合是这种学习模式的基本特征。例如，在以"自信"为主题的课程中，教师设置了"挑战不可能"的任务，鼓励学生自主探索通关方法，发挥学生的主体作用，培养学生的自信心和创造力；在关键节点，教师给予线索和提示，促使学生完成挑战任务。

（三）合作学习法

合作学习法是以班级小组为单位，就某一问题开展交流、讨论、分工、合作等活动，促进学生之间的互助，提高学生的学习效果。合作学习法能取得较好的学习效果，主要基于合作学习的五大作用机制，即挑战、激励、反馈、交流和结构。具体而言，挑战和激励满足了学生高挑战、低威胁的需求。一方面，合作学习时教师一般会布置更有难度的任务；另一方面，合作学习让每个学生都在团体中有安全感。在有安全感的前提下，压力就会转化为动力，因此学生更愿意在合作学习中挑战高难度任务。其次，合作学习增加了学生之间交流反馈的机会；最后，合作学习增加了学生练习的机会，比如同桌互相背诵比自己背诵的效果更好。学习本来就应该是合作的行为，学生可以在师生的交流和互动过程中产生思维的火花。随着社会分工越来越精细，人类面对的任务越来越复杂，学会合作显得尤为重要。如在人际沟通主题的角色扮演过程中，小组成员通过合作学习，扮演不同的角色，丰富内心体验，提升团队合作意识和能力，收获心灵成长。

第七节 选用教学方法的注意事项

采用科学的教学方法是提高心理课效果的重要前提。选择哪种教学方法用于心理课的课堂，需要综合考虑多方面的因素，如教学内容、学情特点、班级氛围、时间场地、教师特长等。前文在逐一介绍教学方法时，对运用一些教学方法的注意事项做了介绍，

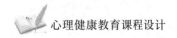

以下将在总体层面阐述选用教学方法的依据及需要注意的共同问题。必须指出，不管选用哪种教法和学法，都必须为达成教学目标服务，如此，依据教学内容特点、切合学生实际、适应教师个人的素养条件和教学风格才能形成。

一、选用教法时需要注意的问题

在心理课上选用教学方法，尤其要注意吻合学情，突出体现共情性、体验性、多样性和辅导性等。

（一）立足学生，体现共情性

教师要从学生的实际情况出发，根据学生的心理发展水平及心理需求，用其喜闻乐见的教学方法组织课堂。学生不是一张白纸，而是带着相关知识和经验走进课堂的。美国著名教育家本杰明·布鲁姆（Benjamin Bloom）曾提出影响教学质量的三大前提，即认知前提、情感前提和课堂教学的质的前提（即课堂教学适应学生个别差异的程度）。因此，只有教师设定的教学目标、选取的教学方法与学生的认知和情感前提相适应，课堂教学才会找到有效的起点。

因此，在选用教学方法时，教师需要走进学生生活、共情学生真实需求，可以多思考以下问题：学生已经知道了什么；学生还想知道什么；学生自己能够解决什么。有效的课堂教学是从教师科学把握学生的认知前提、设定合适的教学目标开始的，也是从选取恰当的方法、激发学生的学习积极性开始的。教师要立足学生实际，了解学生的爱好和需求，如小学生对游戏、绘本等形式较感兴趣，初中生对辩论、竞赛、角色扮演等形式较感兴趣，高中生对自我测试、理性分析、讨论等形式较感兴趣。

（二）活动育人，体现体验性

活动是心理健康教育的重要载体。心理课以学生活动为主，教师通过精心设计的活动来激活学生的内心体验，促使学生有所感悟和进行意义建构。心理课教学要避免使用"一言堂"的灌输式教学模式，其重点不在于讲授心理健康教育理论知识，而在于激活学生在活动中真实的内心体验。心理教师需要注意以下几点：活动设计指向既定的教学目标，而非课堂偶发性或学生自发性的游戏；引导学生进行充分而深入的体验，而非停留在表面的"热闹"；尽可能面向全体学生而非仅仅指向个别学生；时常关注整个团体动力的相互影响，及时调整无关的影响因素，以促进学生的互动和互助，达到预期的活动效果。

体验源自丰富的活动。教学设计的活动可以采用多个活动串联或一个活动贯穿的方式。多个活动串联是指根据每个阶段的活动意图，设计不同指向的教学活动，最终实现教学目标。在教学过程中，活动之间、道具之间需要衔接和过渡。一个活动贯穿要求教师把握活动环节中由浅入深、层层递进的关系。

（三）灵活运用，体现多样性

心理课的教学方法是丰富、多元、开放的。教师可以根据不同的教学目标、教学内容、教学对象、教学场地和时间，选取不同的方法。一般来说，一节心理课单一使用某种方法开展教学活动是很少见的。每一种教学方法都有其优势和不足之处，因此，教师要根据教学内容和学情特点，合理选择和灵活组合多种方法，这样才能达到最佳的教学效果。

首先，教师要掌握常见的心理课教学方法，如认知法、操作法、讨论法、角色扮演法、行为改变法、戏剧法、叙事法等。其次，教师要熟悉心理课常见的活动载体，如诗歌、绘本、音乐、电影、故事、实验、图片、魔术等。再次，教师要思考有哪些活动的变式，如本身的变式、改编、续写、辩论、戏剧、表演等。最后，教师要综合教学内容、教师本身和学生情况三方面的特点，对活动形式、活动载体、活动变式进行灵活组合，组织课堂教学，如在课堂教学中运用小组讨论的活动形式对故事进行续写。

（四）讲求实效，体现辅导性

心理课是学校心理健康教育的重要组成部分，是发挥学校心理危机预防功能的重要一环，也是覆盖面最广的心理健康教育形式。因此，心理课教学方法的选用要体现辅导性。教师设计恰当的活动，探索学生的"冰山"表层，并有效地松动学生"冰山"下的世界。冰山理论是一种用来解释和描述事物本质的概念。在冰山理论中，表面部分被称为"可见层"，代表个体能够直接感知和观察到的部分，如情绪和行为；而潜藏在水下的部分则被称为"潜在层"，代表个体无法直接观察到的、隐藏在表面之下的部分，如情感、观点和需求。在心理课的教学中，教师注重提问有助于深入挖掘学生的"潜在层"，寻导学生某种行为的真正原因和动机。

二、选用学法时需要注意的问题

俗话说"授人以鱼，不如授之以渔"。教师授予学生知识经验，不如教给学生获取知识经验的方法。在教育过程中，教师不仅要关注学生"学什么"，更要关注学生"怎么学"。学生只有在获得相关方法和途径，建立和增强自信心之后，学习态度才能从"要我学"转变为"我要学"。

（一）独立思考，发挥主观能动性

在教育教学过程中，有效的学习方式能激发学生的自觉性和主动性，让学生真正成为学习的主人，让学习行为真正发生。

带着问题去学习，使学习活动有明确的指向性，以便进行学习效果的评估，有助于学生获得及时反馈，进而促使学生进入学习的良性循环，继续开展学习活动。第一，要提前预习，带着具体的问题来上课，这是有意学习的要求。心理学家把注意划分为有意注意和无意注意。有意注意是指带着一定的目的、需要做一定意志努力的注意。它体现了人的心理活动的主体性和积极性。带着问题去学习，强调有意注意有关解决问题的信息，使学习目标更明确，从而提高学习效率。第二，带着思考去学习，正所谓"学而不思则罔，思而不学则殆"，学习和思考是相辅相成的。在学习中，知识固然重要，但更重要的是知识的运用和转化。在学习过程中，学生要有学习的主人翁意识，不要轻易放过任何问题，有了问题不要急于问人，应先力求独立思考，去寻找问题的正确答案，这样才有利于思考能力的提高。

（二）合作交流，发挥榜样带头作用

发挥榜样带头作用，加强学生与他人的合作学习。孔子说："三人行，必有我师焉；择其善者而从之，其不善者而改之。"身边的榜样能为学生提供全方位的参考和学习，进而促进团体的良性竞争，实现个体的成长和发展。

每个人都有自己的优势和长处。在某一方面，与水平高的人一起学习，他就是我们的教师，可以帮助我们增长知识经验。在某一方面，与水平低的人一起学习，我们就是他的教师。我们常说"教学相长"，作为他人的教师，我们同样可以学到很多东西。同时，合作学习过程中每位成员都必须承担一定的学习任务，不仅要对自己的学习负责，而且要对其所在小组的其他同学的学习负责，这能够培养成员的担当意识和责任感，有利于增进人际信任，同时，在这个过程中还能让学生学习人际关系的处理技巧，促进团体经验的交流和创新。

（三）循序渐进，遵循客观规律

学习是一个循序渐进的过程。学习方法与学习的过程、阶段、心理条件等有着密切的联系，它不但反映了学生对学习内容的理解和运用程度，还蕴含着学生对学习规律的认识。因此，要根据学科的知识体系和学生自身的基础条件，系统而有步骤地进行学习方法的选取。具体而言，要注意以下三点。一是注重基础，在原有知识水平的基础上提升学习水平。二是由易到难，以增强学生在学习过程中的获得感和成就感。比如，在思考层次的问题设置上，按布鲁姆的标准可分为记忆类、理解类、应用类、分析类、评价类和创造类。在学习过程中，教师应结合不同的学习内容和学习目标，循序渐进地组织学生进行问题思考。三是量力而行，个人的学习基础和学习风格有所差异，学习往往是由顿悟来实现的，因此要尽己所能、量力而行。

（四）课前课后，注重课堂延伸

学习是习得和践行的结合。真正的学习是把知识用起来。正所谓"知者行之始，行者知之成"，以"知"为指导的"行"才能行之有效，以"行"验证的"知"才是真知灼见。因此，要注重知行统一，实现课堂的延伸。具体而言，要注意以下两点。一是注重

在实践中学习。教师在设计课程时,要创设真实的生活情境,引导学生围绕真问题进行真实践,真正解决生活中的问题,做到边实践边学习边积累。二是注重课前和课后实践,让学习不仅在课堂中发生,还能延伸到课前、课后,做到课前有思、课中有心、课后有行。其中,课前实践包括课前调研、课前预习等,课后实践包括课后任务、课后反思等,即把学习得来的知识运用于实际生活,解决实际问题。

教与学是相互融合、相互促进、相互影响的关系。教师和学生在教学过程中互动、合作,共同进步,共同建构知识的桥梁,实现既定的教学目标。心理课没有固定的教法和学法,每位教师都是开拓者,都可以探索和创造有效的教学方式,组织学生开展有效的学习。只有实现教与学的结合,才能让教育发挥真正的作用。

1. 教学方法与教学策略、学习方法有哪些区别和联系?
2. 心理课常用的教学方法有哪些?
3. 在心理课上如何用好讲授法?
4. 结合本章所学,对你之前设计的一节心理课所用的教学方法进行自评。
5. 分享你接触过的创新性心理课教学方法。

第八章 心理课设计的教学素材选用

不同于其他课程，心理课的教学流程基于学生个体的感受和体验，侧重从感性到理性。在这一教学过程中，教学素材起着重要的载体作用。教师通过对教学素材的选择与应用，引领学生感知、领悟，并创造性地修通自身的思维、认知以及行为，从而实现人格健全发展的目标。好的教学素材还有利于激发学生的学习兴趣，有序推进课堂教学，最终促进教学目标有效达成。

第一节 教学素材的概念及意义

按照《现代汉语词典（第7版）》的解释，"素材"指文学、艺术的原始材料，就是未经总括和提炼的实际生活现象。那么，教学素材的内涵和外延是怎样的？教学素材从古至今经历了哪些形态发展？教学素材对心理课设计的意义何在？下面将对这些问题进行解答。

一、教学素材的含义

教学素材作为一种素材形态，与一般意义的素材有一些共同特征。从教学素材的目的和来源的角度看，教学素材即教学材料，是指教师在教学过程中，为讲解教学内容和完成教学目标，结合实际情况辅助使用的包括文字、图表、音乐、视频等在内的各种各样的学习材料。从教学素材的功能角度看，教学素材是教师辅助教学的一种有效工具，承载着教学内容，能够帮助学生更好地理解教材知识。它通过各种文字、图表、音像、活动等对教学内容进行生动形象且具体的阐释，帮助学生更好地理解和掌握相关知识点。

二、教学素材的历史发展

古代中西方的哲学家、教育家均善于借助教学素材阐明哲理或辅助教学。在国外，古希腊哲学家柏拉图所著的《理想国》便是围绕某一问题以对话的形式阐明哲理，苏格拉底通过对问题的反复追问深化对真理的认识，这些对话便是展现哲理的教学素材；苏联著名教育家苏霍姆林斯基曾带领学生参观村边的革命烈士墓地,以此作为教学素材,让学生对历史知识有更深入的了解。在中国,先秦时期的诸子百家大量使用各种素材阐明事理、表述思想。比如,孔子善于运用举例法来对学生进行教学,其提出的"不愤不启,不悱不发。举一隅不以三隅反,则不复也"中的"隅"即例子、实例,也就是如今我们所说的教学素材。再如,庄子将自然万物、寓言故事等作为教学素材进行思想阐释。

三、教学素材的分类

根据教学素材的不同载体(即表现形式),可以将其分为文本类素材和音像类素材。文本类素材是指教师借助各种手段,单纯以文字形式呈现的一种素材。这类素材一般比较容易获得,也便于加工和整理。音像类素材一般基于多媒体,通过声音、图片、视频等形式呈现,具有很强的吸引力。根据教学素材的不同呈现方式,可以将其分为静态素材和动态素材。静态素材即教师借助文字、实物、多媒体等,将文本、图像、模型等直接呈现给学生的一种素材;动态素材是指教师借助或设计真实的情境,如采用角色扮演、科学实验、辩论赛、游戏等方式呈现给学生的一种素材。相对于静态素材,动态素材具有活动性、间接性等特点,其呈现大多需要学生的参与和配合,因此能够提高学生的参与积极性及兴趣。动态素材与心理课设计中的活动比较接近,本书下一章将围绕动态素材相关内容进行阐述,本章中涉及的素材主要指静态素材。

四、教学素材的意义

教学素材是心理课堂教学的重要载体。从学生的角度看,学生作为知识的接受者,更乐意在一种使他们感到轻松快乐的情境中学习。作为课程资源的重要组成部分,教学素材的运用一方面有助于营造更加轻松、愉悦的课堂氛围,激发学生的学习兴趣、求知欲和好奇心;另一方面有助于培养学生的自主探究能力、分析归纳能力。从教师的角度看,教学素材是教师课堂教学中重要的教学资源,能够运用于课堂教学的各个环节,营造更好的教学氛围,生动地呈现课堂知识,完成教学任务和教学目标。此外,教学素材的运用包含选择、加工、分析等过程,教师在思考如何将心理学知识与教学素材相联系的过程中,可以有效锻炼课程设计能力、多媒体操作能力及授课能力。

第二节 选用教学素材的常见问题

尽管很多心理教师会在课程设计中使用教学素材,但恰到好处地选用各种类型的教学素材,增强课堂吸引力,助力教学目标的达成,并非易事。以下列举一些在教学素材的选择和应用过程中常见的问题,希望心理教师可以避开这些"雷区",使教学素材真正成为课堂教学中的重要资源。

一、教学素材选用中存在的问题

当前，教学素材选用中存在的问题可以概括为四大偏离——偏离学生、偏离教师、偏离生活、偏离目标。

（一）教学素材偏离学生

学生是教学的主体，课程如果偏离了学生，便偏离了教学的主体。在目前的课程设计中，存在盲目选择素材、随意堆砌素材等问题。这些问题的存在主要是因为没有切实考虑学生的认知发展特点、实际情况、兴趣点、习惯等。

比如，约瑟夫·鲁夫特（Joseph Luft）和哈利·英格汉（Harry Ingham）在1955年提出的乔哈里视窗理论被众多教师视为认识自我、探索自我的有效工具，将其广泛应用于与"自我认识"主题相关的心理课程中。但该教学内容一般适合初中以上阶段的学生学习，小学阶段的学生特别是小学中低年级的学生难以理解乔哈里视窗四个象限的含义，尚未具备深入探索自我的认知水平。但现有的一些面向小学生的课程没有考虑到小学生的认知特点而直接向学生介绍乔哈里视窗四个象限相关内容，这一方面导致课堂效果不佳，另一方面导致学生在小学及中学多次听到这个内容而反感。

再如，注意力是心理活动对一定对象的指向和集中，提高注意力对于学生顺利完成任务、促进智力发展具有重要的意义。小学低年级学生的注意力集中性和稳定性均较差，因此，其注意力课程一般通过游戏、练习等素材展开。但笔者发现，在面向中学生的注意力课程中也出现了许多小学注意力课程的素材，没有考虑到中学生的认知发展特点及实际需求，素材内容偏幼稚。

（二）教学素材偏离教师

在当前信息化背景下，信息共享便捷，很多教师直接从网络下载教学素材，没有经过一定的加工处理就直接用于课堂教学，也没有充分考虑素材是否与自身的教学风格及教学能力相匹配，教师在授课时机械地按照教学素材进行，缺少了心理课的灵动性。

比如，周志锋在"对一节'网红'心理课的思考与重构"中，提到自己曾经使用另一位教师设计的"探索我的能量球"作为新冠疫情后学生返校的心理调适课。但当他满怀期待地授课后，却发现课堂的真实效果和预期大相径庭：学生触动不深，没有足够的时间思考和绘画，画能量球时也草草了事。个体间的授课效果差异带来的教育启示是，教师在借鉴他人的教学素材时，应该根据自己的教学能力进行加工处理以符合自身教学风格，这样才能保证课堂教学顺利进行。同样的教材和设计，由不同的教师来授课，效果可能大相径庭。只有符合教师自身的教学风格、符合所教学生学情的课，才会取得良好的教学效果。

（三）教学素材偏离生活

教学来源于生活，也应用于生活，心理课更是与实际生活紧密联系。但当前部分心理课偏重知识讲解而忽略了将知识与实践生活相联系，或选用的教学素材脱离学生，无法引起学生的共鸣，教学效果不佳。

数字资源8-1
教学素材偏离
生活的案例

（四）教学素材偏离目标

网络素材信息量大，有的教师直接将各种素材拼凑起来形成一节课的内容，使得课堂素材过多，喧宾夺主，教学目标未能突出。课堂气氛看似活跃热闹，但由于缺少分享交流及引导，学生并没有获得心理层面的成长。同时，过多的教学素材导致学生注意力分散。

数字资源8-2
教学素材偏离
目标的案例

二、教学素材运用中存在的常见问题

当前，心理课教学素材运用中存在的常见问题包括创新度较低、忽略对素材的整理与加工、对教学素材的深度挖掘不到位和形式机械化等。

（一）创新度较低，同一素材反复用

如老奶奶的两个儿子分别卖雨伞和草帽的故事或盲人走路、撕纸、大风吹、踩报纸、抓手指等游戏，学生从小学到中学可能听或玩了多次。缺少对经典游戏的改编或创新且不分对象地频繁使用，使得学生认为参与课堂枯燥无味，这将极大地影响课堂效果。

（二）直接将原始素材用于课堂教学，忽略对素材的整理与加工

完全符合教师设计意图的现有素材是很少的，心理教师如果将现有的他人创造的原始素材直接用于心理课，可能会弄巧成拙。除了与设计意图不一致，还可能与教学对象的发展特征不吻合。

数字资源8-3
对原始素材缺乏
必要整理加工的
案例

（三）对教学素材的深度挖掘不到位

在教学素材运用中，如果没有深入挖掘素材的精华，素材就会与教学内容缺乏深层联系，反而会成为课堂的累赘。在呈现教学素材后，教师应该充分挖掘教学素材的意义，对教学素材进行升华处理，充分发挥其教育作用。

以笔者最开始设计的小学中年级心理课"独一无二的我"为例。该课的主体环节

包括我眼中的"我"、别人眼中的"我"、彼此眼中的"我"、期待中的"我"四个部分。这四个部分主要通过讨论和自我思考的方式进行，环节之间缺少联系，同时缺少一些有力的提问帮助学生体验到认识自我的愉悦，进而感受到接纳自我的重要性。简单地将认识自我的四个环节拼凑在一起可能导致学生认识不深，不明白为什么要认识自我，只是机械地跟着教师按部就班地执行任务，无法在体验后获得情感的触动，也无法增强认识自己的能力。

（四）形式机械化，忽视现场的生成

在心理课的实施中，往往会出现一些教师没有预料到的状况，这会在一定程度上影响教师所预设的教学环节。遇到意外情况时，许多教师尤其是新手教师可能会无视学生生成的问题或习惯性地否定学生的答案，仍然按照自己预设的主线继续教学。过分强调预设虽然能使教学内容完整地呈现出来，完成教学过程，但过程程序化和机械化导致学生的思维难以激活，师生之间的互动牵强呆板，影响了心理课的灵动性。

比如，在一次心理课上，小组内轮流回答问题，小唐（化名）自信大方地回答完后，轮到他旁边的小青。小青（化名）腼腆不出声。心急的小唐拍了拍她，让她快点说。小青还是没反应。小唐按捺不住，想拉小青站起来。小青气得打了小唐一巴掌，生气的小唐也打了小青。两人就这样突然打了起来。面对这样的情景，有的教师会赶紧制止和批评，然后继续上课，因为生怕内容没有讲完。下课后教师急匆匆地离开课室回办公室休息或赶往下一间课室准备另一节课。这样的处理方式实际上就错过了一次生动的教学素材。学生不懂得遇到这种人际关系问题如何处理，后续还可能进一步引发模仿效应，影响课堂秩序。

第三节　教学素材选择和运用的策略

尽管存在如上所述的常见的教学素材选择和运用的问题，但只要教师采用积极拓展教学素材的来源等策略，便可以使教学素材起到为一节心理课增光添彩的作用。

一、积极拓展教学素材的来源

教学素材的来源很多，可以是生活经历、文献、网络资源，也可以是自然环境等。心理教师平时在生活和工作中要有发现教学素材的眼光，善于积累，善于思考。

（一）从生活经历中发现教学素材

教学素材应该从生活中来到生活中去，可以直接从自身的所见、所闻、所思、所悟中积累，也可以来自他人的生活经历，包括平时对学生的观察及了解，与学生、其他教

师、家长交流时了解到的信息，平时对学生进行心理辅导的个案（要注意不能泄露当事人隐私）等。教学素材的不竭源泉蕴藏在学生鲜活的生命活动中。要挖掘有声有色、有创意的生活素材，教师需要深入班级，感受班级团体日常运作规律的原生态，了解学生班级生活、宿舍生活、课外生活中的故事。学生日常的生活事例往往最能代表他们的真实状况，也更能引起他们共鸣。

（二）从文献中发现教学素材

文献包括教材、专著、心理期刊、论文等。来自文献的许多资料也能够成为课堂中的素材。例如，在准备"正念"相关课程时可以参考《正念养育》《正念小孩》等书籍，其中的正念练习简单易行，充满想象力，并且活动设计活泼有趣，适合在儿童当中开展。故事往往可以打动孩子的心。通过文献可以获得各种故事题材，像名人故事、逆境成长人物的故事往往能产生榜样效应，在心理课各大主题中都可以加以选用。

（三）从网络资源中发现教学素材

网络资源包括综艺节目、纪录片、电影、电视剧、视频号、公众号等。网络资源是心理课中比较活跃的资源，在课堂教学活动中具有重要意义，具有信息容量大、信息传播快、交互性强、智能化、虚拟化、开放化等特点，对于延伸感官体验、提高教学效果具有重要意义。

数字资源8-4
从网络资源中
发现教学素材的
案例

（四）从自然环境中发现教学素材

自然是孕育人类和人类生存发展的家园。作为自然的一部分，人与自然相互依存。自然环境为心理课教学提供了丰富的素材和资源。与人工材料相比，自然材料更容易获得、相对便宜、更安全、具有更低的结构性和更强的可供性。真实的自然环境中蕴含各种各样的感官信息，比如：小动物、溪流、风为听觉提供了素材，软绵的土地、粗糙的树皮为触觉提供了素材，各种色彩及形态为视觉提供了素材，各种气味为嗅觉提供了素材，等等。在不断应用感官观察和感受真实自然的过程中，个体的各种感官会被自然地唤醒，感官的能力也相应得到发展。

以可乐（化名）发表在公众号"心理教师成长联盟"的心理课"寻找校园中的自然"为例。在团体工作阶段的相关环节，学生以小组为单位，调动身体的视觉、听觉、嗅觉、触觉、味觉和自然进行联结，跟随自己的内心拥抱自然，安静地和自然在一起。该环节中所用到的教学素材即大自然，在教师的引导和带领下，学生重拾"五感"，体验自然、感悟自然、热爱自然，并起到减压、疗愈的作用。

二、遵循教学素材的选择原则

并非所有的素材都可以随意使用，在选择时要遵循目标性、科学性、实用性、时效性等原则。

（一）目标性原则

教学素材的使用是为了更好地达成教学目标，更好地服务于课堂。在课堂的设计上，如果没有处理好教学素材与教学目标的关系，反而容易造成教学事故。素材不在多而在精，选择符合教学目标的教学素材才能体现教学素材的价值，更好地衔接教材内容和教学目标。

以笔者设计的面向小学一年级的"我能整理小书包"一课为例。在团体开始环节，选用谜语素材引出"书包"这一"主角"；接着，选用游戏素材"书包里有宝藏"，要求学生根据教师所说的内容，迅速在自己的书包里找出相应物品并放在桌面上，通过游戏让学生体验平时整理好书包和没有整理书包的差异，体会到整理书包的重要性，由此引出本课的学习主题。该环节的两个素材紧扣主题和教学目标，并且有较好的内在衔接，不会让人感到突兀。

（二）科学性原则

网络提供了丰富的教学素材，但多样的资源质量参差不齐，许多素材的真实性有待考证。有些素材新颖有趣，能吸引学生注意力，但违背科学性，产生错误的导向。心理学是一门研究人类心理现象及行为活动的科学，心理课中不能仅仅为了有趣好玩而随意选择素材。教师要在充分查阅文献资料、了解内容的真实性和科学性的基础上选择素材，尤其是素材中的心理学理论知识等内容。

数字资源8-5
被误传的"人体情绪热量图"

（三）实用性原则

教学素材的选取应符合学生的认知发展水平和实际需求，这就需要心理教师在充分掌握不同年龄阶段学生心理发展特点的基础上，结合日常教学经验，选择适合学生的教学素材。

再以笔者设计的"我能整理小书包"一课为例。该课针对刚步入小学的一年级学生设计，该阶段的学生对书本有新鲜感，但不懂得整理书包，经常把所有课本都放在书包里，长期下去，容易导致肩背疼痛等问题。该课通过认识书包的环节帮助学生增强对书包的喜爱和珍惜之情，让书包成为自己亲密的陪伴对象，减少学生害怕上学、孤独等消极情绪；在激发学生对书包的喜爱后进一步指导学生学会整理书包，并现场进行体验和练习，通过每天整理书包积累积极的情绪体验。该课在一年级的学生当中上课效果很好，能够充分调动学生的学习兴趣。但如果盲目地将该课用于小学中高年级的心理课，则不符合该年龄阶段学生的需求及认知特点。

（四）时效性原则

以往的教学素材受技术、设备等因素的限制，数量少且质量偏低。以视频资料为例，在初始阶段，视频分辨率、字幕、配音、制作技术等相对落后，观看体验和效果没有现代信息技术下生成的视频好。另外，随着社会事物的变化发展，一些理论知识可能更新或被推翻、社会公众人物可能"塌房"等，一些素材随着时间的推移已不具有鲜明的时代特色或不符合现代教育理念。因此，在选择教学素材时要考虑其时效性，使教学素材恰到好处地为教学活动服务。

三、对教学素材进行恰当的加工处理

在选择合适的教学素材后，还有一个更重要的步骤，就是对教学素材进行恰当的加工处理。可以完全照搬使用的教学素材并非没有，但如果根据课程目标对教学素材"做加法"或"做减法"，进行一定的改编、剪辑以及在实践后进行改进等，则能够最大限度地发挥教学素材的作用。

（一）按照教学需求对教学素材"做加法"

给教学素材"做加法"表现在深入分析活动的过程，从规则、组织以及最后可能呈现出的效果中提炼所有可以成为活动目的的关键词。这样的"头脑风暴"既能帮助教师加深对教学素材的了解，又能让教师更好地摆脱惯性思维的束缚，将教学素材运用于更多不同主题的课堂中，扩大教学素材的使用范围。如破冰游戏"雨点变奏曲"除了用于活跃课堂气氛，还可以用于考验学生的注意力和合作能力；游戏"抓手指"除了用于活跃课堂气氛，也可以用于注意力训练，还可以用于与情绪主题相关的课程，学生在游戏中可以体验不同的情绪，由此引出主题。

（二）按照教学需求对教学素材"做减法"

对教学素材"做减法"表现在基于教学目的，综合考虑课程各个环节在时间、内容上的安排，去掉教学素材中多余的、不合适的信息，简化教学素材。

以笔者设计的一年级心理课"我是小学生啦"一课为例。该课引用了绘本故事《小阿力的大学校》，故事讲述了准备步入一年级的小阿力既兴奋又担心，他担心在学校迷路、交不到新朋友、自己会忍不住哭泣……故事篇幅较长而一年级学生的注意力保持时间偏短，如果教师直接采用讲故事的方式就会耗时久且显得枯燥，学生到了后半段可能开始走神。因此，出于保证故事线完整以及突出教学重点的考虑，笔者对绘本里其中几页内容进行删减，缩短教学素材呈现的时间，更加突出绘本的主线及重点内容。

（三）运用现代信息技术制作教学素材

找到完全符合心理课主题且契合教学目标的教学素材是比较困难的。教学素材一般需要进行合理剪辑和巧妙改编才能更好地应用于课堂教学。因此，教师要基于学生的心理发展水平，结合教学目标及教学重难点对教学素材做适当的整理与取舍，提高教学素材的使用价值。

再以笔者设计的"我是小学生啦"一课采用的素材为例。《小阿力的大学校》这一绘本故事的呈现除了采用教师讲故事的方式，还可以通过视频的形式呈现。完整的视频一般需要11分钟左右，由于故事节奏比较慢，时间拖沓，学生的兴趣会逐渐减弱，因此在下载完整视频后，笔者对视频进行删减，并利用视频剪辑软件加快视频的播放速度（加快为原来的1.2倍），最后剩下7分钟左右的视频，这样的时长一方面更贴近一年级学生的注意力保持水平，另一方面也不会耽误其他环节的开展，更符合每个环节的用时设定。

（四）对教学素材进行改编创新，使其与时俱进

事物是不断变化发展的，教学素材的使用也应随着时代变化而更新。此外，教师还需要打破思维定式，敢于创新，设计新颖有趣又富有意义的教学素材。

笔者曾在"真心话大冒险"以及"数字炸弹"的基础上设计了课堂活动"Wi-Fi来啦，请输入密码"，一方面可以作为常规的热身活动，激发学生对上心理课的期待心理，提高学生学习的兴趣，活跃课堂氛围；另一方面可以作为青春期或人际关系课程的导入，通过"真心话大冒险"的游戏体验，促进学生思考与他人交往中的问题和尺度。改编后的游戏环节包含三个部分。一是检测到Wi-Fi信号。本游戏将心理教师生动地比喻为一种Wi-Fi信号。二是请输入密码。教师进入教室时，在心里想一个数字（如25），并给出一个大的范围（如1～100），由学生猜数字，教师根据学生所猜的数字不断缩小范围（如果有学生报50，教师便提示"1～50"），直到有学生刚好猜中教师心中所想的数字（25），这一环节相当于学生输入Wi-Fi密码。三是获取福利。猜中数字的学生可以指定班上的一位同学完成"真心话大冒险"题库中的一道题。改编后的游戏有趣好玩，深受学生喜爱。

（五）经过教学实践后对素材再次改进

即使在教师对教学素材"做加减法"或改编后，教学素材也可能依然存在问题，这时，只有经过教学实践的检验、根据学生课堂反应进行调整和修改，才能保证教学素材更贴近学生、实现更佳的课堂效果。

以笔者设计的"我能整理小书包"一课为例。该课最后一个环节为"书包整理大赛",在课堂中给学生提供实践机会体验整理书包的过程。基于心理课体验性的特点,笔者第一个版本的教学设计是全班学生一起进行整理书包比赛,用时大约为6分钟,到时间后教师挨个检查学生的书包是否整齐达标。在两个班级实践后,教师发现该环节的纪律较乱,而且教师没有足够的时间检查书包。于是,笔者对教学素材进行修改,改为每个组选派一名学生代表上台PK。在一个班级实践后发现,后排的学生距离讲台远,导致看不见就会站起来,或者觉得不关自己的事情就讲话开小差,课堂记录同样不佳而且学生参与度低。笔者再次进行修改,用回全班学生都动手整理书包的设计,但在比赛开始前和学生讲明活动要求,让学生明确整理过程中以及整理好书包后需要做什么。最后教师随机抽取8名学生进行检查,检查不过关的下课后需要重新进行学习。实践后发现,第三个版本的效果很好,既实现了全班参与整理书包活动的设想,又维持了课堂纪律。

四、适时呈现教学素材

对于加工好的教学素材,如何在课堂中适时呈现以及通过什么方式呈现,是教师在进行课程设计时需要考虑清楚的问题。

(一)把握课堂,相时而动

教学活动是一个动态的过程,教学素材呈现的时间、方式等需要根据课堂的实际情况及时进行相应的调整。此外,在课堂互动、思想交锋的过程中,可能会产生一些经典的教学素材。这些教学素材往往不在教师课前准备之列。此时,教师不妨借题发挥,对预设的教学素材有所取舍,将学生讨论的焦点作为新的教学素材适时呈现。

以前文所述两个学生在课堂中出现矛盾的状况为例,其实该事件就是一个很好的教育契机。教师在制止两名学生互殴、确保学生安全健康后,可以带领全班学生对事件的经过进行复盘,和学生一起发现和认识行为背后的原因,思考更为妥当的应对方法。这样的灵活处理不仅对于当事人有教育作用,对于班上其他旁观的学生也有一定的启发意义。这一事件还可以收集归纳为人际相处或情绪管理课的教学素材。课堂教学中的"生成"是需要把握的。教师要善于抓住有利于教学和学生培养的生成点,创造性地去运用它,这样才能让课堂教学充满生机,让师生活力真正在课堂上焕发出来。

(二)借助多媒体呈现素材,追求效果

随着现代科学技术的发展,教学设备不断更新,从黑板到电子白板,从粉笔、纸张到多媒体设备,教学素材的呈现方式不断变化。多媒体设备集声音、图像、文字等于一

体，在减轻教师教学任务的同时增强了课堂的趣味性，逐渐成为广大教师钟爱的教学辅助设备。

以笔者设计的"我们也能守规则"一课为例。该课的第二个环节为"探索心理课的规则"，其中，第一部分的素材为情境题，考验学生在不同情境中会如何做。直接用文字呈现会显得单调枯燥，让学生进行表演对于小学一年级的学生而言又较难。因此，笔者在设计该课时利用交互式电子白板的游戏PK功能，让两名学生站在屏幕前，大屏幕随机呈现问题情境，学生根据自己的实际情况按下按钮。这种PK形式更能激发一年级学生的兴趣。接着，教师对学生讲明心理课的课堂规则。考虑到如果直接通过文字呈现显得有说教的味道，故教师依然借助交互式电子白板的相关游戏功能呈现素材，邀请学生将屏幕中出现的内容进行分类，分别放进"可以"或"不可以"的框里。这样既增强了课堂的趣味性，也促进了学生的自主思考。

五、对教学素材进行巧妙分析

呈现教学素材之后，教师需要启发学生进行思考，引导他们在认知上有所提升。为此，教师必须巧设问题，引导学生深入挖掘教学素材的内涵。

（一）明确意图，巧设问题

呈现教学素材之后，教师要巧设问题。问题的设计应基于学生的认知水平，紧扣教学目标，以点带面、难易适中，切忌问题过大、过宽，指向不明。有针对性的问题能够引发学生的思考、讨论、探究，启发他们获得有益的认知。

以笔者设计的"轻轻地，说再见"一课为例。该课是面向小学中年级的生命教育课，借助绘本故事《爷爷变成了幽灵》展开，引导学生学会用积极的情绪化解悲伤，珍惜美好的情感记忆，珍惜每天拥有的快乐时光。课程设计的最后一个环节为观看视频《尽管我们手中空无一物》，视频讲述了这样一个故事：羊妈妈因为失去心爱的孩子而一蹶不振，已升入天堂即将转世的小羊不忍心看到妈妈难过，于是将自己的毛剃下来，编织成绳子爬下云端，想要见妈妈最后一面；羊妈妈感知到了小羊的存在，于是她擦干泪水，继续将未完成的毛衣织好，由风儿带到了小羊的身上；穿上了新毛衣的小羊带着妈妈的爱与祝福了无遗憾地转世，而一直默默守护着小羊的狼守卫则将绳子化作满天繁星。笔者初始的教学设计为学生观看视频后自由分享感受，但在实际教学中，笔者发现观看视频后学生的感受不深，无法深入理解视频的精髓。因此，笔者对教学过程进行改进，在学生观看视频后，进行层层递进的提问，问题包括羊宝宝离世后羊妈妈是怎样振作起来的、羊宝宝跨过小河后什么东西消失了、什么东西还在，这个东西代表着什么等，由此引导学生认识到死亡不是生命的终点，只要我们还记得温暖陪伴过我们的人，他们就像从未离开那样，爱不会因为时间的流逝而逝去。

（二）深入挖掘，以小见大

在对教学素材进行初步感知和理解的基础上，教师要深入挖掘教学素材与教学目标的衔接点，充分发掘教学素材中与学生知识、能力、情感态度价值观相关的部分，引导学生深入探究教学素材所蕴含的深层意义，加强对教学素材的理性认识。在引导学生达成认知目标的基础上，教师还应让学生进一步将教学素材与生活实践相联系，灵活运用所学知识解决日常生活中遇到的问题。

以笔者设计的"成为试卷喜欢的小孩"一课为例。该课基于低年级学生进入考试阶段的现状，通过绘本故事《考试卷离家出走》引导学生在认知上明白面对考试出现紧张的心理是正常的，启发学生在行为上努力做到试卷喜欢的小孩的四个标准，引导学生发现身边有趣好玩的事情，在遇到困难时学会多想解决办法。根据教学目标及学生的认知特点，笔者将故事分为三个片段播放，每个片段播放结束后设计相应的问题（如：害怕考试的小女孩想到了离家出走，这个办法怎么样？还有其他解决办法吗？期末考试就要来了，你会对试卷说什么，让它愿意来到你这个小孩手上），引导学生结合自己的实际情况进行回答，从故事到现实情境，帮助学生更好地将所学知识运用于生活。

六、让教学素材回归课堂主题

教学素材的回归是对教学分析的进一步延伸。教学素材往往在某一具体教学环节中使用，服务于该环节的具体目标。在进行教学素材的回归时，教师需要引导学生回归课堂教学的大主题，整合学生的课堂所学，升华教学素材。

（一）通过对教学素材的梳理归纳回归课堂主题

在对教学素材进行分析之后，以简练的语言对教学素材进行总结和升华，回归教学主题。让教学素材回归课堂主题不仅可以整合知识，完成教学目标，起到画龙点睛的作用，还能及时地帮助学生巩固课堂知识，实现个人知识的内化生成。

再以上述"成为试卷喜欢的小孩"一课为例。该课的最后由教师进行总结："也许我们还是会害怕考试，可贵的是我们拥有勇气，还会努力！愿同学们带着微笑，走进考场！"教师的总结起到了画龙点睛的作用，既总结了本课的要点，也给予了学生鼓励和期望。

（二）引导学生进行情感交流，升华素材

教师要给予学生一定的思考时间，给予学生表达自己对教学素材的理解和看法的机会，发挥引导者的作用。

以笔者设计的"轻轻地，说再见"一课为例。在观看视频及提问后如果还有时间，可以进一步组织学生开放性地谈谈自己的感受或想法，最后教师再进行总结升华："死亡不是生命的终点，只要我们还记得温暖陪伴过我们的人，他们就像从未离开那样。爱不会因为时间的流逝而逝去。"

第四节　教学素材运用的结构和课例

根据教学素材在课程中的运用方式，可以将教学素材结构分为主干式素材结构和枝叶式素材结构两种。

一、主干式素材结构

在这种素材结构的心理课中，全课以一个教学素材作为课程主体思路的载体，贯穿课堂设计的始终，整体课程结构犹如一棵大树的主干，以大树主干为中心，向外延伸出若干个小知识点。这种课程设计思路明确、层次递进、目标清晰、整体性强。使用主干式素材结构时需要把重点放在对素材的分析上，深度挖掘素材精华，发挥素材的作用。

数字资源8-6
主干式素材结构
心理课例

二、枝叶式素材结构

在枝叶式素材结构的心理课中，所选用的素材只参与课堂教学的某个环节，属于课堂的一个微型环节，但也是课堂中必不可少的部分。在整个教学环节中，素材的作用主要体现在课堂导入、问题提出、机理机制、环节展示、成果分享、教育评价等方面。相较于主干式素材结构，枝叶式素材结构在应用时需要注重素材的选择及呈现，把握素材与主线的关联，这样才能更好地发挥素材的教学意义。

数字资源8-7
枝叶式素材结构
心理课例

1.教学素材对设计一节心理课有哪些意义？
2.在教学素材的选用中存在哪些常见问题？

3. 如何拓展教学素材的来源?
4. 如何对教学素材进行恰当的选择和加工?
5. 选择一份心理课教学设计,应用本章所学点评该设计中对教学素材的处理情况。

第九章 心理课设计的教学活动选用

以体验式教学的方式开展课堂教学，是心理课与其他学科课程相比最突出的差异。体验式教学强调在活动中体验、在体验中感悟、在感悟中成长。活动选取得恰当与否直接决定了心理课的效果与育人目标能否达成。心理课中的活动体验特色是很多学生喜欢心理课的原因，但也因此被质疑心理课只是追求表面热闹的游戏课，或者被误以为心理课就是康乐课，引发对其教学效果的怀疑。那么，心理教师应该如何选用各种活动？如何使活动有效、有趣、有意义，助力实现教学目标？本章将围绕心理课设计中的教学活动（本章中的教学活动与活动同义）选用这一主题进行阐述。

第一节 活动在心理课中的意义和类型

活动对一节心理课的重要意义已经深入人心，甚至被作为评价一节心理课是否具有"心理味"的重要标准。但活动对一节心理课的重要性有哪些体现呢？心理课中的活动又有哪些类型？本节将对其进行阐述。

一、活动在心理课中的意义

活动是心理课的载体，为引发学生互动、促进学生成长，教师必须精心设计一个又一个的活动。那么。活动的意义到底是什么呢？简单来说，活动的意义就是让心理课"活起来"和"动起来"。

活动，顾名思义，首先是让课堂"活"起来。一是让课堂气氛"活"起来，如在课堂之初，学生的状态是比较茫然和拘谨的，这时教师就需要用一些活动让课堂气氛活跃起来，帮助学生以更好的情绪和精神状态投入课堂。二是让学生的思维"活"起来。一个好的活动设计不但可以使学生潜在的成长困惑浮出水面，还能激发学生思考，在课堂上进行思维碰撞，产出各种解决问题的思路。总而言之，就是要让团体动力"活"起来，驱动学生去体验、反思、改变与成长。

活动还要让学生"动"起来。一是"身"动。一个好的活动总是会创造机会让学生动起来，如嘴巴动起来、眼睛动起来、肢体动起来、大脑动起来，让学生在动起来的过程中逐渐进入体验的状态。二是"情"动。心理课是以学生的情意活动为主要内容的课程，偏重于学生的感受，有效的活动会触发学生的情绪情感，让学生产生丰富的内心体验，或是共鸣或是愉悦或是释怀。三是"意"动。学生在活动的体验中慢慢从感性层面上升到理性层面，在教师创设的活动中练习和掌握相应的心理技能，从而引发行动上的改变。

二、心理课设计中活动的类型

在心理课实施的几十年时间里，心理教师充分发挥想象力和创造力，创设了丰富多彩的、涵盖各类主题的心理课活动。为了更清楚地呈现这些活动的概貌，下面从三个方面对常见的心理课活动进行划分。

（一）按照心理课的进程分类

根据勒温的团体动力学理论，教师一般会按照"团体暖身阶段—团体转换阶段—团体工作阶段—团体结束阶段"这样的流程来设计课程，这也是目前心理课上运用最为广泛的教学流程模式。根据这一心理课的四阶段进程，可以将相应阶段开展的活动分为暖身活动、主题活动、结束活动。暖身活动和结束活动分别对应团体暖身阶段和团体结束阶段。因为团体转换阶段和团体工作阶段的主要任务分别是"展开主题"和"问题探索"，这两个阶段都是对主题进行由浅入深的探讨，因此可以把这两个阶段开展的活动统称为"主题活动"。

（二）按照活动主体的数量分类

活动开展的对象主体是学生，有经验的教师会根据需求来安排该活动需要多少人参与才能达到课堂的最大效果。对于一些注重个人感受和体验的活动，一般可以由学生独自完成，如画出自己的"愤怒冰山图"。由于这种活动只需个人参与，不需要与他人合作，因此可称为"个人活动"；对于一些注重人与人之间的连接与反应的活动，往往需要两人一组，或者是六人一组甚至是全班参与，如常见的"抓手指""价值大拍卖"等活动。由于这种类型的活动需要多位学生共同参与才能达到课堂效果，因此可称为"团体活动"。

（三）按照心理学理论的表现形式分类

随着心理课教学实践的深入开展，心理课的活动形式得到了丰富和完善。近年来，心理学实验不断被搬进课堂。心理学实验因具有新颖有趣、科学严谨、内涵丰富等特点，能够激发学生主动探索的热情，深受学生喜爱。比如：有的教师为了帮助学生打破思维定式，运用了邓克尔（Karl Duncker）的盒子问题实验[1]；为帮助学生明白考试的意义，教师在课堂中引入由杰弗里·卡皮克（Jeffrey D. Karpicke）和亨利·罗迪格（Henry L.

---

[1] 也叫蜡烛实验。在桌上有一根蜡烛、一盒图钉和一盒火柴，任务是让点燃的蜡烛附在墙上。正确的做法是用图钉把盒子钉在墙上，然后把蜡烛放在盒子上点燃。但很多人认为盒子只能装图钉而无法解决问题。该实验揭露了"功能固着"这一思维定式，即人们一旦认定某物体有某种功能后就看不到它的其他功能。

Roediger)提出的测验效应[①];为帮助学生明白乐观和无助一样都可以习得,教师在课堂中利用了经典的跳蚤实验[②]。这类通过心理学实验呈现心理学理论的活动可称为"实验类活动"。此外,越来越多的心理咨询技术也被融入心理课堂之中,比如:在讲"如何应对考试"这一主题时,教师运用叙事外化的技术让学生把"考试"的样子画出来;在一节生涯规划课中,教师运用焦点解决短期咨询理论设计了"奇迹魔术盒"活动,让学生们假设奇迹发生后,自己未来理想的学习、生活状态,进而引导学生思考要实现这种状态需要哪些步骤、做出哪些改变。这类依托心理咨询技术设计的活动可称为"咨询技术类活动"。

第二节 心理课中活动选用的常见问题

以活动为载体是心理课的特色,教师把心理训练的内容巧妙地镶嵌在活动中,让学生在活动中增加认知、丰富情感、习得心理技能,从而逐渐提高心理素质。然而,在教学实践中,教师容易对活动的设计要领把握不当,出现活动过多又难以深入等问题,典型的问题表现为偏离教学目标、缺乏交流深度、忽略全体学生、活动像走过场等,使得课程的效果仅停留在表面的热闹与情绪的浅层触动,而难以达到提升学生心理素质和塑造学生积极心理品质的效果。下面就开展活动时容易出现的四个问题展开阐述。

一、活动热热闹闹,偏离目标

在如今网络发达的时代,很多教师与时俱进、紧跟热点。但要警惕的是,不管歌曲多好、流行的段子多妙、身体律动多燃,也不能在不符合教学目标的情况下只为活跃课堂气氛而将其搬进课堂。对于课时有限的心理课来说,每一个环节、每一分钟都非常宝贵,所以要尽力提高心理课堂中每一个元素的"含金量"。教师要意识到一个活动不能仅仅起到活跃课堂气氛的目的,还应该紧扣主题,为教学目标服务,因为教学目标是课程教学的落脚点,也是课堂实施有效性的体现。活动热闹但偏离教学目标的另一个常见表现是开展的课堂活动"喧宾夺主",形式大于内容。

比如,在一节针对小学生的以"学会合作"为主题的心理课中,教师安排了三个活动——"合作传球""拼图大挑战""密室逃脱",学生体验的兴致很高,课堂热闹非凡,等到课堂时间差不多结束了,教师匆匆问了一句:"从这些活动中,你学到了如何更好地

---

① 测验效应指通过测试、自由回忆等方式从记忆中多次提取信息,促进对学习材料再次回忆的能力。

② 跳蚤实验:研究者往玻璃杯中放入一只跳蚤,跳蚤轻易地跳了出来。再把这只跳蚤放入加盖的玻璃杯中,结果它一次次跳起,一次次被撞。最后,这只跳蚤开始根据盖子的高度调整自己所跳的高度。一周之后取下盖子,跳蚤却再也跳不出来。该实验说明了经历挫折后的"自我设限"现象。

合作？"教师把这节课的重点都放在了学生体验合作上，却忽略了更重要的目标——提高学生合作的意识和技能。教师应该通过1~2个合作的体验活动让学生着重体验或反复体验，从中总结出与人合作的技能并学会运用，这样才能更好地实现教学目标。

二、活动蜻蜓点水，不够深入

心理课中活动选用的最终的目的在于实现学生体验的催化和感悟的分享，实现学生心灵的真正触动，生成真正有价值的课堂资源。但在现实中，不少教师对活动必须带出的体验了解不多，或者不懂得如何从活动中带出相应的体验，导致活动在心理课中的出现仅仅是走流程，学生的分享仅停留在表面感受，根本没有触及其内心体验。因为学生没有真正有所触动，所以这种活动无法帮助学生将感性的触动与理性的探讨结合起来。

比如，在一节以初中生为教学对象的关于学习动力的心理课的暖身活动中，教师让一名学生想办法坚持坐在地上，而让另外两名学生想尽办法让这名学生站起来。活动一下子就吸引了大家的注意，引得大家兴趣盎然、哄堂大笑。活动结束后，教师开始提问："请问，你们在这个活动的过程中有什么感受和想法？"坐在地上的学生说："我就是想着要完成教师的任务，无论如何都不能站起来，要想尽一切办法。"而负责拉其进来的学生则说："拉一个不想起来的人太艰难了。"这些上台体验活动的学生是有深度感受的，但是学生的表达却被教师浅显的提问限制住了，教师在分享时只是让学生聚焦整个过程中的感受，没有引发学生更进一步的思考。这时，教师可以增设一个问题——"如果把这个活动和学习类比，你会想到什么"，相信学生的分享就会深入很多，还能顺势帮助教师进入课堂主题。

三、活动因小失大，覆盖面窄

这方面的问题表现为授课教师在设计和开展活动时只关注到部分学生，导致活动的参与和影响对象只包括部分学生，这样做违背了心理课或一般课堂的教学必须面向全体学生的原则，同时导致没有被关注的学生在心理课中没有存在感，久而久之对心理课失去兴趣。教师必须意识到每一位学生都是课堂的主体，心理课上的活动应该面向每一位学生，而不是让活动成为小部分学生体验和表演的主场，这样才能让心理课达到最好的效果。

比如，在一节针对小学高年级学生的以"向欺凌说'不'"为主题的心理课上，教师让一位学生扮演"被欺凌者"，让其他四位学生扮演"欺凌者"，重现欺凌的场景，并使用画面定格的方式，请这些扮演者分享自己的感受。体验的学生分享了自己的感受，所有学生都明白了被欺凌者的无助以及欺凌者带给别人的伤害。可教师忽略了这样一点：在生活中，除了少数的"欺凌者"与"被欺凌者"外，更多的人则是扮演了"旁观者"的角色，如若旁观者能够智慧且勇敢地伸出援手，欺凌现象会得到及时制止；如若旁观者视而不见甚至煽风点火，欺凌现象便会愈演愈烈。教师可以让其他学生也置身于欺凌的场景中，让大多数人扮演"旁观者"的角色。这样，大部分学生便不会成为局外人，也能还原生活当中的真实情景，关于欺凌的心理课才能真正产出实效。

四、活动走马观花，扎堆呈现

有时候，教师为了丰富教学方式，又对活动难以取舍，就容易造成课堂活动扎堆的现象。课堂气氛热闹，学生也兴趣盎然，但是囿于时间限制，每一个活动都浮于表面，不能深入，像走过场。学生始终处于兴奋的"动"态，没有"静能生慧"的机会，在活动中缺少体验、感悟和反思，同时也导致活动分享、交流不足，学生心理互助和自助的目标几乎无法实现。

比如，一位教师在给小学二年级学生上以"我的学习习惯"为主题的心理课时，第一次的教学设计包含以下活动：手指操，感受习惯是可以改变的；音乐厅，找歌词中涉及的学习习惯；明镜台，知道哪些行为是坏习惯及其危害；故事坊，了解好习惯及其具体表现；事务所，讨论和介绍如何形成好习惯；扔"垃圾"，扔掉自己的坏习惯；定计划，制订一个良好学习习惯的训练计划。试教后这位教师发现，学生在教师的引领下，匆忙地完成了上述活动，但没有充足的时间分享感受。这样的活动设计虽然形式多样，却只是引导学生从字面认识了学习习惯，学生的内在体验和感悟不足，内心难以形成共振。

可见，教师在设计活动时，不能为了活动而活动，也不能为了呈现多样的形式而"一把抓"。与其多而繁，不如少而精，教师要让学生有机会细细地体验每个活动，真正获得心灵上的感触与成长。

第三节　心理课设计中如何恰当选用活动

德国民主主义教育家阿道尔夫·第斯多惠（Friedrich Adolf Wilhelm Diesterweg）曾说：教学必须符合人的天性及其发展规律，这是任何教学首要的、最高的规律。可见，选用教学活动的最基本、最首要的原则就是符合学生的身心发展规律，即设计活动时要综合考虑学生的年龄特点、认知发展、社会性发展以及人格发展等因素。不符合学生身心发展规律的活动不仅达不到教育效果，还浪费师生宝贵的时间。比如，在人际沟通问题上，很多教师喜欢以非暴力沟通的四个要素教给学生沟通的有效技巧，这在初中和高中课堂上是有效的，但如果不加以改动直接将其搬到小学课堂，学生将会难以理解。因为这个活动不符合小学生的认知规律，小学生还处在具体运算阶段，对于一些抽象的概念还难以理解。综合来说，心理课中活动的选用除了要符合学情特点，还应该考虑以下四个要素。

一、活动要紧密围绕教学目标

心理课有丰富多样的活动内容,但这些活动不能只是简单串联或堆积,需要围绕教学目标搭建一条逻辑主线,使这些活动具有层次性、递进性、环环相扣,这样整个教学过程才能形成一个有机的整体。教师在开展活动时,应以教学目标为导向,考虑该活动是为了达成什么样的教学目标、属于哪个维度的教学目标、教学目标的达成度是怎样的。具体到操作实践上,一方面,教师在选择活动时要避免那些华而不实的活动,在考虑活动趣味性的同时,兼顾教学目标。为此,教师可以在写教案时注明每个活动的设计意图。因为设计意图往往与教学目标的实现相关,所以通过写设计意图可以提醒自己不忘教学目标。

以"遗失的声音——小学生正念心理辅导活动课教学设计"(曾卉君,2019)为例。教师在热身活动采用了"拍拍操"这一活动,活动后教师提问:"在拍手的过程中,同学们有听到自己的呼吸声吗?"这就很好地兼顾了趣味性、团体动力与教学目标。"拍拍操"的热身活动能帮助团队"破冰"、活跃课堂气氛,而"是否听到自己呼吸声"的提问,为下一步静下心来倾听的方法的学习埋下"动静对比"的伏笔。

另一方面,心理课的课堂活动应该删繁就简、枝干清晰,围绕教学目标层层递进。同样效果的活动选择一个开展就好,雷同的活动就算再好也要进行割舍。不要求活动面面俱到,但求活动要达到的教学目标精准明确。只有这样,才能在有限的课堂时间内激发学生体验,实现有效教学。

二、活动要触发学生的深度体验

心理课关注的不是心理学学科知识的传授,而是学生内在真实的体验。体验是心理课的核心和灵魂。活动作为心理课的基本形式,其设置是为了促进学生深刻体验、唤起经验。在开展活动的过程中,教师要注意引导学生充分体验、深入体验,在体验中感受、感知、感悟。只有这样,学生的情感才能受到触动,进而引发思考,促进自身心理意义的建构。

比如,在上与欺凌有关的心理课时,一位教师借用了正面管教中《查理》的活动。教师介绍查理是这个学期新转来的插班生,但由于某些原因变得不那么受欢迎,教师引导学生思考查理可能会听到哪些伤害他的话,每位同学依次说一句并将查理的海报画像揉皱一点。学生在说的时候由一开始的拘谨到之后的放开再到最后的兴致勃勃、哄堂大笑。之后,当教师把查理的画像拿回来,面色凝重地让学生看看查理有什么不一样时,大家才发现一个好好的查理画像已经变得皱皱巴巴,甚至被揉成了一个球,由此学生的心灵受到了巨大的震动。这个活动让学生深度体验到了伤害他人、欺凌他人的后果,也让学生明白了尊重他人、友好对待他人的重要性。这时,教师再引导学生可以说些什么或者做些什么,以帮助查理感觉好受一点。教师指示学生每说一句便将查理画像抚平一些。"查理,不要太在意别人的看法""查理,对不起,我伤害了你，我以后不会这样做了""查理，我会和你做朋友的"……学生由于之前深度体验了"伤害"，此时的"抚平"话语显得格外真挚动人，在场听课的教师也深深地被学生触动。

那么，如何让一个活动真正地触发学生的深度体验呢？一是要创造机会让学生亲身经历。亲身经历是最好的学习方式，它要比在旁边观望的体验更深刻，学生的情绪触动会更猛烈，对事物的认知也会更深刻。比如，教师巧妙地借用了查理的画像让全体学生体验了欺凌，让学生对欺凌有了一个具象的感知，这时学生就会认识到欺凌并不是平时轻飘飘挂在嘴边的一种"现象"，而是一种沉甸甸的"伤害"。二是要注重活动后的探讨与分享，体验感再深的活动，如果没有设置有层次有深度的问题帮助学生梳理和分享，也会仅停留在表面，难以深入，不能内化为学生真正的认知和情感。

三、开展活动时要注重全员参与

心理课的目标是帮助全体学生提高他们的心理素质，培养他们积极乐观、健康向上的心理品质。作为心理教师，应该"眼中有人"。这里的人不是个别学生，而是全体学生。如果教师开展活动时关注的是"个体"而非"全体"，教育活动就难免流于片面，导致学生失去主动意识和投入精神，处于学习的被动地位，体验感将会大大降低，最终难以实现全员心育的目标。

在班级人数多、教室空间小、课堂时间短等条件的限制下，活动要面向全体，操作起来确实会存在一定的困难，这就需要教师进行精心设置和安排。下面分享几种让心理课活动更好地面向全体学生的方法。

1. 运用多样的分组方法

恰当的分组可以细化学生参与活动的最小单元，实现学生全员参与的目标，而且能够在加深学生体验的同时，让活动开展得更加有序。

比如，在"好朋友也可以说'不'"的人际交往主题心理课（张晓旭，2017）中，教师创设了"好啊/不好"的活动，以同桌两人为一组，并设置A、B角。先轮流体验无论对方提出什么要求都只能说"好啊"，之后轮流体验根据对方提出的要求，自己按照心意说"好啊"或者"不好"。这个活动通过精确分组实现了全体学生的参与，让所有学生在体验中认识了说"不"的重要性及意义。

再以"鳄鱼池外的选择——高中生异性交往团体辅导"（戴敏燕，2019）为例，教师先创设一个男生爱慕女生的情境，让学生对于男生"不表白"与"表白（接受、被拒绝）"进行"观点占座"，而后对表白成功的后果（忍受、分手；成长、鼓励）以及表白失败的后果（尊重、朋友；痛苦、振作）继续进行细分，让学生选择相应的组别坐下，并根据相应关键词续写故事，这样就做到了让全体学生参与，让课堂上的观点实现了"百家齐放"。

2. 在活动中设置多样的角色

不同角色的设置除了可以让更多的学生参与外，还能帮助学生体验不同角色的立场、感受和想法，让活动开展得更丰富且有层次性。

以"遭遇'大个子'——小学中低年级预防校园欺凌"心理课（魏楚珊，2022）为例，教师设置了欺凌者、被欺凌者、旁观者这三种角色，请学生选择一种想了解的角色并用照相定格的方式摆出不同角色的动作、呈现相应的表情，并站在不同的区域。这时，全体学生都参与其中，还能了解到不同角色学生的想法。

再如，在用角色扮演活动让学生习得某一项心理技能时，除了上台表演的主角外，还可以设置观察者与点评者等角色；在运用绘本开展课程时，除了设定主人公，还可设置旁白、音效师等角色。当每位同学都有角色可体验时，就会不自觉地进入相应情境，产生深度体验，从而达到课堂效果。

四、适当安排活动的重复

对比不同的课堂环节设置不同的活动，有时在不同的环节设置相同的活动可以产生巧妙的效果。教师在操作时可以用一个活动贯穿始终或在心理课的首尾阶段重复体验，但采用此方法时要注意不同阶段的活动层次存在递进性和梯度的合理性。学生可以通过教师设置的连续反复的活动，切实体验和感受到自己的进步和力量，从而获得心灵的成长。

以王瑞安（2020）设计的"我和乐观小伙伴"一课为例。教师让学生在一分钟内挑战用五张扑克牌搭一个"小房子"，然后让学生分享搭建成功和失败后的感受与想法，并着重呈现和分析失败后的想法，帮助学生感受不同想法对结果的影响，明白乐观心态的重要性。接着，教师再次让学生挑战搭"小房子"，体验用乐观心态面对挑战的积极影响。当越来越多的学生体验到成功的喜悦时，教师顺势引导其找到"搭房子"的小窍门。之后，教师让学生第三次挑战"搭房子"，帮助学生意识到面对挑战时不仅要有乐观的心态，还要有乐观的行动，积极地去寻找解决问题的方法。该教师运用一个活动串起一节心理课，让学生的体验由浅入深、层层递进，深刻地体验乐观的态度对事情发展的影响并习得乐观的方法，从而达成了教学目标。

再如，在一节关于开学心理调适的心理课中，教师引导学生体验"十指交叉"的活动，然后让学生改变交叉的习惯，如将原来右手大拇指在上变为左手大拇指在上，引导学生感受到就算是一个小小的动作的改变，也会让自己的心理不太适应。教师则顺势引导，讲解在面临新环境、新教师、新同学等情况时，心里感觉有些不适是正常的，从而实现对开学后的消极情绪的接纳。教师在课程的结束阶段，再次让学生体验"十指交叉"的活动，学生则感受到自己对改变更习惯、更适应了，这时教师再引导学生，从不适应再到适应，需要一定的时间，而我们自身是有强大的调节能力的，请学生相信自己，给自己多一点耐心。教师通过活动的反复巧妙地呈现了适应这个过程，也让学生增强了适应的信心。

活动是心理课的活力所在，也是心理课体验式教学的重要载体，承载着课堂教学的形式与目标，因此具有至关重要的作用。教师在设计活动时不仅要注意使活动符合学生身心发展的规律，还要注重紧密围绕教学目标、触发学生的深度体验、注重全员参与、适当安排活动的重复这四个要素，让活动真正落到实处，发挥育人效果，成为提升学生心理素质和健全学生人格的有效载体。

1. 心理课中活动的意义是什么？
2. 心理课中的活动有哪些类型？
3. 心理课上活动选用的常见问题有哪些？
4. 在选用心理课的活动时应考虑哪些要素？
5. 试分享一个心理课中最触动你的活动设计。

第十章 心理课设计的情境创设

情境创设作为心理课设计的重要载体，可以为学生提供参与活动和体验的具体情境，激发学生的学习兴趣，提高学生的课堂参与度，让学生在情境学习中加深体验感，生成更深刻的理解和感悟。因此，在心理课中进行情境创设是非常必要的。作为一名心理教师，如果能够熟练掌握情境创设这一课程设计方法，将大大提升课程设计的效率、优化课堂表现。本章将对心理课设计中的情境创设进行详细阐述。

第一节 情境创设概述

情境创设是教学设计中常用的方法，指通过创设具体的情境或场景，让学生在一个模拟的环境中进行学习和实践，激发学生的参与和深入理解，以更好地应用所学的知识。为了更加深入地学习和掌握情境创设方法，本节将对情境创设的定义、理论依据、类型及情境的呈现方式进行介绍。

一、情境创设的定义

《大辞海·心理学卷》将"情境"定义为：影响事物发生或对机体行为产生影响的环境条件；在一定时间内各种情况的相对的或结合的境况。《简明心理学辞典》将"情境"定义为：对人有直接刺激作用，有一定的生物学意义和社会学意义的具体环境。从教育学的角度来看，情境是指对学习产生影响的各种情况，即学生习得新内容的背景和环境。从心理课教学的角度来看，情境是心理课堂中对学生学习产生影响的背景和环境，它是一种与学生发生交互作用的环境，是引发学生情感体验的环境。

情境创设，顾名思义，即创设一定的情境。在教育教学中，情境创设是指教师运用某种教学手段，创设与学生需要习得的知识技能及学习材料相适应的情境，或者直观地呈现学习材料给学生，使学生仿佛身临其境，产生与学习材料所表现的内容以及情境一致的情感，引发情感共鸣，进而激发或增强学生参与学习活动的学习动机与学习兴趣，实现学习的目标。

二、情境创设的理论依据

不仅是心理教师,众多学科教师也对情境创设颇为青睐。情境创设在广大教师队伍中的"高人气"是有其理论基础的。

(一) 建构主义理论

皮亚杰的发生认识论认为,儿童具有主观能动性,他们在自身经验的基础上,在与环境、他人的相互作用过程中,通过同化和顺应建构,获得知识。建构主义理论发展至今已是流派纷呈,但在所有流派中,"情境"都是核心概念。在建构主义的学习理论中,知识不是通过教师传授得到的,而是学习者在一定的情境(如一定的社会文化背景)下,借助教师、同学等的帮助,利用必要的学习资料,通过建构意义的方式获得的。

(二) 情境认知与学习理论

布朗(J. Brown)等从心理学视角首次提出了情境认知与学习理论,他们认为,知识具有情境性,只有在其产生及应用的情境中才具有意义,因此学习知识的最好方法就是在情境中进行。莱夫(J. Jave)等从人类学的视角认识情境、知识与认知,提出情境学习的理论观点。他们指出,学习是在个体参与到实践共同体的过程中发生的,需要关注学习者协调系列行为、适应动态变化发展环境的能力,因而要将建构"实践共同体"视作教学的新领域。以上两种观点虽然是从不同学科视角出发阐述对情境学习的认识,但它们关注的焦点都是情境、活动与知识的互动,都有助于理解与丰富情境中的学习。

(三) 暗示教学理论

暗示教学理论最早由格奥尔基·洛扎诺夫(Georgi Lozanov)创立,其理论关键词是无意识、暗示、环境。暗示教学法又称"启发式外语教学法",指对教学环境进行精心设计,通过暗示、联想、练习和音乐等各种方式,将学生带入轻松愉快的教学中,使其形成无意识的心理倾向,激发学习需要和兴趣,充分发挥潜力,以达到更好的教学效果。暗示教学理论的原则之一就是设置情境。

三、心理课中情境创设的类型

情境创设类型的研究非常丰富。根据不同的理论、不同的认识角度,情境创设有多种不同的分类。

根据情境创设的目的,可以将情境创设分为认知情境创设、思维情境创设、心理情境创设等。

根据情境创设的形式，可以将情境创设分为问题情境创设、想象情境创设、推理情境创设等。

根据情境创设的手段，可以将情境创设分为实体情境创设、模拟情境创设、语言情境创设等。

根据情境素材的类型，可以将情境创设分为生活情境创设、故事情境创设、游戏情境创设、动画情境创设、音乐情境创设等。

根据多媒体网络教学的特点和功能，可以将情境创设分为直观情境创设、知识情境创设、问题情境创设、实践情境创设等。

根据心理教育活动的流程，可以将情境创设分为暖身情境创设、问题情境创设、留白情境创设、模拟情境创设等。

根据情境运用的课程环节，可以将情境创设分为单个环节的情境创设和贯穿全课的情境创设。本章将对单个环节的情境创设与贯穿全课的情境创设分别进行介绍。

四、心理课中情境的呈现方式

心理课中情境的呈现方式对于学生的学习体验和效果起着至关重要的作用，精心设计的情境呈现不仅能够迅速吸引学生的注意力，还能激发他们的好奇心和探索欲，为后续的深入学习打下坚实的基础。目前，在心理课中运用较多的情境呈现方式主要包括文字形式、音视频形式、角色扮演形式等。每种形式都有其独特的作用和价值。

（一）文字形式

文字形式指的是通过文字的方式来呈现情境。文字形式如果作为单一的情境呈现方式会比较简单，也是因为简单，情境的趣味性会比较低，适用于比较简单且不是很重要环节的情境创设。然而，文字形式如果结合音视频、角色扮演等形式进行情境创设，则更能凸显课程中的核心要点，增强信息的传达效果。另外，需要注意的是，呈现情境的文字一般放在课件中，要注意结合课件制作中每页的文字大小及字数要求，避免学生看不清楚情境内容，或者情境内容过于复杂而难以理解。如果文字能结合图片呈现，效果会更好。

（二）音视频形式

音视频形式指的是通过音频、视频等方式来呈现情境。这种情境创设方式最为常用，且相较于文字形式会有趣一些，学生也比较喜欢。现在心理课设计中比较主流的音视频形式的情境有以下三种：第一种是通过课件呈现相关场景和人物角色，以音频的形式播放背景或人物对话；第二种是用现成或剪辑而成的动画片、电影素材等；第三种是教师自己拍的心理情景剧或者自制的动画视频。相对而言，第三种音视频形式花的时间会更多，但也更能保证情境与教学意图相符。

(三）角色扮演形式

角色扮演形式指的是通过教师或学生进行角色扮演的形式来呈现情境。这种情境创设可能会结合文字形式或音视频形式，由教师呈现部分或全部情境素材，再由教师或学生进行现场扮演，教师或学生与相关角色进行对话等，并通过对话思考，最终生成收获和感悟。现在心理课设计中通过角色扮演形式创设情境主要有以下三种类型：第一种是由教师呈现初始问题情境，学生思考并扮演可能的应对方式，常规的操作是学生分组讨论和扮演，这也是运用最多的一种方式；第二种是教师呈现初始情境，由几个学生扮演主要人物，其他学生进行提问、思考和观察，进而生成自己的收获和感悟；第三种是教师呈现初始情境，所有学生扮演情境中的一个或几个角色，通过每个学生自己的思考和回答，生成感悟。后两种类型的角色扮演，由于新颖性和趣味性较强，所以近几年在心理课中得到了越来越多的应用。

第二节 心理课情境创设的意义和原则

与设定教学目标、教学重点与难点等环节不同，在心理课中进行情境创设，并不是一节心理课设计中的必备操作。但很多心理教师依然愿意花时间投入其中，这跟适当合理的情境创设所带来的巧妙课堂效果有关。

一、心理课中情境创设的意义

具体来说，在心理课中创设情境有五个方面的意义。

（一）提高课堂趣味性，激发学生兴趣

现代情境教学论认为，课堂教学活动是在认知发展和情感发展两个方面的相互作用、相互制约下完成的。如果课堂能调动学生的情感功能，那么学生的认知功能也会得到相应的发展，知识就更容易被接受和内化。而合适的故事情境、游戏情境等的创设，能够让原本比较枯燥的教学内容生动起来，很好地增强课堂的趣味性，进而激发学生的学习兴趣。举个例子，在给小学生介绍喜、怒、哀、惧四种基本情绪时，一般不会直接讲授，而是通过创设情境的方式来展现。比如通过创设《头脑特工队》的影片情境或者《情绪小怪兽》的绘本故事情境等，引导学生认识喜、怒、哀、惧四种情绪。相较于干巴巴的直接讲授，影片和绘本故事等情境能更好地吸引学生的注意力，激发学生的学习兴趣。再如，贯穿全课的情境创设是一种创新而有趣的教学方式，一般以游戏、故事、活动等方式为全课创设一个完整的教学情境。在这种情境中，学生扮演主人公或主要角色去参

与、去体验，能很好地提高学生的体验感，提高课堂的趣味性，激发学生的学习兴趣，让学生更加积极地参与到课堂活动中来。

（二）激活真实体验，引发学生共鸣

心理课重在体验，学生有了真实的体验后，就容易引起内心的共鸣。一方面，学生因为有共鸣更愿意集中注意力学习；另一方面，共鸣可以激发学生思考，并有所收获。那么，如何在心理课中激活学生的真实体验呢？比较常用的方法有以下两种：一种是创设生活情境，选择学生普遍的生活情境，通过录像、录音、情景剧等形式，激活学生对生活事件的真实体验，从而引发学生共鸣；另一种是创设故事、活动等情境，但所选的情境素材需要跟生活有一定的联系，能引导学生将感受与生活关联，从而激活学生的体验和感受。比如，在对小学生讲亲子关系时，可以通过创设学生信件的真实情境导入，通过信件里学生对父母的"吐槽"，引发学生的共鸣，进而推动课程的开展。这样的情境引入比直接询问学生跟父母之间的关系，更能激活学生的真实体验，也更能引起学生共鸣。

（三）引发学生思考，深化学生感悟

心理课虽然以活动为载体，但不能只追求活动的表面热闹，而要关注活动带给学生的启发和思考。合适的情境可以激发学生的思维，引发学生的思考。

以笔者的心理课"做自己的毕业领航员"为例。该课在开头便创设了一个"招标活动"的教学情境。在这个情境中，心理教师扮演一个富有的老板，学生分组，每个组为一个公司。假设现在老板手上有三个项目想分给三个公司做，他会分三轮对所有公司进行突击考察。在每一轮考察中，如果公司派来接待老板的正是老板需要的人，则会中标。但老板心思飘忽不定、难以捉摸，而每轮每个公司需要在15秒内推选出一名代表去接待老板。前两轮作为铺垫，老板没有给出任何提示，所有公司只能凭猜测派出各自小组的人才，第三轮有一个小组得到了"小道消息"，轻而易举地中标了。在这个教学情境中，通过让学生亲身体验，引发学生思考，并从中认识到目标的重要性，学生对此也有较深的感悟。

再如，在贯穿全课的情境创设中，通过让学生扮演主人公或主要角色，让他们从观察者转变为参与者，在情境中更加深入地理解和感受课程内容，激发更深入的思考、产生更多的收获。另外，有些情境背景还可以通过剧情推进来引导学生思考，从而让学生获得更多的感悟和收获。

（四）增强课程设计的内在逻辑

在传统的课程设计中，教学内容往往按照一定的逻辑顺序分解为一个个独立的教学环节。虽然这种设计方式有一定的合理性，但也可能导致学生对整个课程的理解存在断

裂感，难以把握课程的整体逻辑。情境创设这一设计因为有"入境""历境""出境"环节，构成一个课堂的闭环，所以往往给人以较强的逻辑感。尤其是贯穿全课的情境创设，这种情境创设就是为整节课创设一个连贯、完整的教学情境，它可以是一个故事情节，也可以是一个实际问题，或者是一个模拟的实践活动。在这种教学情境下，各个教学环节不再是孤立的，而是相互关联的，共同构成一个完整的教学过程。因为所有的教学内容都是在一个连贯的情境背景下进行的，所以学生可以更好地理解各个教学环节之间的逻辑关系，更好地把握课程的整体结构。对于新手教师来说，其本身具有喜欢创新、对学生关注的文化较为熟悉等优势。一方面，这些优势有利于他们开展情境创设；另一方面，具有内容逻辑的情境能让他们上课时思路更清晰，不容易出现对授课内容的记忆断片现象。

（五）彰显设计思路的新颖独特

心理健康教育的重要性日益凸显，心理课也在各个年级和主题上得到了广泛的开发和应用。然而，如何在众多的课程中脱颖而出，提供新颖、有趣且有深度的教学内容，是每一位心理教师面临的挑战。目前，教学设计创新的途径主要有以下三种：一是另辟蹊径、选择前人没有用过的视角对教学主题进行诠释和设计；二是选择前人没有用过又贴合主题的素材；三是改变课程素材的组织方式。而给课程设计单个环节或贯穿全课的教学情境，就是改变素材组织形式的一个很好的方法。为全课创设新颖有趣的教学情境，也能让人耳目一新。由于情境创设素材非常丰富，而且目前运用得还比较少，所以还有很多可以发挥设计的空间。因此，心理教师在设计课程时，可以创设单个环节或贯穿全课的教学情境，发挥其充分的素材和创新空间，为学生提供新颖有趣的课堂环境。

二、心理课中情境创设的原则

要达到理想的课堂教学效果，心理课中的情境创设需要遵循如下原则。

（一）符合学生的认知特点

不同年龄段学生的认知特点是不一样的，情境创设需要符合学生的认知特点。小学生认知能力逐渐发展，初步具备逻辑思维和抽象思维，情境创设可以通过故事情节、角色扮演等方式，帮助小学生理解抽象概念；初中生认知能力进一步发展，开始具备较强的逻辑思维和抽象思维，情境创设除了故事情节、角色扮演，还可以通过实际问题、案例分析等方式，激发中学生思考和解决问题的能力；高中生认知能力进一步提升，开始具备较强的抽象思维和推理能力，情境创设可以通过真实的应用场景、实验操作等方式，激发学生的领悟力、增加学生的收获。

（二）贴近学生的兴趣需求

兴趣是学生学习与研究问题的直接动力。如果情境创设具有趣味性，学生自然会被教学情境吸引，更愿意投入其中进行学习和思考。对于趣味性较强的心理课而言，情境的趣味性尤为重要。因此教师在创设情境时，应当注意选用学生喜闻乐见的形式，如故事、游戏、表演等。另外，选择素材前也可以先调查了解学生的喜好，比如如果采用游戏素材，可以提前了解学生近期喜欢什么游戏，看是否可以将该游戏加以包装后使用。

（三）保证所选情境的典型性和代表性

情境创设需要提前做好调查，以选择具有典型性和代表性的情境，反映学生普遍存在的问题，让所有学生都能有感悟和收获。比如，讲"亲子沟通"主题可能需要创设一个亲子冲突的情境。生活中亲子冲突的情境有很多，比如作业做不好时产生的亲子冲突、成绩不理想时产生的亲子冲突、父母答应的事情没有做到时产生的亲子冲突、玩手机时产生的亲子冲突等等。如果选择"父母答应的事情没有做到时产生的亲子冲突"，这有可能不是所有学生都经历过的，毕竟不是所有学生的父母都会出现"答应的事情没做到"的情形，而且就算没做到，也不一定会引发冲突，可能有些父母会有其他补偿措施。但如果选择玩手机时产生的亲子冲突，就会引起大部分学生的共鸣，因为大部分学生的父母都曾因为玩手机的问题唠叨甚至批评责骂过学生。

（四）情境能够启发深层思考

不同于语文、数学、英语等学科的情境创设重在将复杂的知识简单化、具体化、形象化，心理课的情境创设更注重启发性，需要学生在情境中体验和思考，进而生成自己的感悟。心理课上创设情境的教学效果不是要达到学生对既定知识的了解和确认，而是要让学生通过深入创设的情境体验真实的心理过程，并根据其个人的体验生成独特的感悟。为此，教师在设计情境时尤其要注意情境具有一定的开放度，能够启发学生的真实体验和深层思考。

第三节 单个环节的情境创设

心理课的设计中，既可以单独为课程的某个环节进行情境创设，也可以在贯穿全课的情境背景下对某个环节进行情境创设。单个环节的情境创设指的是运用在课堂某个环节的情境创设，比如课程的开始环节、课程的中间环节或课程的结束环节，情境类型可以是生活情境、故事情境、活动情境、问题情境等。在创设单个环节的情境时，必须确保它们与整堂课的情境背景相协调、相融合，形成统一的教学氛围和逻辑线索，从而确保教学过程的连贯性和完整性。

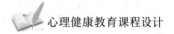

一、生活情境

建构主义的教学观强调，教师要善于创设与学生实际生活接轨的真实情境，呈现学生在实际生活中可能会遇到的问题，帮助学生营造问题解决环境，引导学生将所学知识运用于生活实践，从而完成新知识的意义建构和原有知识经验的改造重组。生活情境可以是平日里司空见惯的，也可以是偶然发生的，但必须是符合学生年龄和心理特点的典型情境，一般用于心理课的团体转换阶段或团体工作阶段，作用是激活学生体验、引起学生共鸣、引发学生思考等。由于生活情境的素材从生活中来，一方面学生比较容易理解和接受，更容易引起共鸣；另一方面因为情境与现实生活情境相似度高，学生也更容易将所学知识迁移到实际生活中。因此生活情境是心理课设计中比较常用的一种情境类型。

以"巧对唠叨，添'家'正能量"（洪榕，2020）为例。该节课通过创设生活情境"小明因为玩手机被妈妈唠叨，两人最终发生冲突"，激活学生的生活体验，从而为后面环节的开展做好铺垫。

二、故事情境

爱听故事、爱讲故事是儿童的天性，故事伴随着儿童成长，而且因为故事一般富有寓意，具有启发性，通过讲故事的方式进行情境创设，不仅能引起学生兴趣，还能引发学生思考，让学生有所感悟。可以说，故事情境是比较容易创设，也比较高效的一种教学情境。故事情境的素材很多，绘本故事、经典童话故事、学生耳熟能详的其他故事、电影故事、电视剧故事等都可以作为故事情境的素材。但故事的选择也要符合学生的年龄和认知特点，比如小学中低年级的学生更适合比较简单的绘本故事、童话故事等，小学高年级学生、中学生更适合比较有深度的绘本故事、电影故事、电视剧故事等。

故事情境可以用于心理课的任意阶段：用于团体暖身阶段时，主要作用是引起学生兴趣、引出主题等；用于团体转换阶段时，主要作用是展开主题、呈现矛盾、促使学生产生心理体验等；用于团体工作阶段时，主要作用是进行问题探索，引发学生的经验和回忆，激发学生的体验和感悟等；用于团体结束阶段时，主要作用是巩固升华、课后拓展延伸等。

以"我和青春期有个约会"（王小珍，2018）为例。该课在团体暖身环节创设了一个绘本故事情境——《好饿的毛毛虫》，通过让学生观看毛毛虫的成长过程，引导其初步感受成长的蜕变。

三、活动情境

活动情境指的是通过活动创设的教学情境。不同于其他学科，心理课又称心理活动课，它具有活动性、体验性等特点，因此心理课的特色之一就是丰富的体验活动。如果为这些活动创设合适的情境，不仅能让学生产生浓厚的学习兴趣，而且能为学生带来身临其境的感受。活动情境的类型很多，包括游戏情境、角色扮演情境、实验操作情境、冥想情境、绘画情境等，其主要作用是在活动中激发学生的体验和感受，进而引发学生的思考和感悟。活动情境一般用在团体暖身阶段、团体转换阶段和团体工作阶段。用于团体暖身阶段时，主要作用是热身、引起学生的兴趣、营造课堂氛围、引出主题等；用于团体转换阶段时，主要作用是展开主题、产生心理体验、催化团体动力等；用于团体工作阶段时，主要作用是进行心理探索，引发学生的经验和回忆，激发学生体验、感受和思考等。

以杨琼林老师的心理课"特别的黑点"（周隽等，2020）为例。该课通过创设活动情境"黑点的处理"，让学生以绘画的方式处理黑点，赋予黑点不同的意义，并由此认识到不同的处理方式对白纸和黑点产生的影响，并尝试思考缺憾对于人生的意义。

四、问题情境

在教学中，创设问题情境是培养学生问题意识、开拓学生思维、提高学生创新能力的重要途径。在心理课设计中，很多活动都是在问题的引导下开展的，而问题总是在特定状态中产生。从这种意义上讲，问题本身就构成一种情境。问题情境适用于全课任意阶段，可以结合其他教学情境进行设计。比如，可以在故事情境和活动情境中穿插问题情境，也可以单独进行问题情境设计。

常见的问题情境主要有以下两种类型。一种是提出要解决的问题，即教师将与主题相关的、贴近学生实际生活的问题抛给学生，引导学生思考如何应对，通过学生自主探索解决问题。这也是心理课中比较常用的问题情境，其主要作用是引起学生共鸣、激发学生思考，从而获得应对方式并迁移到实际生活中。另一种是创设解决问题的矛盾冲突，即教师创设具有争议性的问题情境，引导学生思考并进行思维碰撞。这种问题情境的主要作用是帮助学生在思维碰撞中厘清认知、生成收获。

在问题情境中，有两种比较经典的形式：一种是两难情境，即使人左右为难的似是而非的情境，这种情境因为"两难"，可以很好地引起学生的认知冲突，调动学生思考的积极性，并在思维碰撞中厘清知识、生成收获；另一种是辩论情境，即教师抛出一个具有争议性的问题，学生自由选择正反方或由教师安排正反方，通过辩论产生思维碰撞，厘清认知、生成收获。

以"让规则看守生命"（鞠瑞利，2008）为例。该课为学生呈现了一个规则和生命的两难选择情境："有一个火车轨道，由于道路改建，原来的铁轨不用了，但铁轨并没有拆除，新的铁轨已建好并通车。在新建的铁轨旁，竖了一块牌子，上面写着'严禁在轨道上玩耍'。有四个学生放学后来到了这里。一个学生看到牌子上的警告后，劝另外三个学生不要在新建的轨道上玩，但那三个学生不予理会。为了安全，他自己跑到原来的旧轨道上去玩。这时，一辆火车突然疾驰而来，速度非常快，那四个学生都来不及从轨道上离开。假定在新旧两个火车岔道口前面有个控制装置可以决定火车往哪个方向开,即让火车沿着新的轨道或者是沿着原来的旧轨道开。在不同的情境下,你的选择是什么?"

这样一个问题情境很好地激发了学生的思维,促进了不同观点之间相互碰撞。通过讨论和辩论,学生们对生命和规则的理解也有了升华。

以笔者的心理课"探索压力之旅"为例。该课在工作阶段创设了一个情境,由于在课程的前半段学生普遍认为自己有压力,因此教师提出:如果有一种神奇胶囊,只要吃了它,所有引起我们压力的事件都将消失,但与此同时,我们也将永远失去压力这种感受,大家要不要试一下呢?之后学生自由选择吃或不吃,并在小组里陈述自己的理由,中间允许"跑票",之后再采访学生最终的决定及"跑票"的理由等。在激烈的辩论中,学生各执一词,选择吃和不吃都有一定的顾虑,选择吃的学生担心完全没有压力也不好,选择不吃的学生觉得压力太大。但因为两者只能选其一,所以他们只能选择更想要的结果。这时候教师顺势再问:"如果可以吃一半呢?大家吃不吃?"这时,几乎全部学生都选择吃一半。由此引发学生思考,认识到拥有适当的压力的重要性。

在实际教学中,为了达到不同的教学目的,教师可以在一节课的不同环节中灵活设计并应用上述一种或多种情境。例如,可以在课的开始阶段运用故事情境来激发学生的兴趣,接着在课的中间部分通过生活情境使学生更好地理解和应用所学知识,最后在课的结尾部分利用问题情境来引导学生进行深入的思考和讨论。此外,教师还可以在同一个环节中融合两种或更多的情境。例如,在故事情境或生活情境中融入问题情境,让学生在听故事的同时思考问题,或在模拟生活场景的过程中解决实际问题。这种多样化的情境设计不仅可以丰富教学内容,还能提高学生的学习兴趣和参与度,从而达到更好的教学效果。

第四节 贯穿全课的情境创设

贯穿全课的情境创设指用一个教学情境贯穿全课,学生在这个情境中体验并完成教学任务。这种方式类似于给课堂穿一个"马甲",并用该"马甲"激发学生的学习兴趣,从而提高课堂的有效性。因贯穿全课的情境创设具有趣味性和新颖性等,所以近几年这种情境创设形式很受教师和学生的欢迎,也逐渐开始流行起来。

创设一个贯穿全课、有趣且与教学内容相适应的情境其实是很有难度的,教师需要善于利用生活中的素材,且需要具备一定的创新性和逻辑性,对素材加以创新应用。目前,可以参考的情境创设模式主要有以下三种。

一、闯关模式

闯关模式是一直以来运用最广泛、也最容易设计的一种情境创设模式。在这种模式下,学生每成功学习一个知识点就算闯过一关,一节课大概三四关,全部闯关完成即可获得胜利，整节课的知识点和相应的训练也就完成了。这种模式的素材比较多，比如学生较熟悉的动画片角色、电视剧角色、明星、学生自己，甚至是教师自创的一个角色等，基本上任何一个角色都可以运用于闯关模式。

闯关模式又分两种：一种是学生作为闯关者，故事、动画片等素材角色作为守关者，由守关者布置挑战任务，学生进行挑战，这也是比较经典的闯关模式；另一种是故事、动画片等素材角色作为闯关者，学生扮演素材角色（即守关者）进行任务挑战。

以屠小丽老师的心理课"'羊村'课堂大闯关"（选自钟志农主编《班主任心育活动设计36例（小学1—3年级卷）》）为例。该课采用的就是第一种闯关模式的情境创设，以《喜羊羊》这部动画片素材作为教学情境背景，由动画片中的几个主要角色"沸羊羊""懒羊羊""美羊羊"和"喜羊羊"分别作为四个关卡的守关者，学生通过闯关认识到仔细听和仔细看的重要性。

再以笔者的心理课"注意力'取经'之旅"为例。该课采用的就是第二种闯关模式的情境创设，以孙悟空西天取经作为全课的教学情境，由学生扮演孙悟空，每完成一个学习任务、学到一个注意力的知识点即闯过一个关卡，最终全课学完，孙悟空也取得真经。

闯关模式的情境创设可以提高课堂的趣味性，从而提高学生的课堂参与度。但是这种模式也有缺点，如比较传统，倘若教师的情境创设比较简单，又没有很好的调动能力或者顺利完成闯关后没有适当的奖励，课堂效果就会弱一些。

二、故事模式

故事模式是给整节课创设一个故事背景，让学生成为故事里的一部分（如故事中的某个角色），整节课的进度随着所创设故事的发展而发展，最后通过完成任务，引导学生思考并取得收获。故事来源可以是教师自编的故事、经典童话故事或学生耳熟能详的其他故事及其改编等。这种模式可以很好地增强课堂的趣味性，容易将寓意寄于其中，学生对情境的体验效果较闯关模式更强，可以引导学生进行更加深入的思考，课堂较有深度。

以笔者设计的小学二年级心理课"手拉手，来合作"为例。该课选用了钟志农主编的《班主任心育活动设计36例（小学1—3年级卷）》中"合作小秘诀"转换阶段木偶小精灵的故事作为整节课的教学情境：教室是一个荒无人烟的森林，学生是森林里的小精灵，因为中了魔法，学生都变成了木偶人，木偶人的手、腿、腰板和脖子都是直的、不能弯曲，只有吃到"神奇果"才能解除他们所中的魔法。

该课通过让学生扮演木偶人完成前进、拿起桌面的东西等活动，让学生进入木偶人的角色，之后给每个学生发放"神奇果"（糖果），要求学生以木偶人的方式吃，只有吃到"神奇果"，魔法才能解除。最后，学生在实践中发现，只靠自己一个人的力量是吃不到糖果的，需要大家互帮互助才能吃到糖果，从而达到本节课的教学目标。再之后，让学生合作战胜女巫。在合作的过程中，学生看到自己和别人的付出，感受合作的力量。这个情境的创设贯穿整节课，一方面很有趣，学生参与度很高，另一方面学生能以主人公的身份体验情境，切实感受到互助合作的重要性。

三、游戏模式

游戏模式是指套用一个游戏来进行全课的情境创设。这里的游戏可以是学生日常玩的游戏，可以是团体心理游戏，也可以是养成游戏、角色扮演、解谜游戏等电子游戏，几乎所有类型的游戏都可以作为情境创设的素材。这种模式根据游戏的不同和教学目的的需要进行设置，有些只是纯粹提高课堂趣味性，有些可以起到推进学生深入思考的作用。

游戏模式中运用较广的是团体心理游戏，电子游戏可能用得比较少。对于创设一整节课的教学背景、提高课堂趣味性而言，游戏模式是很有参考价值的。

比如，将经典游戏"穿越雷阵"运用于合作类课程中，可以巧妙地构建一个特种兵执行任务的真实场景。在这个场景中，所有学生都被赋予特种兵身份，共同面对"穿越雷阵"的严峻挑战。他们需要紧密合作、彼此信任，共同寻找安全的路径，以确保全组成员能够顺利"穿越雷阵"。这种情境设计不仅能够很好地吸引学生的注意力，让他们沉浸于角色之中，还能有效地激发他们的团队合作精神和集体荣誉感。相较于简单地告知学生游戏任务是"穿越雷阵"，这种情境化的表述更能让学生产生情感共鸣，可以提升他们的学习体验和参与度。

再如，以"密室逃脱"游戏为灵感，可以为课程创设造一个沉浸式的学习情境。在这个情境中，学生们发现自己被困在一个神秘的场所，而逃脱的唯一方法就是逐步解锁并掌握一系列的学习任务。每完成一个任务，他们就会获得一个关键的线索；随着课程的深入，线索逐渐累积，当学生们掌握了整节课的知识点时，他们也将集齐所有线索，找到逃离的出口。这样的设计不仅让学习变得充满挑战与趣味性，还能有效激励学生主动探索、合作学习，以求解开谜题，最终"逃脱"成功。

总之，以上三种贯穿全课的情境创设模式并非彼此独立，实际运用过程中可以根据教学目的的需要，结合其中两种或两种以上的模式进行情境设计，比如故事模式或闯关模式可以结合游戏模式设计游戏环节，闯关模式也可以结合故事模式设计一个有趣的故事背景等。

数字资源10-1
贯穿全课的教学
情境课例

第五节 心理课设计创设情境的注意事项

情境创设只有经过精心设计，才能让学生深入体验，从而提高课堂的有效性。在进行心理课的情境创设时，应注意以下几个问题。

一、明确情境创设的目的

情境创设必须服务于一定的教学目的，教师需要避免重情境轻教学内容的情况出现，以免学生只沉浸于情境体验而不深入思考，否则反而背离了教学目的。在情境创设之前，教师可结合当节课的教学目标，先明确情境创设的目的：是单纯增强课堂趣味性，提高学生课堂参与度，还是给学生带来一定的启发性，从而推进活动的深入？如果能够将情境与教学活动结合，让学生在情境体验中推进活动深入、引发自身思考，那自然是最好的。比如，在笔者的心理课"手拉手，来合作"中，木偶人的情境正好可以和后面合作吃"神奇果"的任务结合，从而让学生在活动中更好地体验和领悟合作的重要性。但如果有些教学活动确实很难找到合适的能推进活动深入和学生思考的情境，那么设计单纯增强课堂趣味性的情境也是可以的，有人可能会认为这种情境是形式化的情境、假情境，其实不然，这种情境也有它存在的意义。比如，虽然闯关模式下的情境设计目的更多的是让课堂变得更有趣，从而聚焦学生注意力、提高学生的课堂参与度，对教学内容的强调不是很多，但这一设计相较于干巴巴地把活动内容或知识直接呈现给学生，课堂效率还是会高一些。当然，提高课堂趣味性的情境要是能与教学目的等巧妙结合，对提高课堂效率会更有意义。

二、避免创设流于说教的"假情境"

心理课中情境创设最容易出现的问题就是流于说教的"假情境"，这貌似创设了情境，但是学生并没有进入情境，也难以从中体验和生成感受，最后变成传统的说教。出现这种情况主要有以下几方面原因：一是教师没有很好地了解学生的学情，创设的情境不符合学生的年龄和认知特点，或不具备典型性等，以至于学生对情境不理解、没有共鸣、没有兴趣等；二是教师情境创设的形式比较生硬，不够丰富有趣，比如，在重要教学环节采用文字形式呈现情境创设，吸引不了学生的兴趣；三是课程设计及选材本身存在问题。

三、所选情境素材要符合学生的年龄特点

以小学生为例，因为小学生从一年级到六年级跨度比较大，所以小学高年级和低年级学生适用的情境素材也是不一样的。一般来说，小学低年级更多可以用动画片或绘本故事素材，"小猪佩奇""喜羊羊""女巫""公主"等角色能吸引学生的注意力；但对于小学高年级学生，特别是五六年级学生来说，动画片角色对他们来说会稍显幼稚，他们更喜欢一些逻辑性比较强的未知的情境，比如解谜类、陌生的故事情境等。教师可以在充分了解学生喜好的基础上进行情境创设。学生喜欢玩的游戏、喜欢的明星、喜欢的综艺节目等，都可以作为很好的情境素材。

四、完善情境创设的引导语

情境创设中教师引导非常重要,好的教师引导能够帮助学生更好更快地入境、体验,并在体验中生成自己的理解和感悟。所以,建议教师对于创设的每个情境,都要根据情境创设的目的,在分析学生学情的基础上,设计每个环节的引导语和问题,可以多预设一些学生可能会思考的方向,对每个可能的方向设计好引导语;在做好充分准备后,再结合课堂生成具体的情境,如此情境创设的效果会更好。即使由于某些课堂生成原因,教师自觉引导欠缺,也可以在课后进行反思,在多次反思和吸取经验的基础上,逐步提高引导能力。

五、贯穿全课的情境创设要注意情境的入境和出境环节的设计

对于个别情境,如果学生有可能入境较深,则需要安排入境和出境环节,引导学生将情境与现实做一个划分。一般出境环节会和入境环节相对应,比如入境环节是想象跳入一个洞,那么出境环节则是想象跳出一个洞。学生出境后,教师可引导学生把情境中所思所感所学应用于现实生活。在一些课堂中,有些心理教师善于将学生代入教学情境,学生代入情境角色后也很动情,但作为听课者有时会担心课程结束后学生能否从情境中完全抽离。这些问题也启示授课者要牢记守护学生身心健康这一底线,不要因为对某一技术的娴熟掌握就只顾展示而忘了初衷。对于年纪尚幼的学生来说,更要避免情境带来的"课后污染",所以不管教师创设何种情境,都要注意入境与出境的伴随关系。

六、结合悬念设置,激发学生的好奇心

如果在情境中精心设计一些悬念,就可以激发学生的好奇心,让学生更好入境的同时,也能让学生的注意力聚焦在课堂中。

以何凤婷(2022)的心理课"镜中人悬疑案"(来源:"穗心家园"微信公众号)为例。该课采用剧本杀游戏为全课创设教学情境,在课程一开始就设置了这样一个悬念:糊涂奶奶家里收到匿名包裹,家里的花园也有陌生人来过的痕迹,她怀疑有人要谋财害命,究竟谁是这个可能谋财害命的人?对这个人物的好奇能让学生对课堂充满浓厚的兴趣,从而更好地聚焦课堂。

七、把握个别学生分享和教师引导的度

由于心理课具有体验性和感受性,所以在实际教学过程中,教师会比较注重对学生的情绪感受进行引导,注重个别学生的分享和引领,也可能会因此忽略全体学生的心理需求,导致除个别学生之外的其他学生思考较少,收获和感悟较少,甚至对课堂不感兴

趣，游离于课堂。因此，教师在组织教学情境时，需要把握个别学生分享和教师引导的度，有时也可以考虑将个别学生的情绪感受放在全体学生中处理，以个体经验引发群体思考互动，将个体经验与集体感受相融合。

八、注意做好学生的隐私保护工作

心理课经常有自我表露环节，如果情境创设得比较成功，学生可能会表露得比较多，这时教师要分辨哪些是课堂上可以处理的，哪些是需要留待课后处理的，避免学生暴露太多，做好学生的隐私保护工作。尤其是在涉及青春期心理或家庭背景的主题或内容中。如果情境创设时需要一些角色名字，最好用"小A""小B"这样的代号，避免因名字问题直接被学生对号入座。

1. 心理课中情境创设的意义是什么？
2. 在心理课设计中，好的情境创设具备什么特点？
3. 心理课设计中单个环节的情境创设和贯穿全课的情境创设分别有哪些类型？
4. 心理课中情境创设需要注意哪些事项？
5. 结合本章所学，为你之前设计的心理课创设一个贯穿全课的教学情境。

第十一章 心理课的板书和学习单设计

随着信息技术的普及，多媒体辅助教学得到了广泛的应用，很多心理课上用多媒体显示屏代替了黑板，即通过课件呈现问题情境、活动要求、案例故事等，很少甚至没有板书。这其实是一个需要得到重视和解决的教学问题。板书和学习单作为辅助课堂教学的重要资源，能够起到优化课堂教学效果的作用。优质的板书和学习单不仅可以促进学生对知识的掌握和理解，培养学生的审美情趣，还可以提升教师自身的教学技能。要实现课堂教学的最优化就应该重视板书以及学习单的设计。

第一节 板书的功能及理论依据

黑板（有时候是白板。为简洁表达，下面不再注明）被视为所有直观教具中，最普遍、最重要、最灵活的一部分。说起教师讲课，相信很多人头脑中都会闪现一位教师站在讲台上，一边讲课一边写板书这一典型情境。可以说，没有黑板的教学场所是不完整、不合格的教学场所，没有板书的授课也是不完整、不合格的授课。

一、板书的定义及功能

板书是教师在教学过程中，根据教学目的和进程，综合运用粉笔、黑板和现代教育技术等媒介，通过文字、线条、符号、图表、声音等构件概括教学内容，反映教学目标和重点难点，以直观、具体的方式向学生传授知识、表达观点。

板书对教学具有重要的辅助作用，主要体现在教学功能和育人功能两个方面。在教学功能方面，通过板书可以展现知识的产生形成过程，凸显知识存在的网络结构，方便学生理解和记忆；除了预设性的板书内容，学生互动反馈生成的板书，还能激发学生的展示欲，发挥学生学习的主体作用。在育人功能方面，设计巧妙的板书可以引领学生思维的发展，实现学生思维与教学过程的同步，对学生具有启发作用，有利于他们思维和学习兴趣的培养。此外，精心设计的板书赏心悦目，兼具美育的功能。

二、板书设计的理论依据

在课堂授课中结合板书进行这一传统做法,存在教育心理学的理论依据。

一方面,美国教育心理学家罗伯特·米尔斯·加涅(Robert M. Gagnè)提出的信息加工学习理论认为,信息加工的学习方式包括从人类的感官接收到外界的刺激,到信息的再处理,再到通过编码形成长期的记忆,最后实现对长时记忆中的信息进行检索。根据该理论,在教学过程中,通过板书设计给予足够刺激,推动感受器进行信息加工,再进行知识巩固和再加工,有助于学生对知识的加工学习过程。此外,为使学生能够进行知识的深度加工,板书设计应做到重难点突出,关键信息清晰呈现,让学生能够在原有体系上进行信息提取和思考。

另一方面,依据普通心理学关于记忆的一般原理,如果教师在设计板书的过程中多使用图画、提纲等方式,可以加深学生对课堂学习内容的印象,从而记住更多的学习内容。精心设计的图文结合的板书不仅能激发学生的学习兴趣,还可以帮助他们通过感官的配合来接收信息,眼耳手并用,有利于他们识记学习内容,促进记忆的保持、减少遗忘。再者,依据注意力的一般原理,注意力是心理活动对一定对象的指向与集中程度。若是教师在板书中通过做特殊标记或者更改板书的字迹颜色这种直观的方式对重难点知识进行强调或对易混淆知识点进行辨别,就有利于引起学生的有意注意,让学生自觉地集中注意力,增强课堂学习效果。

第二节 学习单的功能及理论依据

在进行心理课设计时还要考虑到学习单的设计,这是当前很多有经验的心理教师的共同做法,这一现象也说明了心理课上学习单的功能受到了普遍认可和重视。

一、学习单的定义及功能

学习单也称学习任务单。学习单是教师为了更好地实现教学目标,事先准备好并在授课过程中依据课堂学习的各个环节设计任务,提供给学生完成的任务清单。学习单一般为文本形式,也可结合图片,一般在课前打印好,在课堂上发放,每位学生一份或者每个小组一份,在课堂上即时完成。心理课上的学习单是指学生在心理课堂学习中需要自主或合作完成的任务清单。它是学生课堂学习活动的载体,学生通过学习单上的任务学习课程内容,主动参与到课堂学习中,达成学习目标、掌握心理健康知识、拓展能力。

学习单的作用表现在以下两点。一是有利于调动学生在课堂上的思维,增强学生的学习兴趣。因为有学习单上的任务存在,学生需要在课堂上紧跟教师的指引,在某一时间点完成相应任务,如果没有跟随教师的指引,则可能导致任务不能完成。同时,完成阶段性任务带来的成就感也会成为增加学生课堂投入的激励力量。二是有利于学生及时反馈、暴露问题，帮助教师了解学生的真实学习情况。学习单的任务与教学目标和重点紧密相关，如果学生最后提交的学习单为空白或不完整，则说明其在心理课上的学习投入及成效存在问题，教师需要意识到课程设计及实施上存在改进空间。

二、设计学习单的理论依据

学习单的应用有利于学生形成新课改提倡的自主学习、合作学习、探究学习等学习方式，学会主动地学习。建构主义的学习理论认为，学习者不是被动的信息接收者，学习也不是知识由教师单向地向学生传递，而是学生主动建构自己的知识的过程。此外，知识存在于一定的生活情境之中，具有动态性，需要人们通过实践活动加以体会，学习者的学习过程也常常需要一个学习共同体的合作互动来完成。

依据"最近发展区"理论，心理课教学关注学生的"最近发展区"，着眼于学生的潜能发展，关键在于获得教师、同伴或他人的引导和帮助，即学习单不仅要提供一些学生能独立解决的问题，还要提供一些具有挑战性，需要他人引导和帮助才能解决的问题。学习单的主要作用在于在课堂上向学生呈现这些问题，并要求他们努力完成。教师要基于学生现有发展水平，在了解学生原有学习情况的基础上，结合学习目标期望学生达到的程度，分析两种水平之间的差距，根据具体的课程内容以学习单的形式呈现，为学生可能达到的发展水平架设桥梁，将原有内容转化为通过学生的探索、合作、教师的引导等所能完成的内容，激发学生潜能水平的发挥，从而真正促进他们的发展。

第三节 心理课板书的设计原则和方法

为了帮助大家在心理课中设计出满意的板书作品，本节对心理课板书的设计原则、板书设计的方法和板书设计的类型及实例进行介绍。

一、板书的设计原则

心理课中板书的设计原则，也是优秀板书作品的标准表现。好的板书，应具有概括性、针对性、条理性、审美性、灵活性等。

（一）精炼简洁，体现概括性

PPT是Powerpoint的缩写，从其英文原义看，是对关键要点的演示，可见呈现在课件上的内容必须是高度精简的。跟若干页课件相比，一节课的板书一般为一个板面。由此可见，板书设计的首要原则是近乎苛刻的精炼简洁，体现出对整节课内容的高度概括。

具体表现在紧扣教学内容、挑选关键内容、梳理重难点精炼恰当三方面的要求。

（二）严明准确，体现针对性

板书的设计要"书之有据"，板书的内容除了包括课程的标题、知识要点等常见的共同板书内容之外，还可以包括教材上的关键词语或者经过教师高度提炼的内容。值得注意的是，板书设计必须具有一定的针对性，不能将全部教学内容进行板书。教师还要结合教学目的，在不同形式的课程里采用不同的板书类型，有针对性地设计板书。

（三）结构清晰，体现条理性

清晰有条理的板书可以揭示教学内容的内在逻辑关系和本质联系，因此板书要结构清晰，体现条理性，做到"书之有序"。板书的主要作用之一是将分心学生的注意力拉回课堂，课件上的内容往往随教学进程一页页地翻过去，但板书的内容会一直留在黑板上，学生随时可以通过结构清晰的板书知道教师讲到了什么地方，从而跟上课堂节奏。

（四）布局和谐，体现审美性

课堂教学的艺术不仅包括具体生动、富有表达力的语言，扎实、灵活的教学组织能力，还包括直观、形象的优秀板书。不同类型的板书都可以经过精心的设计展现特有的美感。教师应事先了解黑板的尺寸进行布局排版，注意图文的分配、字体的大小及颜色的搭配等，设计布局和谐、富有美感的板书。

（五）关注课堂生成，体现灵活性

在实际的心理课堂教学过程中，学生的回答往往是最难预设的。教师要充分认识到学生在心理课上不是被动的信息接收者，而是积极参与交流互动的课堂主体。在板书设计上，教师要关注课堂师生互动和自然的课堂生成的资源，将学生原始的、朴素的、发散的回应与教学目标有机结合，灵活改变预设的板书结构。从这个角度上讲，所有的心理课设计中的板书设计部分，都不能是全部预设好的内容，而应该留出学生生成板书部分的空间。

二、板书设计的方法

好的板书设计倾注了设计者的心血和思考。作为新手教师，用心学习板书设计的方法和步骤，对今后的教学生涯发展具有重大意义。

（一）认真研读教材，深入了解学情

教师在设计板书时，要始终将教学内容和学情放在首位。教师必须潜心研究教学内

容，了解和把握教学目标和教学重难点，这样才能选择更合适的板书类型来辅助课堂。为了帮助学生将比较抽象的知识转化成具体的知识，建构属于自己的知识，提升课堂教学效率，教师最终呈现给学生的板书应该是教学内容中的关键知识点，同时也是充分考虑学生的身心发展情况之后的设计结果。

（二）了解板书类型，掌握设计技巧

教师设计板书之前需要了解板书类型，并在此基础上掌握设计技巧。对教学主题的分类不同，选择的板书类型也会有所不同。教师要熟悉常用的板书类型，确定是采用提纲式、表格式，还是图画式、结构式，结合教学主题、内容、教学目标和教学重难点等，选择恰当的板书类型，使教学起到画龙点睛的作用。

（三）充实板书内容，使用恰当符号

板书内容可以通过文字、图表、图画等符号来呈现。板书设计的具体体现离不开这些符号。要使每个符号都是概括性强的表征，在教学过程中发挥良好的指示作用，同时清晰地呈现课堂内容之间的逻辑关系。教师要想充实板书内容，让板书既生动形象又"书之有物"，就必须重视板书设计中用到的每个符号。

（四）灵活应用教具，形成多样板书

当前时代各种技术的发展，为教师的课堂教学提供了多样化工具。与板书相关的元素也不再仅仅是一根粉笔加一块黑板，而是可以有多样化的补充工具和材料。比如，有的教师将一些预设内容提前打印在卡纸上再贴到黑板上。再如，一些卡片、夹子等可以根据教学目标需要纳入板书设计。有的教师擅长画简笔画，在结合教学内容的基础上进行课堂展示，既可以增加板书的美感，又能够自然展示教师的才艺。

必须指出，板书的设计是课程设计的一部分，在上完一节课之后也要将对板书设计的课后反思纳入教学反思中。反思内容如将教学内容中重难点和板书设计中涉及的知识进行对比和修整，对实际课堂生成的学生资源与预想学生生成的资源进行对比，不断完善板书设计。

三、板书设计的类型及实例

教师进行板书设计时，往往需要依据课程主题，选择合适的板书类型。至今尚无关于板书设计的类型的统一分类。目前所提出的板书类型大多是由一线教师结合自己的教学实践经验总结而得的。下面将介绍几种应用较为广泛的板书设计类型，并附上相应的板书案例。

（一）提纲式板书

为了用比较简单的方式提醒学生该堂课的主要内容以及课程的重难点，提纲式板书往往需要列出代表教学内容的具有逻辑层次的字、词或者简短的句子，并且每个字、词或者简短的句子都代表每一部分的重点和中心内容。这类板书具有结构清晰、层次分明、总结性强的特点。因其要点突出且相对容易操作，是目前课堂上经常使用的板书类型之一。这种简洁明了的板书，有利于学生理解和记忆。

数字资源11-1
提纲式板书设计课例

（二）表格式板书

教师在表格式板书的设计中，根据课程教学内容把可以归于一类的重要知识点进行汇总，以图表的形式展示出来。在心理课课堂教学中，教师可以先在黑板上画出表格，然后在讲课过程中将重点字、词依次填入表格；也可以采用师生合作的方式，和学生一起将表格填写完整。表格式板书的特点是清晰、直观、整齐划一。这种板书较能体现板书的启发性功能，学生也较容易融入教学活动，同时有利于师生在学习过程中将比较复杂的内容用简洁易懂的框架结构展示出来。

数字资源11-2
表格式板书设计课例

（三）图画式板书

教师利用简单的图画来展示课程教学的重点内容，让板书和教学内容在某种形式上达到神似的效果。这类图画往往是比较简单、容易操作的简笔画，教师在设计过程中的笔法不需要精益求精，只需要做到和某些事物相似即可，如常见的树、爱心或者小动物的简笔画或贴画等。

数字资源11-3
图画式板书设计课例

（四）结构式板书

结构式板书的课程教学内容是以结构的形式反映出来的。该类型的板书要求教师先找到教学内容中的重难点，并进行总结和归纳，再通过一些符号、图表、图画、线条等建构造型以一定的结构呈现出来。

数字资源11-4
结构式板书设计课例

（五）内容比较式板书

在这种类型的板书中，教师先将提炼的教学重点进行归类，再将归类的内容进行比较，目的是突出教学的重点和中心内容。这类板书有利于学生在对比、分析中归纳教学内容要点。

板书设计的类型不局限于以上列出的几种，教师还可以结合自身的教学实际选择和设计其他板书类型。同时，教师要结合上课时板书的运用情况，找到最能提高课堂效率的板书类型。

数字资源11-5
内容比较式板书
设计课例

第四节　心理课学习单的设计原则和步骤

相对板书这一传统教学操作，学习单可以说是教学领域比较新的事物。但实际上，板书和学习单应该是心理课的"标配"。假如心理教师能够熟练设计学习单并在课堂上运用，将会发现学习单是增添课堂魅力的有力工具。

一、心理课学习单的设计原则

在设计学习单时，需要体现以生为本，并严格遵循层次化和开放性的原则。

（一）以生为本原则

学习单的设计要遵循以生为本的核心要求。虽然教师是学习单的设计者，但学生是学习单的使用者，因此教师在整个教学设计中都要牢记学生是课堂学习的主体。在学习单的设计过程中始终从学生的角度去考虑问题，根据学生的认知情况和学习情况，依据学生需求和兴趣制定学习单上的任务，并且在上课时密切关注学生对学习单的完成情况，必要时进行教学内容的灵活调整。倘若学生在完成学习单上的某项任务时受阻，就需要采取调整教学进度等措施，使学习单的反馈及激发学生兴趣的功能得到充分体现。

（二）层次化原则

教师在设计学习单时，需要尽可能关注每个学生的自主发展，所以学习单不应是零碎的题目拼接，而是具有层次性，这样才能起到指导学生自主学习的作用。学习单设计的层次化，一方面体现在学习单上的内容设计具有阶梯性，符合学生的认知发展规律，由浅到深地引导学生思维的发展，让他们逐步深入理解所要学习的知识内容；另一方面体现在能够满足不同层次学生的需要，既要设计容易的能够让每个学生自主解决的问题，也要设计较难且需要小组分工合作解决的问题。总而言之，要让每个学生都能够对问题有所思考、有所感悟，这样才能最大限度地调动学生自主学习的积极性，实现学生的学有所思、学有所得。

（三）开放性原则

学生通过对学习单的问题进行合作探究，获得自我满足感，激发主动学习的内驱力，这一效果的实现需要以学习单的设计具有一定的开放性为前提。不管是学生个人单独完成的学习单，还是以小组形式合作探究的学习单，学习单上的问题或任务都应能激发学生的思维，允许他们在不同经验的基础上做出自己的回答，同时允许从多个角度、多个方面进行发散。学习单的任务内容既可以联系学生的实际生活，也可以让学生动手实践操作，使学生在操作完成学习单任务的过程中，能够更加深刻地理解知识并将其转换为个人体会和经验，促进学生之间的沟通交流，实现互助成长。

二、心理课设计学习单的步骤

心理课中设计学习单包含四个步骤，即确定主题、梳理课程素材和活动资源、结合《纲要》提炼教材重点、设计框架细化内容。教师可以按照这四个步骤的先后顺序开展学习单的设计，也可以根据实际教学情况进行适当调整。值得注意的是，并非按部就班完成这四个步骤就可以形成完整的学习单，教师需要根据发现的问题对学习单进行修改或重新设计。只有经过理论和实践两方面的检验的学习单才是成熟可行的。

（一）确定主题

学习单的重要指向性内容是学习单主题。因为心理健康教育课程属于地方课程，尚无统一教材，所以在确定学习单主题时，不仅要依据《纲要》的要求或根据各地选用的教材确定主题，还要根据教学需要、课时情况、学生情况等进行综合考量。学习单主题如果过大、过广，知识点则显得松散；学习单主题如果过小、过窄，则会失去探究的乐趣和可操作性。为了吸引学生积极参与课堂学习，学习单的主题需要兼具务实性和趣味性，其中，务实性决定了主题的内容和可操作性，而趣味性则决定了学习单的吸引力和学生使用学习单的积极性。

（二）梳理课程素材和活动资源

学习单的基本思路在明确主题之后就会被确定下来，接着就进入了具体的设计环节，这一环节中最重要的内容是梳理课程素材和活动资源。课程素材包括课程需要用到的视频、案例、实验、图片、知识点等，活动资源包括活动主题、活动道具、活动知识点、活动实施方式、教师指导等。教师手头上要有尽可能丰富的素材和资源，在此基础上根据教学目标灵活选用。

（三）结合《纲要》提炼教材重点

因为心理课暂无课程标准，故《纲要》和地方选定的教材是学习单知识点设计的重要依托。目前各地的心理健康教材不一，教师要做到不脱离《纲要》要求，如结合《纲要》中对不同学段学生的心理健康教育重点指示，同时根据各地所用的教材，提炼整合教学重点内容，使学习单上的知识点有更加清晰的脉络。

（四）设计框架细化内容

学习单的顶层设计是框架设计，框架的内容一般包括教学目标、学习单的知识点、核心概念、所涉及的教学环节和内容、实施和评价形式等。情境导入、基于教学目标的题目类型和内容设计、学习反馈的设计、学习单视觉传达设计等内容则是对框架的进一步细化设计。

1. 情境导入

作为学习单的开头部分，情境导入通过讲故事、制造悬念、提出问题、引入生活中的现象等方式，让学生在拿到学习单后能够迅速进入课堂教学所希望学生进入的学习情境中。

2. 基于教学目标的题目类型和内容设计

这是学习单的核心部分，要考虑知识点的深浅程度并安排好先后顺序，对各个知识点进行有机串联，且不显得对主题进行刻意紧扣。从提出问题到指导学生运用正确方法解决问题，这中间各个环节可以串联起所有有层次的题目。

3. 学习反馈的设计

一方面，教师可以通过设计一些评价量规和题目检测学生是否达到学习目标；另一方面，教师可以通过学习单的字体、字号、配色、图片等来完善学习单视觉传达设计。学习单视觉传达设计需要匹配学习单使用者的审美能力和接受能力，这样才能更好地实现学习单主题之目标。

三、学习单的设计实例

下面结合教学实例对基于探究性学习及抛锚式教学模式设计学习单的实际操作进行阐述。

（一）基于探究性学习的关键环节的学习单设计

如果按照探究性学习的关键环节构建学习单的设计框架，该框架应该有情境导入、发现问题、分析问题、解决问题、"我的收获"、评价反馈六部分。

1. 情境导入

为了激发学生的探究兴趣，教师需要根据课程主题，通过游戏体验、实验操作或呈现具体案例等形式创设问题情境。

2. 发现问题

教师要引导学生在思考问题情境之后提出有意义的问题。探究性学习的问题，可以对教材中的主题范围进行拓展，使之介于生活经验和心理探究之间。

3. 分析问题

探究活动以解决问题为活动载体，因此分析问题环节需简要提出操作要求，让学生运用已有知识经验，通过画思维导图、进行实验操作、开展问卷调查等方式解决实际问题，并用不同的方式表征出来。在这个过程中，教师要给予适时指导。探究性学习的关键环节是分析问题，因此，在此过程中要注重引导学生优化表征方式、选择合适的方式分析问题。

4. 解决问题

学生在这一环节要能用学习的新知识解决相应的类似问题，或者能提出现实生活中可以用新知识解决的问题，再或者从中提炼出解决问题的策略。

5. "我的收获"

学习单设计时留出空白或者设计"心育之花"活动，让学生分别回答四片"心育之花"花瓣上的问题。第一片花瓣：本节课给你留下最深印象、最触动你的是什么？第二片花瓣：本节课你有什么疑惑或者想和大家交流的问题？第三片花瓣：你还有什么解决本节课问题的好方法？第四片花瓣：此刻你想表达的感受或想法。还可以设计"我记得……（这节课印象深刻的地方或收获等）"等开放性活动，让学生畅所欲言，分享这节课学到的知识和方法、拥有的感悟和收获。

6. 评价反馈

根据本课的知识点和学生的课堂投入程度及解决问题的能力等设计评价表，让学生通过自评、同伴互评和教师评的方式反馈掌握情况。

以心理课"召唤自控力"为例。该课依据《纲要》中明确指出的初中年级心理健康教育的主要内容，且结合八年级学生自我管理能力对学习效果影响较大的学情，选取"召唤自控力"为课程主

数字资源11-6
"召唤自控力"
心理课的学习单
设计

题，旨在帮助学生了解自控力到底是怎么回事，以及学生可以做些什么来"召唤自控力"。其确定的教学目标包括认知目标（了解自控力及自控力对学习生活的影响）、技能目标（掌握提高自控力的途径）、情感目标（减少对提升自控力的畏难情绪，增强提高自控力的信心）。

（二）基于抛锚式教学模式的学习单设计

基于抛锚式教学模式的学习单针对心理课的教学目标、教学内容及学生的知识水平、学习能力等进行设计。下面结合该模式下的具体结构框架，谈谈学习单设计步骤及案例。

1. 创设情境"嵌锚"

这一环节的主要任务是借助视频制作、实物演示或呈现调查图表等形式，创设能够激发学生兴趣的情境，引导学生进行观察和思考，激发学生对于学习的兴趣，并将问题嵌入该情境之中。

2. 确定问题，有效"抛锚"

在这一环节中，教师设置问题时要紧密围绕本节课的学习目标和学生的弱点，既要注重锚点的质量，又要设计不同难度的问题让学生根据自身能力水平进行选择，帮助不同层次的学生明确学习目标。通过有层次的、难易结合的问题，帮助学生完成探究。

3. 引领学生自主"解锚"

学生根据学习单中的学习目标，在自主学习过程中，根据教师所创设的情境中的问题来自主、独立查阅相关资料解决问题。在这个过程中，教师通过对学习内容进行一定的限制来引领学生自主"解锚"，对学生的探索起到辅助作用。

4. 合作"解锚"

合作学习既能提高学生解决问题的效率，也能加强学生之间的沟通与交流，能够有效培养学生解决问题的能力、沟通能力、合作能力。对于学生不能自主解决的问题，教师需要鼓励其进行合作"解锚"。在进行合作学习时，教师不能停留在课堂表面形成的热闹氛围，而应关注学生的学习状态。

以九年级心理课"马虎精防御指南"为例。该课根据《纲要》中明确指出的初中年级心理健康教育的主要内容，以及普遍存在的学生考试失分的原因是粗心大意的情况，确定了"粗心应对"这一主题，引导学生正视课业学习中的马虎现象，并掌握应对马

数字资源11-7
"马虎精防御
指南"心理课的
学习单设计

虎的策略，以此提高学业成绩，并提升学生的自我效能感和学习动力。其确定的教学目标包括认知目标（认识四类常见的"马虎精"）、技能目标（初步掌握防御"马虎精"的方法）、情感目标（体验防御"马虎精"的积极情绪）。

1. 心理课中的板书和学习单各有什么功能？
2. 心理课中板书的设计原则和方法有哪些？
3. 心理课中学习单的设计有哪些原则和步骤？
4. 如何通过板书设计和学习单设计提高心理课的课堂效率？
5. 结合本章所学，设计一节心理课的板书和学习单。

第十二章 心理健康教育主题班会课的设计

《纲要》中阐明了心理健康教育多维度、多层次的体系特点以及实施途径的多样性。为了更好地实现心理健康教育工作的目标，学校心理健康教育工作需要调动各方面的力量，将心理健康教育渗透到各个方面，通过多种途径开展心理健康教育。当前学校心理健康教育的途径可以分为两大类：一类是专业途径，主要包括开设心理课、开展专业心理辅导；另一类则是非专业途径，主要包括在学科教学、学生管理、校园文体和实践活动等方面渗透心理健康教育。学生在成长过程中所产生的困惑、问题以及心理需要往往会呈现在日常学习和生活当中，而班主任往往是学校教师队伍中日常与学生接触最多的，因此，将日常工作中发现的学生心理问题"搬"到主题班会课中加以解决，是班主任需要加强的工作能力。本章将对如何设计心理健康教育主题班会课进行探讨。

第一节 心理主题班会课与主题班会课

从名称可知心理健康教育主题班会课（以下简称心理主题班会课）是主题班会课的一种，两者之间是从属关系。但心理主题班会课与一般的主题班会课存在较大的区别。班主任在开展心理主题班会课的设计时需要事先对两个概念加以明确，进行正确的课程定位。

一、主题班会课的内涵与外延

了解心理主题班会课，需要从一般的主题班会课概念入手。主题班会课是在班主任的指导下，以班级为单位，由班级定期组织，有计划、有目的、有组织地引导学生围绕某一教育主题进行的一种思想道德教育活动。主题班会课的一般操作流程为：班主任选择一个与学生生活、学习相关的主题，如生态环保、传统文化、社会公德、行为习惯等，引导学生思考这个主题，并通过讨论、演讲、辩论、小组活动等形式，促进学生的思维和表达能力，提高学生的综合素质。

根据一些学者的定义，主题班会课可以分为四大类，这四大类主题班会课覆盖了班级教育的主要内容（见数字资源）。

数字资源12-1
主题班会课的
四大类型

二、主题班会课的主题特点

主题班会课的主题可以根据学生的年龄、学科特点、社会发展等因素进行调整和改变。总体来看，主题班会课的主题具有以下四方面的特点。

（一）与学生的生活和学习密切相关

主题班会课的主题往往与学生的生活和学习密切相关，对他们具有一定的现实意义和生活指导意义，如"高效学习方法""时间管理""记忆技巧""健康的生活方式"等。

（二）具有时代性和社会性

主题班会课的主题往往具有一定的时代性和社会性，能够引导学生关注时事热点、社会问题和社会变革，如"关于'躺平'与'内卷'""网络时代下信息素养的提升""如何看待青少年追星现象"等。

（三）具有开放性和多样性

主题班会课的主题往往具有一定的开放性和多样性，通过引导学生思考和讨论某个主题，鼓励学生自由思考、多元表达和创新思维，培养学生的思维品质和语言表达能力。

（四）具有实用性和时效性

主题班会课是学校德育工作的一部分，也是班主任做好班级管理工作的主要平台。这一"职责所在"使得主题班会课的主题必须回应学校德育工作的需求，如结合学校开展的某一大主题活动组织相应小主题的班会课，且在时间上要跟上学校的节奏。

三、心理主题班会课与心理课的不同

心理主题班会课与心理课有共同之处，即都以班级为单位开展活动，关注班级全体学生的心理健康，重视培养学生的心理素质与心理健康意识。但两者仍然存在本质上的区别，主要体现在以下五点。

（1）在性质上，心理主题班会课是班级组织的一种集体活动，虽然心理教师有时也会参与课程设计，但通常以班级会议的形式进行；而心理课是独立的活动课程，由专门的心理教师进行教学。

（2）在时间上，心理主题班会课的时间安排一般会根据班级的情况和学校的要求灵活调整，而心理课一般按照学校的课表定期进行。

（3）在内容上，心理主题班会课与心理课的内容虽然有所交叉，但性质不同。心理主题班会课的内容更加具有教育性（德育性），而心理课的内容具有系统性、发展性。

（4）在目的上，心理主题班会课主要是借鉴心理课的理念和方法，探索更有效的班会和班级管理方式；而心理课是为了提高学生的心理素质，注重学生的人格健全与发展。

（5）从实施者来看，心理主题班会课通常由班主任主导，师生的地位不对等，可能缺少师生间的深度互动，学生的发言倾向于符合社会主流价值和规范，略显程式化；而在心理课上，学生处于一种开放的状态，可以比较自由地表达内心感受，无须担心被指责或批评。

四、心理主题班会课的德育优势

心理主题班会课作为提升班级管理效能的新形式，通过借鉴团体辅导的理念与技术，引导学生积极主动地建构认知、情感和行为，在心理层面上更持久地夯实班级德育基础。

首先，从活动形式来看，不同于以往辩论、演讲、表演、教师说理等传统的班会形式，心理主题班会课主要以绘本、故事、心理游戏、心理情景剧、心理技术与工具等为资源，进行情境创设、问题讨论、角色扮演、心理任务操作等课堂活动形式的探索，以此激发学生体验和感悟，促进学生认知与情感的深度参与，为学生态度、价值观塑造及行为改变拓展活动场域。这些丰富多样的活动给学生带来的愉快、真实的课堂体验是一般班会课难以做到的。

其次，从课堂互动来看，掌握一定心理辅导技巧的班主任通过非言语技巧、无条件接纳、积极关注、倾听、同理心、支持技术、具体化、自我暴露等，在课堂上不再是没有感情的"工具人"，而是有着亲和力和引领力、学生愿意追随的教育工作者。在以学生为主体的、平等、互助、轻松活泼的心理主题班会课氛围中，师生之间、生生之间会产生真实的互动，使师生关系变得更加融洽，班级凝聚力得到有效提升。

最后，相较于心理教师，班主任讲授同一主题的心理课有其独特优势。这主要是由于班主任是离学生最近的教师群体，能够敏锐地发现学生成长过程中的困惑或问题，在主题选择、教学设计、教学实施的过程中可以更好地切中要害、有的放矢。也因为班主任一直跟进班级学生的后续学习和生活状态，所以他们也能够对学生上完心理主题班会课后的变化或效果有更好的把握，让学生实现可持续的良性心理成长。其实，不管是心理主题班会课，还是学校其他的心理健康教育工作，班主任都是重要的推动和实施力量。

第二节 心理主题班会课的操作方式与选题

作为一种特殊形式的班会课，心理主题班会课有其独特的操作方式和选题视角。

一、心理主题班会课的操作方式

当前各个中小学所开展的心理主题班会课，比较常见的操作方式有以下三种。需要注意的是，不管采用哪种方式，都需要心理教师与班主任密切合作。

（一）整体推进

由心理教师根据学校实际情况和要求，进行心理主题班会课的基础设计，再由各班的班主任根据所带班级情况和授课风格，进行适应该班级的个性化班会设计。整体推进的操作方式在学校中应用得较多。这种方式有利于发挥心理教师与班主任各自的功能，也有利于推进心理健康教育校本课程的构建。

（二）班本合作

与上述整体推进的操作方式不同，班本合作是由心理教师根据班主任提供的班情，设计针对某一班级的心理主题班会课，再由心理教师本人开展心理主题班会课或指导班主任进行设计补充和授课。以班为本的心理主题班会课是为某一班级量身定做的，可以更深入地解决某一班级中存在的问题，也更受学生的欢迎。

（三）录播服务

该操作方式为心理教师根据校情与学生阶段性心理发展需要，录制空中班会课，各班的班主任根据本班情况进行适当的延伸与拓展。在一些特殊时期，如开学阶段、考前阶段，因为要解决的问题具有普遍性且需要提高效率，这一通过学科网络教育资源分享的空中班会课方式被较多采用。

二、心理主题班会课的内容

心理主题班会课通常根据学生常见的心理问题和不同年龄阶段的心理特征来选取内容，以心理学理念为依托，运用团体心理辅导、心理活动、团体游戏等形式开展。其内容主要包括以下五个方面。

（一）价值观树立

引导学生树立正确的人生观和价值观是心理主题班会课的核心目标。例如，可以选择"人生目标""人生价值观""正确的价值观如何影响个人和社会"等主题，通过讲座、小组讨论等方式，让学生了解不同的人生观和价值观，并引导他们思考自己的人生目标和价值观。

（二）情绪管理

情绪管理的具体内容是帮助学生了解情绪的基本知识和情绪管理的方法，如自我观察、情绪调节、情绪表达等。例如，小学中低年级可以选择"打败情绪大魔王"；初中或者高中可以选择"学习情绪智慧，成就更好自己"等主题。通过视频展示、讨论交流、角色扮演等方式，让学生了解情绪的基本知识和管理方法，提高学生的情绪管理能力。

（三）自我认知

自我认知的具体内容是帮助学生了解自我、提高自我认知。例如，可以选择"自我认知""自我探索"等主题，通过心理测试、小组讨论等方式，让学生了解自己的性格特点、价值观、兴趣爱好等方面的信息，从而更好地发掘自己的潜力。

（四）人际交往

人际交往的具体内容是帮助学生了解人际交往的基本原则和技巧，如积极沟通、善于表达、理解他人等。例如，可以选择"人际交往""沟通技巧"等主题，通过角色扮演、小组讨论等方式，让学生了解人际交往的基本原则和技巧。

（五）心理健康知识科普

心理健康知识科普的具体内容是帮助学生认识心理健康的重要性，了解心理疾病的预防与治疗方法以及心理咨询和心理治疗的基本知识，帮助学生认识常见的心理问题，如压力、焦虑、抑郁等，了解解决这些问题的方法和途径。例如，可以选择"心理健康""心理咨询"等主题，通过讲座、小组讨论等方式，让学生了解心理健康的重要性，掌握心理咨询的基本知识等。

三、心理主题班会课的选题

在教育实践中，心理主题班会课的选题往往来源于实际生活，将生活中学生的问题作为载体，借助真实的场景或事件，引导学生认识自己的心理需求，让学生在活动中获得实用的心理健康知识和技能。心理主题班会课的选题主要来自以下几个方面。

（一）根据学生的心理发展特点预设主题

根据学生的心理发展特点预设主题，主要是分析各个学段学生的心理发展特点，选择适合他们心理发展阶段的课程主题，从而更好地满足学生的心理需求。学校工作、班级管理以及学生行为特点都有时间上的阶段性特征，表现为一定的规律性，心理主题班会课的内容要与之对接。班主任可以对学生可能会遇到的问题进行预设，在问题发生之前就给予学生及时的心理帮助，帮助学生从容应对。

以高中学段为例，高一是学生步入新学校的时期，首先可能面临的问题就是如何适应新的学校、新的学习模式和学习节奏，班主任可以以"适应"为主题，定期开展心理主题班会课，以消除学生对陌生环境的恐惧感，在熟悉同学的基础上形成对新班级的归属感，帮助学生了解高中学习的特点、学会基本的时间管理方法等，帮助学生顺利度过适应期。接下来，学生还将面临选科、分班等重大事件，针对学生的选科问题，可以在心理主题班会课上使用心理学专业测评工具帮助学生分析个人性格特点、职业倾向等，帮助学生做出适合自己的选择。步入高二后，学生面临的大多为人际交往及自我认识方面的问题。进入高三，应试问题成为集中爆发的心理问题。在这一时期，班主任可以帮助学生摆脱倦怠情绪，寻找学习乐趣，树立积极应考的心态。

（二）根据某些事件临时选择主题

由于学生的个体差异较大，问题表现形式多样，因此根据学生的心理发展特点预设主题是远远不够的。在教育过程中经常会发生一些突发事件，这些突发事件会对学生的心理产生极大冲击。在遇到这些突发事件时，如果能够及时地、有针对性地开设相应的心理主题班会课来解决问题，将极大地减少班主任后续工作的压力。在进行选题时，班主任须及时发现并把握有利的因素，选择合适的时机，使心理主题班会课的内容更切合学生的实际情况，满足学生的迫切需求，解决学生的共性问题。

例如，在进行模拟考试之后，很多学生会情绪不稳定，容易失落、焦虑、烦躁、失眠等，从而导致学习节奏混乱，学习效率低下。所以，在模拟考试之后，班主任可以及时开展以压力管理为主题的心理主题班会课，帮助学生缓解紧张情绪、消除烦扰、调整好心态。在选择心理主题班会课的主题时，班主任也要密切关注班级的动态，从本班学生不同阶段出现的各种问题入手，及时确定教育主题，以形成积极健康的班级舆论导向。

（三）根据社会活动选择主题

传统节日、重大纪念日、重大社会活动等都有重要的教育意义。此外，一年中不同的月份、不同的季节都有特殊的节日或纪念日等。班主任在确定心理主题班会课的主题时可以抓住这些契机，开展各种各样的以节日为主题的心理主题班会活动。如母亲节、父亲节来临之际，可以将心理主题班会课的主题定为感恩，对学生进行感恩教育，让学生体验亲情、拉近亲子关系等。每年的6月5日为"世界环境日"，班主任可开展以保护环境为主题的心理主题班会课，让学生了解现实生活中的环境状况，增强学生的环境保护意识等。还有学校已形成一些传统项目，如爱国主义教育与五四青年节结合、文明行为与零食整治活动结合等。根据社会活动选择主题，从具体可感的现象入手，贴近学生的生活，跳出了空洞说教的窠臼。

第三节　心理主题班会课的设计与实施要点

如上所述，心理主题班会课有其独特而强大的优势，但这些优势的凸显并非轻易可以实现。班主任在设计与实施心理主题班会课时需要注意以下几点。

一、有针对性地开展心理主题班会课，实现主题聚焦

一节心理主题班会课通常只有40~45分钟的时间，不可能解决太多的问题，因此班主任在设定心理主题班会课的教学目标时必须聚焦主题，要牢记教学目标并不在于多，而在于集中、清晰、可操作、可实现，能够精准地解决学生共性的心理困惑或满足学生共性的成长需要。

当设定的教学目标细化为学生能够理解的教学知识点时，就更加容易实现主题聚焦。具体做法如下。

（1）针对学生当前学习和生活中面临的心理问题进行调查，将调查得出的问题提炼为相关心理学概念，用心理学理论来解读学生面临的困惑。

（2）将抽象程度较高的心理学概念转化为以学生当前的认知发展水平能够领悟的教学语言，最后以通俗易懂的方式拉近师生的距离，从而确定主题和内容，并在选取心理健康教育资源时根据学生的年龄、性别、身心发展状况等进行调整。

（3）在班级管理的实践中可以采取发放问卷的方式进行调查，还可以通过个别谈话和小组讨论等方式进行调查。

例如，班主任在准备开学第一节心理主题班会课时，可以采取以下步骤：首先，临近开学时对学生的暑期居家生活习惯进行调查，通过制作家长调查问卷，重点关注学生暑期居家的生活习惯、电子设备使用情况、假期学习主动性、开学前的情绪等情况，同时收集在假期生活中亲子关系存在的问题。根据调查结果，开学第一节心理主题班会课的教学目标可以细化为讨论与化解学生的开学烦恼。

二、突出心理主题班会课的体验性

班主任在实现了主题聚焦后，还需要注意过程聚焦，即围绕教学目标，运用相关的教学载体递进式地解决学生的问题，这就涉及心理主题班会课的体验性。

体验性是心理主题班会课区别于其他班会课的突出特点，也是进行课程设计的关键。突出心理主题班会课的体验性需要班主任对班级情况进行准确把握，并选用恰当的教学载体。其参考做法如下。

（1）将主题聚焦于某个象征物，并引导学生对象征物进行构建，以此展现学生的内心世界。象征物的使用是一种外化手段，既能投射学生的内心想法，又能保护内心敏感脆弱的学生。

（2）依托相应主题，以情境创设为载体，通过多样的课堂活动让学生有身临其境之感。情境创设的一个突出优点就是能够在引发学生情感共鸣的基础上，增强学生参与教学活动的动机与兴趣。教师可以通过创设与学生习得知识技能及学习材料相适应的情境，或直观地呈现学习材料，增强学生的体验感。

（3）适应不同学段学生的认知特点。以小学生为例，小学生观察事物相对缺乏系统性和目的性，观察时受兴趣和情绪影响较大，注意力难以长时间集中，有时会偏离注意目标。面向这一阶段的学生设计心理主题班会课时，班主任需要基于小学生的认知发展特点尽可能地丰富学生体验，如通过选取动画片或者绘本故事素材，让课堂更加有趣，从而激发学生的学习兴趣。例如，在小学高年级人际交往心理辅导课"'实话岛'的冒险之旅"中，作者创设了"实话岛"冒险情境，并通过与岛上小精灵的互动游戏，激发学生的学习兴趣。而对于初中生来说，动画角色稍显幼稚，班主任可以选一些逻辑性较强的情境或者学生不熟悉的故事情节。例如，在初中二年级以培养学生希望感为主题的心理课"开启'希望'新专线"中，教师创设了"希望"新专线建成并邀请学生参与建设和管理的情境，帮助学生增强对未来的憧憬，提升学生的希望感水平。同样是创设了贯穿全课的教学情境，"'希望'新专线"更加契合中学生的心理特点，通过引导学生对"'希望'新专线"这一象征物进行构建，激发学生进一步探索的兴趣，引起学生共鸣。

总之，班主任在设计心理主题班会课时，应确立学生在课程中的主体地位，多营造、多创设能让学生亲身体验的实践活动来提升学生的参与感，促使学生去探究、琢磨、体会、感受、感悟，从而促进学生心理的反思和构建，让学生充分地认同、体验和领悟课程，以促进学生心理的发展。为此，班主任既要有独特的设计视角，又要懂得学生的喜好，这样才能让学生在心理主题班会课的实践中有所体悟、收获新知。

三、突出心理主题班会课的情感性

情感性是心理主题班会课教学过程中需要重点关注的部分。班主任尤其要意识到学生是有感受、有情感体验的鲜活个体，注意发挥情感教育的作用。突出心理主题班会课的情感性需要注意以下两点。

1. 带动学生的真诚分享

学生的真诚分享能够带来真正的班级成长动力。为此，班主任首先要让学生有充分的体验，因为没有体验就没有分享的素材与动力。同时，教师不仅要关注个别学生的分享，还要适时采用小组互动分享的方式。此外，要注意使用引导和设问的方式。通常，教学中的设问会涉及"是什么""为什么""怎么样"等。在心理主题班会课上，"是什么"最重要，能让学生逐步展现内心世界。具体而言，"是什么"包括"所经历的事件或体验是什么""内心困惑、想法是什么""面对情境或体验的感受是什么"等。

2. 营造积极真诚的课堂氛围

班主任要不吝表达对学生的关注、理解、认同或鼓励，甚至可以适当分享自己的经历，以唤起学生更多的表达欲望。班主任要借鉴学习心理课上的安全氛围，将积极心理学的理念贯彻于心理主题班会课，同时以真诚打动学生、引领学生，如基于平等对话的视角与学生分享见闻、观点与感悟，在学生分享的事件、想法和感受中逐步感知他们的情感。

再以"开启'希望'新专线"一课为例。在"点亮希望列车"环节，教师引导学生结合自身实际情况，通过构想成功状态绘出"希望"图景并记录积极语句。完成绘画之后，教师邀请学生上台分享自己在课前写下的"困境"，并进行角色扮演，模拟积极的自我对话。本环节通过构想、描绘、扮演等手段，丰富了学生的体验，激发了学生自愿分享的动机，最终充分调动了学生的参与积极性。

四、体现心理课的全课流程

心理主题班会课的教学流程可以概括为暖场、发展、转化、反思四个阶段。暖场阶段是班主任以轻松有趣的方式导入心理主题班会课聚焦的心理健康主题，发展阶段是班主任以某种载体引导学生体验与分享，转化阶段是班主任以重新构建的视角引导学生深入体验与感悟，反思阶段是班主任引导学生自我反思。暖场阶段需要体现聚焦性和体验性，发展阶段和转化阶段是整节课的重心，需要同时体现体验性和情感性，反思阶段需要体现反思性。

为了不断完善心理主题班会课的设计、提升教育教学效果，班主任在心理主题班会课结束后，可以跟踪学生的问题解决情况，通过反馈和评估来了解心理主题班会课的实际效果，并根据需要进一步辅导。比如，可以在心理主题班会课结束后，让学生填写调查问卷，了解他们对于心理主题班会课的评价和反应；也可以在一段时间之后，再次进行调查，了解学生的问题是否得到了解决，以及心理主题班会课对他们的帮助程度。通过跟踪和评估，班主任可以了解心理主题班会课的实际效果，发现问题并及时进行调整和改进，以便更好地帮助学生解决实际问题。

综上所述，上好一节心理主题班会课并非易事。如果一位班主任有志在班级管理中借助心理健康教育的力量，建议平时抽空多了解体验式教学、非指导性教学等理论知识，还要主动参加相关培训，提升相关专业能力，尽量做到以下几点：一是掌握团体辅导原理和技术；二是熟练运用各种实施形式，如故事、心理游戏、心理情景剧、团体辅导、问题讨论、角色扮演、讲授等;三是熟练掌握心理主题班会活动流程,如暖场、情境设置与激发体验、问题探讨与分享互动、巩固与整合、总结与延伸等环节;四是掌握心理辅导技术,包括无条件接纳、积极关注、倾听、同理心、支持技术、具体化、自我暴露等;五是掌握心理主题班会课评价方法与技术等。

数字资源12-2
心理主题班会课
课例

1.心理主题班会课有什么特点?
2.心理主题班会课有哪些操作方式和常见内容?
3.心理主题班会课有哪些选题方法?
4.心理主题班会课存在哪些德育优势?
5.结合本章所学,设计一节心理主题班会课。

第十三章 学科教学渗透心理课的设计

"全员参与、全面开展"是心理健康教育的目标和要求，其强调心理健康教育不仅仅是心理教师的职责，而且是所有教师的职责，同时心理课不仅包括心理健康教育的专门课程，还包括其他各种途径。学科教学是学校教育的最主要形式，通过学科教学渗透心理健康教育是心理健康教育工作的重要途径，也为心理健康教育提供了更为广阔的实践领域。

心理健康教育的学科教学渗透，主要是指学科教师在常规的学科教学过程中，自觉地、有意识地运用心理健康教育的基本原理、方法以及心理辅导技术，帮助学生提高课堂学习活动的认知、情感与行为技能，在传授给学生一定的学科知识的同时，发展学生的智力和创造力，维持和增进学生的心理健康，完善学生的各种心理品质，如情感、意志、个性品质等。其中，学科教学渗透心理课是指学科教师在学科教学课堂上，以学科知识传授和技能培养为主的同时，依据心理课的相关要求，兼顾提升学生的心理健康水平。学科教学渗透心理课是对专门心理课的必要补充。本章将对学科教学渗透心理课的必要性与可行性、设计策略和设计的注意事项进行探讨。

第一节 学科教学渗透心理课的必要性与可行性

一、学科教学渗透心理课的必要性

学科教学渗透心理课作为学校心理健康教育非专门途径的重要一环，具有如下必要性。

（一）国家文件精神的要求

《纲要》指出"学校应将心理健康教育始终贯穿于教育教学全过程"，要求全体教师遵循心理健康教育的规律，将适合学生心理特点的心理健康内容有机渗透到日常教育教学活动中。教育部《关于加强中小学心理健康教育的若干意见》中明确指出，"在学科教学、各项教育活动、班主任工作中，都应注重对学生心理健康的教育，这是心理健康教育的主要途径"。学科课程标准也提出了心理健康教育的要求，例如《义务教育语文课程标准》（2022年版）指出，"从学生语文生活实际出发，创设丰富多样的学习情境，设计富有挑战性的学习任务，激发学生的好奇心、想象力、求知欲，促进学生自主、合作、探究学习"。

此外，新一轮基础教育课程改革也提出以学生为主体的学生观，强调每一个学生都是独特、自主的存在，是发展中的人，具有巨大的发展潜能。新课改倡导全面、和谐发展的教育，关注学生发展，改变传统课程过于注重知识传授的倾向，强调学生积极主动的学习态度，强调学会学习和形成正确价值观与基础知识及基础技能的掌握同步进行。

（二）学生人格完整发展的要求

罗杰斯认为，教育的目标在于培养完整（即机能健全）的人。他主张学习是一种情感与认知相结合的整个精神世界的活动，情感和认知是学习者精神世界中不可分割的部分。罗杰斯提出了"意义学习"的概念，指出以往被称为"学习"的行为往往是无意义的，即以往的学习行为与内容不具有个人意义，不涉及情感，这种认知上的学习导致身与心、情感与理智的分离，否定了人的整体性，也破坏了人的实现趋向。意义学习具有个人意义，是完整的人的学习。意义学习是渗透性的，学习者所学得的是融入个体情感的、体悟的、真切的、全新的意义材料，学习的结果将成为人格结构的一部分，会使学习者的行为、态度乃至个性发生变化。

为促进意义学习和学生的完整发展，教师应意识到情感教育和知识辅导同等重要，学生对学习的投入不仅涉及认知层面，还涉及学生的情感和个性的渗透，所以教师应尽力为学生营造良好的学习氛围，使学生达到"自我实现"，同时形成一种有利于学习的，充满真诚、关心和理解的课堂教学氛围。上述理论为学科教学渗透心理课提供了理论基础和要求。

（三）壮大心理健康教育师资队伍的要求

师资队伍的资质直接决定了人才培养的成效。当前，我国学校心理健康教育工作存在的问题及今后的发展趋势与专业师资力量息息相关。师资方面的问题具体表现如下：心理健康教育专业师资的配比远远达不到相关文件的要求；不同地区的心理健康教育师资力量不均衡，发达地区与欠发达地区之间存在相关师资数量及专业程度的巨大差距；专业心理教师需要兼任学校行政或其他学科的教学工作，尤其是在小学学段；由于专业师资力量缺乏，学校即便开展了心理健康教育工作，但在课程开设、心理辅导的开展等方面科学性和实效性较弱。

解决上述问题的一大关键是壮大心理健康教育师资队伍。通过学科教学渗透开展的心理健康教育是一种全员参与的教育模式，不仅有利于在学校营造促进学生心理健康的教育氛围，也能有效缓解心理健康教育师资力量不足的问题。教育部在《关于加强中小学心理健康教育的若干意见》中指出，心理健康教育全面渗透在学校教育的全过程中。各学科教师都应该意识到自身对学校心理健康教育工作的责任，认识到课堂教学不仅是科学知识传授的过程，也是学生心理发展的过程，课堂是进行学生心理健康教育的主渠道，全体教师是进行学生心理健康教育的主力军。各学科教师应有意识地结合学科教学特点，充分挖掘教材中的心理健康因素，通过有效的教学手段使智育和心育有机结合起来，真正做到五育并举，对学生渗透必要的心理健康教育，拓宽心理健康教育的渠道。

此外，将心理健康教育渗透进学科教学，还可以帮助学科教师突破多年教学工作中的瓶颈，拓宽学科教学改革的思路。可见，不管是对于心理健康教育工作，还是对于学科教学本身，学科教学渗透心理课都具有重要的意义。

二、学科教学渗透心理课的可行性

上述国家文件的要求、学生发展的需求以及师资队伍壮大的需求，都迫切需要开展学科教学渗透心理课进行回应。那么，学科教学渗透心理课的可行性如何呢？下面从学科教学目标与心理健康教育目标存在契合性、学科教学内容蕴含着丰富的心理健康教育资源、学科教师的心理健康教育水平逐步提升等角度阐述学科教学渗透心理课的可行性。

（一）学科教学目标与心理健康教育目标存在契合性

苏联教育家赞可夫组织的"教学与发展"实验研究表明，各科课程教学能促进学生的一般发展（实质就是心理发展）。他指出，在传统教学法条件下，学生的心理发展远未达到极限，还存在很大的发展空间。他把教学的安排比作"因"，把学生心理的发展比作"果"，强调在各科教学中始终注重发展学生的逻辑思维，培养学生思维的灵活性和创造性。同时，依据布鲁姆的教育目标分类理论，可以将学科教育目标分为三大领域，即认知领域、情感领域和动作技能领域。其中，情感领域是个广义的概念，其不仅包括情绪、情感，还包括兴趣、态度、习惯、合作学习、价值观等，这些主题基本属于心理健康教育范畴。显然，学科教学目标与心理健康教育目标存在一定的交叉关系。也就是说，学科教学与心理健康教育存在契合点，学科教学目标体系均包含相应的心理健康教育。课堂是鲜活灵动的"心理场"，学科教学中的师生互动过程必须能够引发学生心理的变化。学科教学目标的制定必须看到这一客观现象，进而在制定学科教学目标时兼顾心理健康教育目标。

（二）学科教学内容蕴含着丰富的心理健康教育资源

学科课程作为学校教学工作的重要内容，蕴含着丰富的显性或隐性的心理健康教育资源。

首先，从显性资源来看，各门学科内容均蕴含着心理健康教育资源。比如：语文、历史、地理、道德与法治等社会科学类课程不仅涉及丰富的观察、想象、直觉、形象思维、逻辑推理等心理能力，还包含丰富的社会认知和鲜明的人文精神；学习数学、物理、化学、生物等自然科学类课程，除了需要观察、记忆、注意、想象、思维等认知活动的参与，还需要各种心理品质的支持；音乐、美术、体育、劳动教育等艺术类课程本身就可以作为心理健康教育的载体，可以形成以美润心、以体强心、以劳健心的相关渗透课程。

其次，从隐性资源来看，各门学科均存在师生之间、学生与学生之间多向互动的活动。在这一特定环境中，师生关系、教师的课堂教学观与学生观、学生之间的竞争与合作、课堂心理氛围、课堂管理模式、课堂秩序、课堂上教师的表扬与批评、教师对学生课堂行为问题的处理、教师对学生学习结果的反馈与评价方式等，都将对学生的心理发展和心理健康产生重要的影响。教师只有注意到这一点，才能避开对学生身心的不利影响，促进学生身心健全发展。教师尤其要意识到自身存在的榜样作用，认识到自信、乐观、情绪稳定的教师更可能给学生的心理带来积极正面的影响。

（三）学科教师的心理健康教育水平逐步提升

面对日益增多的学生心理与行为问题，心理健康教育的重要意义已经深入人心。在国家相关文件的指引下，各地教育部门制定了一系列推进中小学心理健康教育的指南和计划，并督促各学校落实。在组织中小学教师进行的继续教育培训中，各地重视心理健康教育相关课程的安排。如广东省教育厅印发的《广东省中小学心理健康教育行动计划》，提出发挥全体教职员工特别是班主任、生活老师、宿管员在学生心理健康教育和危机防范工作中的积极作用。同时，心理健康教育师资的ABC证培训体系有力地推动了学科教师对心理健康教育的认识及能力提升。除了外部环境的学习要求，不少学科教师自身也认识到开展心理健康教育的重大意义，他们通过自学或组队学习的方式，积极主动地增强自身心理健康教育相关的知识和技能储备。有些学科教师甚至已经成为所在学校心理健康教育的骨干力量。加上师范专业学生在读大学期间上过心理学、教育学相关的必修与选修课，这些已有的知识储备与教育现场中的实践经验相结合，有效提升了学科教师的相关技能。

综上，不管是从学科教学目标和教学内容本身来看，还是从学科教师的能力素质来看，学科教学中渗透心理健康教育都已具有较强的可行性。

第二节 学科教学渗透心理课的设计策略

如前文所述，很多学科教师已经认识到了心理健康教育的重要性，也具备了一定的心理健康教育知识和技能，但还不清楚如何根据学科教学的具体内容寻找心理健康教育的合理渗透点，实现心理健康教育与学科教学的有机融合。以往有研究者对此进行了探究，有人提出从教学活动构成要素及施教的视角出发，从教学主体、教学过程的环节、教学的外部环境三个维度着手渗透；有人提出学科教学渗透心理课的主要策略包括外部策略和内部策略，其中，外部策略指学科教师树立现代教育教学观念，形成能促进学生心理健康的课堂管理方法、营造良好的课堂心理氛围等，内部策略则包括教学内容的有机渗透、教学目标的适度渗透和教学方法的灵活渗透三个方面。

笔者参考相关学者提出的学科教学渗透心理课含义，以下从内容性渗透、形式性渗透和实质性渗透三个方面入手，就学科教学渗透心理课的设计展开阐述。

一、学科教学渗透心理课的内容性渗透策略

学科教学渗透心理课的内容性渗透,指教师根据学科教学的具体内容、学科课程的教学理念、教学目标和这些内容所蕴含的可利用资源,寻找心理健康教育的合理渗透点。

(一)明确可渗透的心理健康教育内容

《纲要》明确指出,心理健康教育的主要内容包括:普及心理健康知识,树立心理健康意识,了解心理调节方法,认识心理异常现象,掌握心理保健常识和技能。其重点是认识自我、学会学习、人际交往、情绪调适、升学择业以及生活和社会适应等方面的内容。《纲要》还从不同年龄阶段学生的身心发展特点出发,设置分阶段、循序渐进的具体教育内容。

数字资源13-1
各学段心理健康教育的具体内容

学科教师在设计学科教学渗透心理课时,除了可以参考各学段心理健康教育的具体内容,还可以结合积极心理学的内容,在学科课程中介入学生积极人格层面的价值引领。积极心理学提出的行为价值分类体系包括6种美德和24种建设性的性格品质。

数字资源13-2
美德和性格品质的行为价值分类体系表

(二)找准学科教材内容与心理健康教育的结合点

学科教师首先应明确教学对象是哪个学段的学生,再以新课标为基准,结合学科教材的内容,深入分析学科教材与心理健康教育的结合点。以人教版生物八年级下册教材为例,可以将教材中的知识与心理健康教育进行结合(见数字资源)。

不同教师有不同的个人经历、特殊的情感体验、程度不同的感受力等,这些因素可能导致教师对同一教材中的相同内容的分析有所不同。教师可以结合个人特色和特长,从采用的学科教材中提炼心理健康教育的相关素材,并在合适的时机对学生进行学科教学的心理健康教育渗透。

数字资源13-3
人教版生物八年级下册教材知识与心理健康教育结合点举例

(三)在学科教学中设计渗透心理健康教育的环节

在教学环节中体现和渗透心理健康教育,可以使心理健康教育在"润物细无声"的自然氛围中进行。同样的教学内容,可以有多种教学方法,也就存在形式多样的心理健康教育渗透策略。以人教版生物八年级下册第八单元第三章第一节"评价自己的健康状况"一课为例。教师可以引导学生理解健康的定义,尝

数字资源13-4
课例"评价自己的健康状况"

试综合评价自己的健康状况，同时在教学过程中渗透初中年级的心理健康教育内容，可以就如何对自己的情绪进行有效管理、学会调控情绪的技能等进行引申，使学生认识到心理健康对个体健康的重要意义。

在上述教学案例中，生物教师以大学生用浓硫酸泼熊事件引发学生的思考，让学生深入思考健康的真正含义：什么是健康？健康只是身体没有疾病这一个方面吗？故事中的大学生身体健康却做出那样的举动，他是否达到了健康的标准？通过让学生思考这些问题，使学生接受心理健康教育，纠正学生的冲动倾向，引导学生认识到调节情绪的重要性，主动学习管理情绪的技能。

此外，教师还可以根据学科课程的设计理念和设计目标，挖掘学科课程内容中隐含的积极心理健康教育因素，如培养好奇心、创造力、领导力、合作力等，让学生在学习基础知识和基础技能的同时，培养自身的积极心理品质。以小学三年级科学课中的"认识植物的成长过程"为例，结合小学三年级《心理健康教育自助读本》第一分册的第1课"兴趣是求知的动力"，进行跨学科教学渗透。之所以选取好奇心作为激发学生兴趣的切入点，是因为好奇心属于比较抽象的概念，将好奇心置于小学生认识自然植物的情境中，具有较强的可操作性。

学科教学渗透心理课案例"兴趣是求知的动力"

（江燕妮，2019）

第一环节，创设情境，激活体验，引发好奇心。教师展示学生在教室上课和在野外春游时的照片，指出"在教室里很无聊，但是在野外活动时很开心、很兴奋，因为你们总是对大自然充满了好奇心，总想知道为什么"。接着，播放儿歌视频《探索世界》，让学生带着好奇心进入课堂的学习。在学生们充满好奇的目光下，教师为每人发放一个"魔力盒"（"魔力盒"里放着不知名的植物种子），要求学生以回答问题、获取能量的方式来启动"魔力盒"。这种设置让好奇心成为课堂的主旋律，激励学生不断探索。

第二环节，提出问题，激发热情，切身感受。教师向每个学生提供一个黑色袋子，里面放了一些植物的组成部分，并启发学生用手去摸、用鼻子去闻，通过触觉和嗅觉来感知袋子里的东西。在此过程中，教师通过提问进行激励，不断鼓励学生提出问题、勇敢地表达自己的观点，激发学生的学习热情和探索兴趣。学生也因此切身感受到探索的乐趣，并掌握一些基本的探索方法。

在上述教学过程中，教师将教学目标设定为"认识植物成长的过程，感受好奇心是探索知识的钥匙；体验在好奇中提出问题和解决问题的快乐和成就感"。与其他学科课程不同，小学科学课程内容以学生能够感知的一些比较直观、学生有兴趣参与学习的内容为载体，结合积极心理学的内容进行渗透，衔接顺畅自然。

二、学科教学渗透心理课的形式性渗透策略

《纲要》指出了拓宽心理健康教育的途径,其提倡课内与课外、教育与指导、咨询与服务的紧密配合。在进行学科教学渗透心理课时,教师要不断丰富心理健康教育的渗透形式,明确学生是教学活动的主体,在教学活动中给学生更多的参与机会,并结合学科特点,创设不同形式的教学活动,让学生在活动过程中动手、动脑,进行充分的心理体验,从而全面提高学生分析问题和解决问题的能力、表达能力、创造能力等,培养学生的竞争意识、合作意识以及科学精神和创新精神,使学生在活动中既增强了能力,又形成了良好的心理品质。

> **学科教学渗透心理课案例"观察鸡卵的结构"**
>
> (武子侥,2020)
>
> 生物是一门重要的实践课程,教师在教学过程中应当通过带领学生动手实验、实地考察,让学生近距离地接触抽象的知识,使课本上的知识具体化、形象化,这有助于学生加深对基本概念的理解,提高动手实验的技能水平。实践过程中有大量的小组协作活动,这就要求学生积极与小组成员进行有效交流。以"观察鸡卵的结构"一课为例,教师可以根据班级情况进行分组,设计不同的实践活动任务,让学生带着问题有目的地观察鸡卵的外部和内部结构。在活动过程中,教师可以将实践的主动权完全交给学生,让学生自己掌握节奏,教师从旁协助并观察每个学生的完成情况。进行小组讨论时,教师应该鼓励学生大胆发表自己的观点,鼓励组内成员相互沟通、相互协助,共同完善实践成果。在课堂交流环节,教师可以留意学生主动回答问题的情况,鼓励学生踊跃分享小组成果,对于不自信的学生予以肯定和支持。通过实践活动,使学生近距离接触知识,同时了解相互协作与交流的重要性,这对于提高学生的沟通水平和团队的协作能力有积极的意义。

以小学三年级科学课的"认识植物的成长过程"为例。教师通过"好奇魔力盒"一课创设体验教学、小组活动和布置课后作业的形式,充分挖掘小学生的求知力、执着、创造力、合作力和领导力等积极心理品质,让学生在认识植物生长过程的同时,掌握植物在种子、幼苗、植株、开花、结果等不同环节中所需要的各种条件、因素,并能在实践中付诸行动,耐心探索。

> **学科教学渗透心理课案例"认识植物的成长过程"**
>
> 教学流程中的第三环节:合作交流,升华体验,建立信心。

> 教师组织学生每四人为一个小组，展示和介绍自己拿到的植物部分。学生将袋子里面的植物部分拿出，在小组内拼接，之后展示分享。在分享中，允许其他学生针对各组展示的图片进行提问，允许学生和同桌交换问题，并尝试解答对方的问题。在此过程中，教师不断帮助学生分析植物的成长过程。活动结束后，学生介绍自己解决问题的过程并在全班分享。

小学科学课程在内容上包括物质科学、生命科学、地球与宇宙科学、技术与工程四大部分。教师在设计课程时，可以尝试用不同的形式来组织教学，例如多媒体、歌曲、肢体表演等。在设计课程时，教师可以尝试让学生用肢体动作模拟植物生长过程。在开展教学活动时，可以尝试用多样的活动形式激发学生的参与热情，如观察学习、合作学习、绘画描摹等。

对于中学生而言，可以以中学综合实践活动课程为载体，以项目式学习活动形式开展生涯规划教育。以"生涯齐探索，一起向未来"为例，初中阶段是学生的生涯探索期，而且处于探索的前期阶段，在项目中需要：通过调查了解生涯发展现状和选择职业的差异，进而促进个体发展有关自我和职业世界的知识和基本技能；探索生涯方面的知识和其他有关生涯选择的重要因素；掌握一定的生涯决策和规划技能。

项目式学习可以引导学生关注课堂内外，关注社会生活热点，积极将社会生活的点点滴滴融入课堂，带着对于课堂任务的思考，在生活中寻求解决问题的方法；还可以激发学生的好奇心，从而改善心理课学生只是配合课堂的状况，为学生创造更多展示分享和交流的机会。此外，项目式学习过程中的小组沟通协作也为学生创造了交流表达的机会，使得学生参与课堂的机会增多，更好地融入课堂，在一定程度上提高了学生参与课堂的自信心。在综合实践活动课程中渗透心理健康教育的最大优势是创造更多的机会让学生在不同的情境中感受、沟通、思考、行动，同时和学校心理课的实际教学衔接，帮助学生了解职业规划的基本内容，提高学生的综合素养。

数字资源13-5
学科教学渗透
心理课案例
"生涯齐探索，
一起向未来"

三、学科教学渗透心理课的实质性渗透策略

实质性渗透即教师提高学科教学的艺术性，减轻学生的学习负担，营造轻松、愉快的课堂氛围，使每一节课都成为学生体验积极情感的课堂。

比如，随着学生自尊的发展，他们越来越希望得到他人的认可和尊重，因此在评价时，教师应让每位学生看到自己的优势和进步，帮助他们建立自信，提高学习科学知识的兴趣，实现评价目标、主体和方法的多元化。以小学三年级科学课的"认识植物的成长过程"为例，教师关注学生在交际能力、创造能力、合作能力等方面的提升，使学生拥有学习科学的积极态度。

学科教学渗透心理课"认识植物的成长过程"

（江燕妮，2019）

教学环节中的第四环节：多样评价，践行体验，得到鼓舞。

本节课的评价方式是多样的。其一，教师不断激励学生，给予学生正面评价，激发学生获取能量作为启动"魔力盒"的信心，学生通过能量的获得产生满足感，在提出问题和回答问题中得到鼓舞。其二，布置课后作业，让学生打开"魔力盒"，将"魔力盒"中的种子（不知名）带回家种植，让学生在好奇心的驱使下，在实践中体验种子萌芽—长出叶子—开花—结果的过程。教师表示："种子一旦发芽，长叶子、开花、结果，就给教师打电话，教师有奖励。"这有利于激发学生学习的热情，并将这种学习热情延续到课后的动手操作实践中。

在教学评价时，教师营造轻松、愉悦的教学氛围，让学生在教师的正面评价中不断获得满足和快乐的体验。在小组活动时，教师充分调动学生的触觉、嗅觉和听觉等感官体验，真正将学生作为课堂主体，让科学课成为学生体验积极情感的课堂。

再以高中历史课"辛亥革命"一课（倪君，2018）为例，教师利用对伟大革命先行者孙中山一生的追求与革命历程的回顾，引导学生思考，最后达到渗透心理健康教育内容的目的。

教学任务的完成，并不意味着课堂的结束。一堂对学生有用的历史课，绝不仅仅是知识的传授。只有引发学生的一些思考，才是一堂有效的有意义的历史课。就上述案例而言，如果没有最后师生关于孙中山先生革命生涯对话引发的讨论，其实就没有让历史素材发挥其作为学科知识之外的附加值。本课中，通过对孙中山先生一生革命经历的回顾，学生学会了坚忍不拔，学会了顽强奋斗，学会了在未来的道路上对抗挫折，这才是最重要的。

数字资源13-6
学科教学渗透
心理课案例

第三节 学科教学渗透心理课设计的注意事项

如前所述，学科教学渗透心理课具有必要性与可行性，在设计学科教学渗透心理课时，可以采用内容性、形式性及实质性渗透策略。本节将在上述内容的基础上，介绍学科教学渗透心理课设计的注意事项。

一、准确定位，注重学科教学渗透心理课的科学性

在进行学科教学渗透心理课设计时，教师始终要明确这类课程的重点是学科课程，而不是心理课，从而避免在设计时出现喧宾夺主的现象。在进行具体教学目标和教学流

程的设计时，教师应坚持以完成学科教学任务为重心，否则会导致课程范畴不伦不类，不仅影响学科教学的效果，也不能发挥其作为学校专门心理课的有效补充这一作用。学科教学渗透心理课要遵循"同时教学"原则，即在学科教学中，既要完成学科规定的主要目标任务，也要完成心理健康教育这一次要目标任务，后者服从于前者，不能主次不分，更不能本末倒置。

在科学性方面，学科教学渗透心理课要注意符合学科教学的规律，防止渗透生硬、渗透过度、渗透死板等，如渗透过度容易将学科课程上成心理课。同时，不能将学科教学更重要片面理解为利用心理健康教育提高学生学科学习成绩，否则将脱离和违背心理健康教育的宗旨，也不能真正帮助学生实现学业能力的提升。为提高学科教学渗透心理课设计的科学性，学科教师可以通过审查教材，挑选与心理健康相关的主题和概念，并将其与学科知识相结合，确定科学且合理的教学目标，制订相应的教学计划。在教学活动呈现出来的心理健康教育内容中，教师应将更多的关注点放在学生发展上，让心理健康教育资源成为发挥学生主体作用的桥梁和纽带，在实现学科教学目标的同时，加深学生的情感体验，促进学生的健康成长。

提高学科教学渗透心理课的科学性，除了注意目标设定、课堂管理外，还要讲究教学策略，要进行适度渗透、有机渗透，不可为了渗透而渗透。学科教学中的内部渗透重点在于自然、流畅、贴切，它与整个学科教学的具体过程是紧扣的、有机融合的，从一个个小小的知识点中找到心理健康教育渗透的最佳渗透点，达到"和风细雨、育人无声"的境界，促进学生的全面发展和身心健康成长。

二、把握平衡，有机融合内部渗透与外部渗透

学科教学渗透心理课首先需要结合学科内容进行内部渗透。教师用心挖掘学科课程和教学过程中有助于促进学生心理健康的教育元素，并通过再加工发挥学科教学的心理健康教育功能。教材为学生认识社会和体验生活提供了载体，为培养学生良好的心理品质提供了营养，教师要根据教材的具体内容和其中蕴含的可利用资源，寻找心理健康教育的合理渗透点。

学科教学渗透心理课还应注意学科教学渗透的共性——外部渗透，包括选择适当的课堂管理模式、营造良好的课堂氛围、形成有效的课堂管理模式等。教师可以通过选择民主型的课堂管理模式，营造民主平等、团结合作、活泼愉快、积极主动的课堂氛围。学科教学渗透心理课强调学生的主动参与和互动，在教学过程中采用小组讨论、合作探究、角色扮演、案例分析等方式，鼓励学生积极参与课堂活动，分享经验和观点，增强学习效果和互动效果。实现内部渗透与外部渗透的平衡需要教师在教学中关注学生的经验和兴趣，充分挖掘各学科内含的教育资源，营造和谐民主的课堂氛围。

以学科教学渗透心理课的高中语文课"渔父"（张骏乐等，2016）为例，渗透的想法源自学生对屈原人生选择的不理解、不支持，然而屈原对理想的坚守、对真理的坚持，以及以死明志的殉道精神，正是当下青年学生应拥有的社会责任感和担当意识。因此教

师引导学生结合社会实际，探讨屈原形象的现实意义，启发青年学生建构自我情感态度和价值观。教师通过将屈原精神的内部渗透资源和合作探究的外部渗透形式相结合，将语文教学与心理健康教育融会贯通，进行有机渗透。

在上述"渔父"一课的设计中，教师采用合作探究的方式，根据高中学生的年龄特点、心理特点和认知能力，采取问题导入和学习材料拓展的教学方式，让学生在对话中对屈原和渔父的人格特征有所了解。之后，有针对性引导学生认识屈原的人格，让学生认识到屈原体现的是社会担当意识和殉道精神。教师在教学中密切联系生活实际，培养学生的思辨能力，批判性地解读渔父的价值取向，唤醒学生的正义感和追求真理的意识，激发青年学生的社会责任感和担当意识。

数字资源13-7
"渔父"渗透节点

三、形式多样，灵活运用多种课堂元素

关于学科教学渗透心理课的方法，从渗透的时间上看，可以是分散在整节课的不同时段，也可以是在课堂教学中用一段时间集中进行心理健康教育渗透。从具体渗透方法来看，有角色扮演法、移情体验法、认知矫正法、游戏法等。教师宜结合不同学段学生的心理特点和学科内容，采取合适的渗透方法。例如，对小学生可以采用角色扮演法，可以让学生排演课本剧，在演出中更深入地理解课文的内容，还能初步接受人际关系的教育。从表达形式来看，可以是师生、生生之间的信息交流达到互相启发的积极互动，也可以是通过纸笔写作引导学生抒发真情实感。从教学设计取向来看，可以是重视学生的人格塑造，也可以是帮助学生解决心理问题，还可以是通过行为训练塑造学生良好的心理品质。在实际的学科教学中具体使用何种渗透心理健康教育的内容和方法，教师应根据学科教学需要、教学对象需要和渗透需要等确定。

四、加强意识，不断提升学科教学渗透心理课设计的能力

学科教学渗透心理课对学科教师提出了更高的要求，其中最重要的一点是，学科教师要意识到自身是学校心理健康教育队伍中的一员，必须且能够为推进学校心理健康教育工作贡献力量。此外，传统的学科课堂教学注重学科知识的讲授和技能的培养，仅仅将教学内容本身作为一种教育资源传授给学生，对学生的学习准备状态、积极的心理因素等关注不多，学科教学渗透心理课要求多渠道开发教育资源，尤其强调把学生这一独立个体作为一种教育资源，激发学生的学习潜能。可见，学科教学渗透心理课对教师的能力提出了更高的要求。学科教师不仅要学习心理学理论，还要学会有意识地运用这些理论，积极改变教育观念，强化渗透教育的意识，在教学中善于研究学生的学习心理，关注学生的认知因素和非认知因素。学科教学渗透心理课还需要教师在日常教学中通过课堂教学、课外活动等多种形式，融入心理健康教育的内容，帮助学生树立正确的价值

观和人生观。同时，教师要以身作则，展现积极向上的心态和健康的生活方式。这些努力也有助于学科教师实现从传授型"教书匠"到研究型教育家的华丽转变。

1. 学科教学渗透心理课有哪些必要性与可行性？
2. 学科教学渗透心理课有哪些设计策略？
3. 在学科教学渗透心理课中，如何确定与学科知识相结合的心理主题？
4. 如何提升学科教学渗透心理课设计的能力？
5. 如果你是一位学科教学教师，节选你所在学科的知识点，设计一节学科教学渗透心理课；如果你是一位心理教师，请说明你将如何指导学科教师设计一节学科教学渗透心理课。

第十四章 各大主题心理课设计常用的专业理论

心理学是一门科学，也是一门应用学科。心理学的应用离不开专业理论的支撑，中小学心理课也是心理学的学科知识落地的途径之一。一节好的心理课只有基于专业的理论基础才能经得起推敲。心理课设计中用到的专业理论，主要包括三大方面：一是教学流程和教法设计方面的专业理论，如团体动力学理论、体验式教学理论、建构主义理论等，此部分前文已有专门介绍；二是学情分析中需要用到的理论，如发展心理学相关理论、家庭生命周期理论等；三是在选用具体课程教学内容时需要依据的心理学专业理论，这是最需要心理教师下功夫去根据授课主题不断学习的部分。对这些理论的深入了解，不但可以夯实一节心理课的专业基础，保证心理课的教学效果，而且可以使课程讲授更有逻辑性，增强授课者的信心和底气。

本章主要介绍心理课设计的学情分析和教学内容选择中常用的专业理论。因为涉及各大主题心理课设计的专业理论较多，所以本章的篇幅也是全书各章中最长的。受篇幅限制，本章以介绍理论内容为主，对于如何选用及具体案例未进行充分介绍。同时，基于笔者自身专业知识的局限性以及心理学科的不断发展，只对相关理论进行比较简要的介绍；教师若想在课程设计的道路上走得更远更稳，还需要关注更多的心理学理论，进一步理解和深挖相关理论，以将其更贴切地、深入浅出地应用于心理课设计中。

第一节 心理课学情分析常用的专业理论

正如前面关于学情分析的章节所述，精准的学情分析可以为选择课程设计的主题，选择合适的教学内容、教学方法以及相应的素材提供可靠的依据。学情分析的主要依据之一是借助心理学尤其是发展心理学的经典理论，在理解这些理论所揭示的学生心理发展的阶段性特征基础上，针对教学对象的具体特性，进行具有发展性和促进性的心理课程设计。

一、人格发展八阶段理论

埃里克·洪伯格尔·埃里克森（Erik Homburger Erikson）认为，人格发展包括八个阶段，每个阶段的发展特点及危机解决情况都受到社会和文化因素的影响。这八个阶段具体如下。

（1）基本信任对基本不信任（0~2岁）。此阶段个体的无助感最强，最需要依赖成人。这一阶段危机的积极解决可以促进人格中希望品质的形成。这一阶段的主要养育任务是帮助婴儿满足生理上的需要，发展信任感，克服不信任感，体验希望的实现。

（2）自主对羞怯和怀疑（2~3岁）。这一阶段的危机如果得到积极解决，个体就会形成良好的自控和坚强的意志品质，反之则容易形成自我疑虑。这一阶段的主要养育任务是帮助幼儿获得自主感，克服羞怯和疑虑，体验意志的实现。

（3）主动对内疚（3~6岁）。这一阶段的危机如果得到积极解决，个体的主动感超过内疚感，就会形成有方向和有目的的主动品质，反之则会形成内疚感。这一阶段养育者的主要任务是帮助幼儿获得主动感、克服内疚感，体验目的的实现。

（4）勤奋对自卑（6~12岁）。学习是学龄期儿童的主要活动，他们的社会活动范围扩大，依赖的重心由家庭转移到学校和教室。这一阶段的危机如果得到积极解决，儿童就会获得勤奋感，体验能力的实现，反之则导致无能感或自卑感。

（5）自我同一性对角色混乱（12~18岁）。建立自我同一性和防止同一性混乱是青少年期最为基本和重要的心理社会任务。该阶段的危机如果得到积极解决，青少年就会获得积极的同一性，形成忠诚的品质，反之则获得消极的同一性，造成角色混乱。

（6）亲密对孤独（18~25岁）。该阶段的危机若得到积极解决，个体就会形成爱的品质，若消极解决，则形成混乱的两性关系。这一阶段的主要发展任务是获得亲密感，避免孤独感，体验爱情的实现。

（7）繁殖对停滞（25~65岁）。该阶段的危机若得到积极解决，个体就会形成关心的品质；否则将导致自私自利和空虚感。这一阶段的主要发展任务是获得繁殖感，避免停滞感，体验关怀的实现。

（8）自我整合对失望（65岁以后）。该阶段的危机若得到积极解决，就会形成智慧的品质；若消极解决，则会有失望和毫无意义感。这一阶段的主要发展任务是获得完善感，避免失望、厌倦感，体验智慧的实现。

上述人格发展八阶段理论既可用于学情分析，也可作为相关主题（如人格发展、学习心理、人际交往、认识自我等主题）课程设计时内容选择的专业依据。心理教师应在对整个理论框架进行宏观把握的基础上，对其中的第四和第五阶段（对应于小学和中学阶段）进行较为深入的研究。

二、自我同一性理论

自我同一性即个体将自身动力、能力、信仰和活动经验进行组织，纳入一个连贯一致的自我形象中。确立自我同一性，意味着个体对自身有深刻理解，能够整合过去、现在和未来，形成有机的整体，明确自己的理想和价值观，并对未来发展进行思考。青少年时期，个体首次有意识地回答"我是谁"这一问题，其核心是自我同一性的发展，这为其成人期的健全发展奠定坚实的基础。

青少年的自我同一性至少包括三个方面的体验。一是意识到自己是一个独特的个体。二是自我的发展呈现出一种连续性和一致性，即意识到当前的自我源自童年的成长，未来的自我将继续演变，而自我的本质始终如一。三是自我设想的"我"和自己体察到的社会人眼中的"我"是一致的，具体表现为个体相信自己的目标以及为达到这个目标所采取的手段是能被社会承认的。在埃里克森的观点中，同一性扩散和消极同一性解释了美国青少年所展现的种种骚乱和攻击行为。如果年轻人在这个阶段获得了积极的同一性，就会形成忠诚的美德。具有忠诚品质的人具备按照社会规范生活的能力，能够在现实的框架内找到适合自己的定位，并在这个位置中感受到个人存在的生活意义及社会意义。

在埃里克森理论的基础上，杰姆斯·玛西亚（James Marcia）就青少年同一性发展的实际情况，总结了四种同一性的类型。

（1）同一性达成。表现为个体考虑了各种实际选项，做出了选择并实践选择。对某一个体而言，自我同一性达成并不意味着一成不变。

（2）同一性早闭。表现为个体过早地将自我意象固定化，没有考虑各种选择的可能，停止了对同一性的探求。这一类型的青少年往往缺乏主见，遵从他人的目标、价值观和生活方式。他们倾向于采纳父母的价值观，喜欢有组织、有秩序的生活，尊重权威。

（3）同一性扩散。其与同一性拒斥联系在一起。这一类型的青少年不知道自己是谁，不知道自己想做什么，没有明确的发展方向，他们无法成功地做出选择，会逃避思考问题，对事情缺乏兴趣，孤独，对未来不抱希望，或者可能很叛逆。

（4）同一性延缓。表现为个体延迟做出个人生活或职业的选择和承诺。对于大多数人来说，自我同一性的达成是一个缓慢的内在探索过程，而不是外在的急剧变化，青少年需要一个过程去发现适合自己的生活方式。

在上述四种同一性类型中，同一性达成和同一性延缓被认为是健康的。一直处于同一性早闭和同一性扩散的青少年则不能很好地适应环境。同一性早闭的青少年容易把自己的生活归结为命运安排而放弃努力。同一性扩散的青少年则容易陷入刻板、独断和自我防御的"漩涡"。学校可以通过为青少年提供生涯规划指导、实习机会等帮助他们形成健康的自我同一性。

三、认知发展阶段理论

皮亚杰认为，在个体从出生到成熟的发展过程中，认知结构在与环境的互动中不断重塑，呈现出不同质的发展阶段。他将儿童思维的发展划分为四个阶段。

（1）感知运动阶段（0~2岁）。这是个体语言和表象产生前的阶段，其主要特点是依靠感知动作适应外部世界。这一阶段在认知上的主要成就是主体和客体分化以及因果联系的形成。

（2）前运算阶段（2~7岁）。这是个体克服各种心理障碍，逐渐向逻辑思维过渡的阶段。这一阶段，儿童主要依靠形象思维，存在思维的相对具体性、不可逆性、自我中心性和刻板性。

（3）具体运算阶段（7~12岁）。不同于前运算阶段，这个阶段的个体已经去自我中心化，能够站在他人的角度去思考问题，思维具有可逆性。但这一阶段的个体依然只能利用具体的事物、物体或过程来进行思维或运算，还不能以语言、文字陈述的事物和过程为基础来运算。

（4）形式运算阶段（12~15岁）。这一阶段，个体思维不必从具体事物和过程开始，可以利用语言文字，在头脑中通过想象和具体思维重建事物和过程来解决问题。这种摆脱了具体事物束缚、利用语言文字在头脑中重建事物和过程来解决问题的运算称为形式运算。除了利用语言文字，形式运算阶段的个体可以根据概念、假设等前提，进行假设演绎推理，得出结论。

上述认知发展阶段理论同样既可用于学情分析，也可作为相关主题（如人际交往、认识自我、学习心理等）课程设计时内容选择的专业依据。

四、友谊发展阶段理论

随着个体进入幼儿园和学校，与同伴的友谊逐渐成为其主要的社会关系。塞尔曼（Selman）提出了友谊发展五阶段理论，指出在不同阶段，个体对朋友的标准及互动中的感知具有较为明显的区别。

（1）接触阶段。这一阶段，儿童还没有形成友谊的概念。对这个阶段的儿童来说，朋友往往与实际利益和物质属性及邻近性联系在一起。他们在友谊发展中尚未出现了解或照顾他人的思想和情感，关系并不稳定。

（2）任意性阶段。这一阶段的友谊具有任意性强和游戏的特点，它表现为一种娱乐和随意的形式。该阶段儿童认为能满足自己需要的人就是朋友，在建立友谊的过程中还做不到重视朋友的意见，基本按自己的心愿或想法行事。这一阶段的友谊建立和结束都很快。

（3）熟悉阶段。熟悉阶段是人与人之间交往的重要且耗时较长的阶段，它表现为一种更为亲密和深入的互动。该阶段儿童能够做到主动选择朋友，在交往中能做到互相关照、互相合作或或许妥协，但也表现出不能共患难的功利性特点。

（4）成长阶段。该阶段儿童能够做到与朋友相互关心（这成为青少年友谊的标志）；朋友被看作最了解自己的人，是在自己遇到困难时能提供帮助的伙伴；该阶段的友谊能够承受时间和距离的考验，有一定的稳定性。

（5）稳定阶段。稳定阶段的友谊表现为一种友好、稳定、长期的关系。主要表现为：个体对友谊的认识深刻，但开始融入世故的成分；能够区分并建立各种不同的友谊，如熟人、同事、社交性朋友和亲密朋友等。

友谊在儿童和青少年的社会能力、认知、情感、自我概念及人格的健康发展和社会适应方面扮演着关键角色。在培养学生任何一种心理品质时，都要对其同伴关系给予足够的重视。

上述友谊发展阶段理论既可用于学情分析，也可作为相关主题（如人际交往、认识自我等）课程设计时内容选择的专业依据。

五、家庭生命周期理论

家庭生命周期理论认为，家庭从建立到解散是一个循环过程。在家庭生命周期的各个阶段，家庭成员需要扮演不同的角色，而不同角色的扮演又带来不同的期望。

（1）离家、孤身的年轻人时期。这一时期，个体需要接受自我在情感和经济上的责任。具体任务包括：完成与原生家庭的分离；发展与同龄人的亲密关系；通过工作和经济独立确定自我。

（2）建立婚姻的家庭联合期。这一时期个体与另一人结成夫妇，许下对新系统的承诺。具体任务包括：婚姻关系的建立；延伸家庭、朋友重新组合人际关系，以接纳新的夫妻关系。

（3）出现年幼孩子的家庭期。这一时期的主要任务包括：调整婚姻关系，为孩子留出空间；共同承担孩子的养育、赚钱和家务劳动责任；延伸家庭、重新调整关系，容纳父母和祖父母的角色。

（4）有青少年孩子的家庭期。这一时期个体要增强家庭界限的灵活性，适应孩子追求独立的需求，接纳祖父母的衰老。主要任务包括：调整亲子关系，使孩子能够自由进出家庭系统；重新聚焦中年婚姻和职业问题；照顾老一代。

（5）孩子离家生活的家庭期。这一时期个体要接纳家庭系统大量的分离和加入。具体任务包括：重新审视二人世界的婚姻系统；在成年子女和父母之间发展成年人对成年人的关系；调整关系，吸纳子女的配偶、孙辈及姻亲；处理父母的衰老和死亡事件。

（6）个体处于生命晚期的家庭期。这一时期个体要接纳代际角色的变化。具体任务包括：面对生理上的衰老，维持自己和伴侣的功能和兴趣；为中年一代提供支持；为年长一代的智慧和经验留出空间；应对配偶、兄弟姐妹和其他同伴的丧失，为自己的死亡做准备。

通过分析家庭生命周期，可以更深入地理解家庭成员在不同阶段心理变化的情况、所面对的主要生活压力，以及可能面对的家庭冲突等，因此，上述关于家庭生命周期的理论，既可用于学情分析，也可作为相关主题（如亲子关系、认识自我、人格发展等）课程设计时内容选择的专业依据。

第二节 自我意识主题心理课常用的专业理论

结合心理课设计中最常涉及的几大主题，本章第二节开始将整理出若干心理课教学内容常用的心理学理论，涉及自我意识、情绪调适、人际关系、学习心理、生涯规划、生命教育、青春期心理、积极心理学等多个方面。如果说涉及学情分析及教法选择的专业理论具有通用性，那么，结合各教学主题的专业理论则具有多样性，需要授课教师多涉猎和拓展。

自我意识是心理课设计中最常见的主题之一。每个人在一生之中都要对自身的存在进行种种思考。一个人如何认识自己将直接影响如何体验自己，进而影响对自己做出的行为决定。在《纲要》中，自我意识主题心理课内容贯穿于每一个学段中，体现了这一主题在心理健康教育课程中的重要地位。

一、自我意识的一般理论

自我意识是人对自己身心状态及对自己同客观世界关系的意识。自我意识不仅是人脑对主体自身的认知与反映，也反映人与周围现实之间的关系。

（一）自我意识的特点

自我意识具有意识性、社会性、能动性、同一性等特征。意识性是指个体对自身及其与外界的关系有清晰、明确的认识和自觉的态度。社会性指自我意识是个体长期社会化的结果，是对个体社会特性、社会角色以及在特定社会关系和人际关系中的位置和作用的认知。能动性表现在个体根据社会或他人的评价、态度和自身实践所反馈的信息形成自我意识，并根据自我意识调控自己的心理和行为。同一性指个体在进入青年期之后，对自己的基本认识和态度比较稳定和成熟。

（二）自我意识的结构

自我意识是一个多维度、多层次的复杂心理系统。从结构上讲，自我意识包括自我认识、自我体验和自我调节三个要素。这些要素相互关联，共同构成了完整的自我意识。其中，自我认识是个体对生理自我、心理自我和社会自我的认识，自我概念和自我评价是自我认识最主要的方面；自我体验反映个体对自己的态度，是自我意识的情感成分，自尊是自我体验中最主要的方面；自我调控是自我意识的意志成分，指个体对自己心理活动和行为的调控。

从内容来看，自我意识可以分为生理自我、心理自我和社会自我三个部分。生理自我是指个体对自身生理特征的意识，涵盖个体对自己身高、体重等方面的认知，构成了自我意识的基础层面。心理自我是个体对自己心理属性的意识，包括个体对自己的人格特征、心理状态、心理过程及其行为表现等方面的认知。社会自我指个体对自己的社会属性的意识，包括对自己在群体中的地位、作用以及自己和他人相互关系的认知、评价和体验。

从自我观念的角度来看，自我意识可以分为现实自我、投射自我和理想自我三个面向。现实自我是个体基于自身立场对实际自我的认知。投射自我是指个体对自己在他人心目中形象的想象，包括他人对自己的评价以及由此产生的自我感觉。理想自我则是个体从自己的立场出发，对于理想化的自我形象的认知，它代表了个体追求的完美形象目标。

（三）自我意识的心理功能

自我意识这一主题在中小学心理健康教育领域具有重要的地位，这是因为它对个体的心理和行为有着决定性的影响。可以说，健康健全的自我意识奠定了个体心理健康、人生幸福的基石。具体来说，自我意识的心理功能主要表现在以下三个方面。

（1）支配个体的行为。行为是意识的反映，自我意识决定个体的行为。个体把自己理解为什么样的人，往往就会按照这个特点待人处事。

（2）决定个体的归因。归因是个体对自己或他人行为过程原因的分析。不同个体对相同行为经历的归因可能不同，这主要取决于个体独特的自我意识。当消极的自我意识占主导时，任何行为或经历都会与消极的自我评价相关联；当积极的自我意识占主导时，所有的经历都会被赋予积极含义。

（3）与个体心理健康水平密切相关。自我意识是个体内心世界的总和，其发展程度反映了个体的心理成熟程度和心理发展水平。健全的自我意识能够帮助个体正确认识、悦纳自己，合理分析自己与周围环境的关系，从而保持良好的社会适应和人际关系，维持自身心理健康。

二、自尊理论

自尊是个体对自己品质、性格、能力等的积极或消极的整体评价，反映了个体对自己的满意程度。从内隐社会认知角度出发，可以将自尊分为外显自尊和内隐自尊。外显自尊指个体面临外界环境时对自我价值产生的有意识、有逻辑性的评价；内隐自尊指个体面临环境时对自我价值产生的无意识、自动的评价。外显自尊与内隐自尊可以相对独立。

从自尊的结构层次来看，可以将其划分为总体自尊和特定自尊。总体自尊反映了个人对自己的普遍和抽象评价及自我感受，具有时间和情境上的连续性，有时也被称作特质自尊。特定自尊涉及个体在特定领域如学业、外貌、社交等方面的能力或特质的自我评价和感受。当自尊用来描述短暂的情绪状态，尤其是那些由积极或消极结果触发的情绪时，这种与自我价值相关的情绪又称状态自尊。

自尊衡量着个体在适应社会的过程中的行为表现，也是行为的动力、心理健康的关键因素。个体提高自尊的策略有以下几种：学习以自我服务的方式理解生活事件；使用自我设障技巧来为不成功找理由；运用防御机制来否认或回避负面反馈；学会进行向下比较和使用补偿策略；在某一方面能力受到质疑时转移到自己擅长的领域等。很多心理问题的出现，常以个体的自我感觉不良开始或作为主要症状表现。心理课可以通过采用帮助提升学生自尊水平的方式，健全其自我认识，达到为学生赋能、进而改善学生心理状态的心理健康教育目标。

三、乔哈里视窗理论

乔哈里视窗（Johari Window）的名称来源于其提出者乔瑟夫（Joseph Luft）和哈里（Harry Ingham）。我们生活中的窗户一般可分成四个部分，个体和他人对于自己的想法也可以分成四个象限，即开放区、盲区、隐藏区和未知区。

1. 开放区

开放区也叫"公开区"，是自己清楚、别人也知道的部分，如性别、外貌、居住地点、爱好等。开放区的范围受到个体心灵开放度、性格表现程度、社交广度、他人的关注水平以及所公开信息的利害关系等影响。开放区构成了自我信息的基础，也是个体认识和评价自我的重要参考。

2. 盲区

这一部分属于个体不自知但别人了解的领域。盲区可能是一个人的优点，也可能是一个人的缺点。由于本人对这个认知领域缺乏了解，所以当其通过他人了解到这些盲区内容时，往往会感到难以置信，尤其是当听到的信息与自我认知不相符时。

3. 隐藏区

隐藏区指个人自知但未向他人展示的部分。隐藏的内容可以是身份、往事、疾患、痛苦等。相较而言，心理承受能力强者以及隐忍（自闭、自卑）者的隐藏区范围会更大一些。隐藏区在一定程度上是个体维护自尊的产物。

4. 未知区

这是自己和别人都不知道的地方，也是有待挖掘的区域，包括人们通常所说的潜能。充分挖掘和发展未知区，有助于个体全面深入地了解自我、激励自我、发展自我、超越自我。

乔哈里视窗理论为人们较为科学全面地认识自我提供了一个操作性较强的工具。其四个窗口的内容可以帮助人们更客观、更准确地认识自己。因其理论比较清晰，可操作性较强，窗口的比喻形象生动，所以在自我认识主题的心理课上被很多心理教师采用。

四、冰山理论

冰山理论是维琴尼亚·萨提亚（Virginia Satir）家庭治疗中的重要理论。该理论将一个人的"自我"隐喻为一座冰山，平时人们看到的外显行为只是冰山的一角，冰山更大一部分的内在世界藏在海平面以下的更深层次。通过觉察冰山下的不同层面，可以发现个体行为背后的渴望与期待，看到个体真正的自我。

具体来说，冰山理论通过从上到下的七个层次分析个体的全貌。

（1）行为。即行动、故事内容。

（2）应对方式。表现为不同的姿态，包括讨好、指责、超理智、打岔和表里一致。

（3）感受、对感受的感受、关于感受的决定。"感受"如喜悦、着迷、愤怒、恐惧、忧伤等，"对感受的感受"如为自己的着迷感到羞愧，"关于感受的决定"即对感受的原因进行确认。

（4）观点。即个体的信念、假设、预设立场、主观现实、思考、想法、价值观等。

（5）期待。包括对自己的、对别人的，以及来自他人的期待。

（6）渴望。包括个体独有的对爱、被接纳、归属、创意、联结、自由等的渴望，也包括人类共有的被爱、被认可、被接纳、有目的感、意义、自由的渴望。

（7）自己。即"我是谁"的存在感，包括灵性、灵魂、生命能量、精髓、核心、存在，所涉及的是人的生命力、精神、灵性、核心、本质部分的内容。

冰山理论对于个体的自我认识及人际互动有较大的参考价值。该理论可以帮助人们更好地了解自己和他人，并在这一基础上建立与自己和他人更深的联结。首先，在了解自己和他人方面，冰山理论为个体了解自己和他人提供了一个实用的工具。如在自我意识主题的心理课上，教师可以借助冰山理论让学生画自己的冰山图。在放松的状态下写出目前困扰自己的问题是什么，以及面对该问题自己的外在行为表现是怎样的。然后写下自己的感受，继续觉察感受背后的观点、期待、渴望或本质。通过这一"下山"的探索过程，个体可以了解问题产生的根源，然后根据"自己到底是谁"，做出选择和改变。对于他人的了解亦是如此。其次，在与自己和他人建立更深的联结方面，个体可以运用冰山理论进行分析，对自己和他人保持觉知，进而做到真正的理解与互相尊重，与自己和他人产生更深的联结感，进而催化自我与他人的个人成长。对冰山理论有兴趣的教师，可以将该理论灵活应用于与认识自我、人际交往中的冲突化解相关的主题心理课。

五、弗洛伊德的人格结构理论

西格蒙德·弗洛伊德（Sigmund Freud）认为人格是从内部控制行为的心理动力系统。这一系统决定了个体在各种特定情境中的行为特点或模式。完整的人格包括本我、自我和超我三部分。

（1）本我，即本能的我。它完全处于潜意识之中，容纳杂乱无章、被压抑的本能欲望，隐匿着各种本能冲动。本我遵循快乐原则，完全不顾善恶和道德，为了满足自己的需要不惜付出一切代价。

（2）自我。自我是个体在现实中的体现，它通过学习与环境互动而成长，属于意识的一部分。自我作为本我与外界之间的协调者，遵循现实原则，旨在平衡本我的需求与社会规范和法律的要求之间的关系。

（3）超我。超我从自我中分化并发展出来，内含道德法则的人格层面。超我源于儿童时期个体对父母道德行为的认同和模仿，受文化传统、价值观和社会理想影响逐步形成。超我遵循理想原则，并通过良心与自我理想来设定道德标准。

弗洛伊德认为，本我、自我和超我三者之间相互作用、相互联系。一个完整的人格结构需要这三个系统的共同参与。如果这三个系统能够和谐统一地运作，个体就能有效地与外界环境互动，满足基本需求和欲望，实现高尚理想和远大目标。在心理课上，教师可以简要通俗地跟学生介绍本我、自我和超我的大致角色，让学生对自己的行为深层原因有所觉察。

第三节 个体差异主题心理课常用的专业理论

心理学研究人们如何认识、体验和反作用于环境，在探索共性规律的过程中积累了丰富的关于个体间差异的研究成果。青少年处于自我探索和形成同一性的关键时期，他们迫切想了解自身的独特性，也希望通过自身的独特性创造社会价值。不管是以科普的方式在心理课上为学生讲解相关理论，还是将相关理论融入相关主题心理课的教学中，都能够较好地回应学生个人成长需求。

一、气质类型理论

气质是体现在个体心理活动的强度、速度、适应性和指向性等方面的稳定特质。性格主要是后天形成，气质则是先天决定的，受神经系统活动特性的影响。气质为人的行为带来特定的色彩，但它不能决定一个人的社会价值，也没有直接的社会道德评价含义。

古罗马时期的医生克劳迪亚斯·盖伦（Claudius Galenus）根据希波克拉底（Hippocrates）的四体液说①提出了人的四种气质类型，即多血质、黏液质、胆汁质、抑郁质。

（1）多血质。表现为外向、活泼好动、善于交际、思维敏捷，容易接受新鲜事物，情绪情感容易产生也容易消失，情感外露，体验不深刻等。

（2）黏液质。表现为善于克制忍让、生活有规律、不为无关事情分心、有耐久力、不爱空谈，不够灵活，注意力不易转移，因循守旧，对事业缺乏热情。

（3）胆汁质。表现为比较热情、直爽、精力旺盛、脾气急躁、心境变化剧烈，反应迅速，情绪有时激烈、冲动。

（4）抑郁质。其神经类型属于弱型，表现为体验情绪的方式较少，较慢产生稳定的情感，但对情感的体验深刻、有力、持久，而且具有高度的情绪易感性。

每个人都有自己的气质类型。心理课上依据气质类型理论引导学生了解自己的独有气质，可以引起学生的兴趣。在以此理论引导学生进行自我认识时，教师要让学生看到每种气质类型的优势与劣势，使学生在悦纳自己的同时明确自我完善的方向；还可以引导学生看到人与人的不同，对他人产生更大的包容性。该理论可用于自我认识、生涯规划、人际交往等主题的心理课中。

二、大五人格模型

通过采用词汇学的研究方法，学者们发现人格描述几乎可以被五个基本特质覆盖，由此研究者提出了大五人格模型。这个模型包含的五种人格特质首字母组成"OCEAN"（海洋），象征着人格特质的广阔领域。

（1）开放性（openness），指个体的认知风格和探索新事物的态度，包括想象力、审美、感受性、尝新、求知欲、价值观六个方面。开放性高的人更愿意接受新鲜的观念和事物；开放性低的人更务实、从众，不喜欢复杂和抽象的事物。

（2）责任心（conscientiousness），指控制、管理和调节自身冲动的方式，具体分为自我效能、条理性、责任感、成就愿望、意志力和审慎六个子维度。责任心强的人，勤奋、自律、有条理、道德要求高、值得信赖，有时过于警惕；责任心弱的人，懒惰、无组织性、易冲动、行为缺乏一致性，不容易让人产生信赖感。责任心是最能预测职业成功的特质。

（3）外倾性（extroversion），指人际活动的数量和密度以及对刺激的需要和获得愉悦的能力，具体包括热情、乐群性、独断性、活力、寻求刺激、积极情绪六个方面。外倾

---

① 四体液说认为人体中有来自不同器官的四种液体。脑有黏液，有冷的性质，失去黏液者会患癫痫。肝脏有黄胆汁，有热的性质。胃有黑胆汁，有渐温的性质。血液出于心脏，性质干燥。这四种体液按不同比例结合构成不同体质。多血质的人体内血液占优势，黏液质的人体内黏液占优势，胆汁质的人黄胆汁占优势，抑郁质的人黑胆汁占优势。该分类依据虽然不科学，但因其代表性强（便于气质分类和命名）被沿用至今。

性强的人喜欢与人接触并充满活力，热爱冒险，喜欢受关注；外倾性弱的人安静、谨慎、爱独处。

（4）宜人性（agreeableness），具体包括信任、坦诚、利他、顺从、谦逊和同理心六个维度。宜人性强的人，对人真诚、友善，富有同情心，认为世界充满爱；宜人性弱的人，谨慎、猜忌、防备心理较重，往往将他人置于敌对立场，愤世嫉俗。

（5）神经质（neuroticism），指一个人在调节情绪的过程中，是否倾向于消极或不稳定情绪，包括焦虑、愤怒与敌意、忧郁、自我意识、冲动性、脆弱性等维度。神经质程度高的人往往承受较大的压力，情绪稳定性差，更容易体会到负面情绪。

大五人格模型是对个体人格特质的全面扫描，教师可以提供量表给学生测试，作为了解学生人格特质的工具，但因量表项目较多，不宜在课堂施测。可以选择其中与所讲心理课主题关系密切的部分施测，也可以安排学生在课前或课后自行测试。关于心理课上使用量表的注意事项，请参照第七章的心理测验法相关内容。

三、奥尔波特的人格特质论

高尔顿·奥尔波特（Gordon Allport）认为人格特质是基于生理基础的持久性格特征，构成人格的基础。他通过分析信件、日记和自传等资料，识别出代表性人格特质。这些特质分为两类：一类是共同特质，即在特定社会文化背景下大多数人或群体共有的特质；另一类是个人特质，指个体独有的特征。个人特质根据其在生活中的作用又可以分为三种。一是首要特质。这是个人最典型且最具概括性的特质，通常只有一个，在人格结构中占主导地位，具有广泛的扩散性和渗透性，影响个人行为的所有方面。二是中心特质，指构成个体独特性的几个重要特质，每个人身上有5~10个；中心特质往往是印象形成的主要元素。三是次要特质，指个体的一些不太重要的特质，往往只有在特殊情况下才会表现出来。

奥尔波特的人格特质论比较简洁，其将人格特质先分为共同特质与个人特质，再将个人特质分为首要特质、中心特质和次要特质，浅显易懂且比较符合人们的生活经验。

四、卡特尔的人格特质理论

雷蒙德·卡特尔（Raymond Bernard Cattell）受到化学元素周期表的启发，运用因素分析法对人格特质进行分析，建立了一个基于人格特质的理论模型。这个模型将人格特质分为四个层次：个别特质与共同特质；表面特质与根源特质；体质特质与环境特质；动力特质、能力特质和气质特质。卡特尔对人格特质理论的主要贡献在于其理论模型中所提出的根源特质。同样运用因素分析法，卡特尔分析出了十六种相互独立的根源特质：乐群性、聪慧性、情绪稳定性、恃强性、兴奋性、有恒性、敢为性、敏感性、怀疑性、幻想性、世故性、忧虑性、激进性、独立性、自律性、紧张性。卡特尔认为每个人都具备这十六种特质，只是其在不同人身上的表现有程度上的差异。《卡特尔十六种人格因素量表》主要针对个体的十六种独立个性因素进行评估,被公认为权威的个性测验方法,在心理测量专业领域被誉为"世界十大心理测评"之一[①]。

五、A-B-C型人格类型理论

弗雷曼（M. Friedman）和罗森曼（R. Rosenman）在对冠心病患者的性格、行为表现进行观察与研究的过程中,发现一种特征性的行为模式,他们将其称为A型行为类型（人格）,并把与之相反的行为类型命名为B型人格。

A型人格被认为是冠心病的易患行为模式,其主要特点是性情急躁,缺乏耐性。具体表现为有强烈的成就欲望、全心投入工作、对时间高度敏感、竞争意识强、动作快速、说话急促,常常生活在紧张的环境中,属于较为不稳定的人格类型。这种行为模式在竞争的文化环境中易受推崇。B型人格的特点是性情不温不火、举止稳当,对工作和生活的满足感强,喜欢慢步调的生活节奏,认为不应为了达到最优状态而不惜代价。在需要审慎思考和耐心的工作中,拥有B型人格的人往往比拥有A型人格的人表现更好。

C型人格的提出源于对肿瘤患者行为的研究。研究者发现许多恶性肿瘤患者存在所谓的易患肿瘤行为特征,这些特征后来被称为C型性格。C型性格的具体表现为：对内心痛苦的抑制和不表达,过度压抑自己的负面情绪；悲观和消极,容易感到失望和无助；追求和谐、习惯讨好他人、缺乏主见、自信心不足,在面对生活压力时容易感到绝望和无助。

可见,A型人格和C型人格均比较负面,且与身体健康密切相关。教师上课时应避免学生在了解该理论后给自己或身边的人贴上负面标签,或因此产生疑病心理。教师可以提取理论中与学生身心健康联系最密切的部分,如在讲授情绪调节主题的心理课中,让学生知道过于急躁求成或者经常压抑都可能会给身体带来不利影响,从而激发学生掌握有效情绪调节策略的动机。

六、MBTI与荣格的人格类型理论

MBTI（Myers-Briggs type indicator,迈尔斯-布里格斯人格类型测验）是当前人们非常熟悉的人格类型量表。它由凯瑟琳·库克·布里格斯（Katharine Cook Briggs）和她的女儿伊莎贝尔·布里格斯·迈尔斯（Isabel Briggs Myers）共同构建,用以了解人们觉察外部世界和做决策的倾向。虽然MBTI的应用相当广泛,但其信度和效度并未达到传统心理测量学标准的要求,至今在学术界仍然有一定的争议。下面介绍为MBTI的开发者提供灵感的理论源泉——荣格（Carl Gustav Jung）的人格类型理论。

[①] 卡特尔的另一个贡献是提出了流体智力和晶体智力理论。流体智力指一般的学习和行为能力,由知觉速度、能量、快速适应新环境等测验度量构成,其主要作用是学习新知识和解决新异问题,主要受人的生物学因素影响。晶体智力指已获得的知识和技能,由词汇概念、社会推理以及问题解决等测验度量构成,测量的是人们已有的知识经验,主要作用是处理熟悉的、已加工过的问题。

荣格的人格类型理论是通过对人的两种态度、四种心理功能的区分，并进行有机结合后展开论述的。所谓两种态度的区分，即著名的内倾/外倾理论。荣格发现，个体身上普遍存在两种倾向：一种是向内思索，思考自身（introversion，内倾型，即所谓的"I人"）；另一种是向外探求，靠近客观世界（extroversion，外倾型，即所谓的"E人"）。内倾型个体对待客体的态度是抽象的，他们与客体的关系含有对抗意味，需要通过抵御外界的要求来保存自身能量和稳固地位；外倾型个体则坚信客体的重要性，并时刻调整主观态度以保持与客体的关联。在根据态度将个体分为内倾型和外倾型之后，荣格又提出了四种心理功能（思维、情感、感觉、直觉），进一步将个体划分为不同类型。

（1）思维（thinking），主要指对事物的判断和推理，属于理性功能的范畴。外倾型个体的思维更多受客观事实影响，内倾型个体的思维则更多依赖于主观加工。

（2）情感（feeling），是对事物的好恶倾向，属于理性功能的范畴。外倾型个体的情感更多受客观价值和标准影响，个体调整自己的情感与客体情感保持协调；内倾型个体的情感则更多受主观影响，形成以自我为中心的情感强化。

（3）感觉（sensation），指用感官对事物进行感知和判断，属于非理性功能的范畴。在外倾型态度中，感觉的主观性受到了阻抑，只有具体的、通过实际感官被感知的部分才会激起外倾型的感觉；内倾型的感觉则明确建立在知觉的主观部分上，最初引起感觉的刺激物被主观反映替代。

（4）直觉（intuition），是对事物变化的预感，无须解释和推论，属于非理性功能的范畴。直觉在外倾型态度中更倾向于客体，出现一种决定性的对外部环境的依赖；内倾型态度的直觉则依靠主观感受进行判断，没有在现象与个体自身之间建立起任何联系。

根据上述两种态度和四种心理功能，荣格提出了以下八种人格类型。

（1）外倾感觉型（SE）。这类个体常常拥有一种追求快乐的能力，生活比较轻松，与其相处也让人感觉没有压力。但是，过度追求感觉可能沦为寻欢作乐者。

（2）内倾感觉型（SI）。这类个体关注客观刺激所带来的主观感觉，对于偶发事件的选择是非理性的，多沉浸在主观幻想中，在其感觉和实际客体间不存在协调关系。

（3）外倾直觉型（NE）。这类个体对于具有远大前景而尚处于萌芽状态的事物具有敏锐的觉察力，他们通常被认为是不道德和冷酷的冒险家。

（4）内倾直觉型（NI）。这类个体一方面是神秘莫测的梦幻者和窥测者，另一方面又是幻想的狂热者和艺术家。他们试图通过主观的幻想来指导直觉和自己未来的行为。

（5）外倾思维型（TE）。这类个体常常将他们的整个生命活动与理智结论联系起来，且这些结论总是定向于客观事件。他们希望用理智衡量世间的善恶美丑，并想要尽可能多地认识和理解客观世界。

（6）内倾思维型（TI）。这类个体重视思维，受到理念的决定性影响，但这些理念并非来自客观事件，而是源于其主观判断，这使得他们显得冰冷、固执和武断。

（7）外倾情感型（FE）。这类个体认为快速调节情感以符合客体需求比思维过程更加重要,他们将思维作为情感的附属物,并将情感发展为一种调节功能,使情感与客观环境及普遍的价值观保持一致。

(8) 内倾情感型(FI)。这类个体大多沉默寡言,让人捉摸不透。他们将生命的控制权交付给主观倾向的情感,其真实动机一般都被掩盖起来,呈现出一种内敛的特质。

七、认知风格理论

人格的差异不仅表现在行为反应上,还表现在认知方式上。认知风格便是人格差异在认知方式上的反映。认知风格是指个人所偏爱使用的信息加工方式。

(1) 场独立性与场依存性认知风格。赫尔曼·威特金(Herman Witkin)研究识别出了认知风格的个体差异,即场独立性与场依存性的不同。这种差异主要反映在个体对外部世界(即"场")的依赖程度上。具有场独立性的个体在处理信息时更多地依赖内在参照点,具有较高的心理分化水平,处理信息主要基于内在标准或参考,在社交中不太擅长观察和理解他人的情绪和反应。具有场依存性的个体则在处理信息时倾向于依赖外部参照物,心理分化水平较低,解决问题时常常依赖于外部环境,并且在与人互动时更能考虑到对方的感受。

(2) 冲动性与沉思性认知风格。这两种认知风格的差异主要表现在对问题的思考速度上。冲动性认知风格的人面对问题时急于求成,不能全面细致地分析问题的各种可能性,使用的信息加工策略多为整体性策略。当学习任务要求做整体性解释时,具有这种认知风格的个体通常表现较好。具有沉思性认知风格的人在做决定前会全面思考问题,重视的是解决方案的质量而非速度。他们在处理信息时通常采用注重细节的策略。在需要对细节进行分析的情况下,通常能够具有较好的表现。

(3) 同时性与继时性认知风格。根据脑功能的研究成果,研究者区分了同时性与继时性认知风格。具有左半球优势的个体倾向于表现出继时性认知风格,而具有右半球优势的个体则更倾向于表现出同时性认知风格。具有同时性认知风格的个体解决问题时会有更广的视角,同步考虑多个假设,并考虑到解决问题的多种可能性。具有继时性认知风格的个体则会逐步分析问题,在每个步骤只关注一个假设或属性,并且这些假设或属性是按时间顺序逐一提出的。

第四节 人际交往主题心理课常用的专业理论

青少年心理问题的出现多与人际交往有关。人际交往主题的课程也是很多心理教师最为熟悉的。要将这一与青少年身心发展息息相关主题的心理课设计好,教师需要夯实关于人际交往的心理学理论,再根据科学的理念设计深入浅出又实用的心理课。本节将介绍人际交往的基本知识、人际需要三维理论、沟通姿态理论、PAC理论、图式理论、共情理论、非暴力沟通理论和态度理论。这些介绍并不是完整的理论体系呈现,而是选取了与心理课设计关系较密切的部分进行介绍，教师们可以根据自身所需对相关理论进行选择或深入了解。

一、人际交往的基本知识

虽然心理课上不宜多讲专业理论，但有些概念和基本原则是可以在课堂上以通俗易懂的方式告诉学生的，为此教师需要有一定的基本知识储备，否则将难以胜任相关主题的课程设计工作。

（一）人际关系的定义及成分

人际关系是指人与人之间在一段时间内借由思想、感情、行为等的互动，建立结成的心理关系。人际关系的质量反映了双方在交往中得到满足的程度。如果双方能够相互满足对方的需求，就更容易形成紧密的人际关系；反之，则可能导致关系的疏远。人际关系主要由三个成分构成，即认知成分（彼此的认识和了解）、行为成分（互动行为）以及情感成分（正面或负面情绪、满意与不满）。其中，情感成分是最为关键的成分。

（二）人际交往的过程

人际交往是一个情感卷入和交往由浅入深的过程。根据交往双方的情感卷入水平、自我暴露水平的不同，可将人际交往分为四个阶段。一是定向阶段。这时主要表现为对交往对象的注意、选择和初步沟通等。二是情感探索阶段。此时随着双方共同情感领域的发现，双方自我暴露的深度与广度逐渐增加。三是情感交流阶段。此时双方关系开始出现实质性变化，人际关系安全感已经确立，开始广泛涉及自我许多方面，有较深的情感卷入。四是稳定交往阶段。此时心理上的相容性进一步增加，自我暴露更加广泛深刻，可以允许对方进入自己具有高度私密性的领域，分享自己的生活空间和财产。

（三）人际交往的原则

研究者通过大量研究发现，如果人们在人际交往中遵循以下几大原则，就可以最大限度地构建良好的人际关系。一是真诚原则。研究发现，受喜爱程度最高的六种个性品质依次是真诚、诚实、理解、忠诚、真实和可信。真诚高居首位，是因为真诚的人更容易给人安全感和信任感。二是交互原则。一般情况下，喜欢或愿意接近我们的人，我们也会喜欢并愿意接近他们。三是交换原则。人际交往本质上是一种社会交换过程。个体期待人际交往对自己是有价值的，在交往过程中得大于失或得等于失，至少是得不会太少于失。四是自我价值保护原则。由于自我价值通过他人评价而确立，因此对肯定自我价值的他人，个体通常对其表示认同和接纳，并反过来给予其肯定与支持。五是平等原则。平等待人可以让双方感到安全、放松与尊重。这里的平等，更多指的是态度上的平等，而非社会角色和地位方面的对等。六是情境控制原则。情境包括交往的内容、方式、心理控制等方面。在人际交往中，要让双方对交往情境都能有所控制，否则会使交往产生障碍。

二、人际需要三维理论

舒兹（W. Schutz）认为，每个人都希望在自己与他人之间建立一种满意的关系。具体表现为三种最基本的人际需要：一是包容需要，指个体与人接触、交往，希望隶属于某一群体的需要；二是支配需要，指个体控制别人或被人控制的需要；三是情感需要，指个体爱别人或被爱的需要。每一种人际需要都可以转化为一定的人际行为倾向。

依据上述三种人际需要的相对强度以及表达时是主动表现还是被动期待，可以分成六种基本人际关系取向类型：一是主动包容型，指主动与他人来往、积极参与社会活动的外向者；二是被动包容型，指期待别人接纳自己，孤独、退缩、易疏离他人者；三是主动支配型，指主动支配他人，喜欢运用权威、权力控制他人者；四是被动支配型，指期待别人引导自己，乐于追随他人、受人支配，表现出顺从、无争者；五是主动情感型，指对他人多表现出喜爱、友善、热心、同情和亲密等情绪者；六是被动情感型，指期待他人对自己表示亲密，而本人往往表现出对人冷淡、厌恶等情绪者。每个人对人际需要满足的方式都具有相对继承性和连续性。相容性会使成员之间互相接近和喜欢。有相同需要的主动表现者与被动期待者在一起也常起弥补作用，但同属主动支配者在一起则不易相容。

三、沟通姿态理论

该理论由维吉尼亚·萨提亚（Virginia Satir）提出。沟通姿态表现在个人如何赋予信息意义并将其传送到外界，同时接收外在信息，并在内心或外在行为上做出反应。萨提亚认为任何一种沟通姿态都涉及自我、他人和情境三个层面。根据对自我、他人和情境三个层面的分析，可以将沟通姿态分为以下五种。

（1）讨好型沟通姿态。表现为在沟通中总是迎合或取悦别人，忽略自己的需求和感受。

（2）打岔型沟通姿态。表现为在沟通中倾向于逃避或转移话题，忽略自己、他人及情境。

（3）指责型沟通姿态。表现为在沟通中只关注自身感受，较多掌控或批评别人。

（4）超理智型沟通姿态。表现为在沟通中过度理性，只重视情境，坚持原则，非人性化。

（5）一致型沟通姿态。表现为在沟通中将个人的言语和非言语信息一致地表达出来。

在上述五种沟通姿态中，前面四种（讨好型、打岔型、指责型、超理智型）为不一致型的沟通姿态。不一致的沟通态度通常表现为个体无法真实地表达自己的情感和观点，这种沟通方式具有防御性质，不利于人际关系的健康发展。只有处于表里一致的沟通状态时，自我、他人和情境才能得到应有的尊重，才可以促进人际关系的维持与发展。要想实现沟通一致，首先做到自己的身心一致、内外在一致，平时可以有意识地对自己和他人身心状态进行觉察训练，有意识地感受身心一致表达时的舒畅感。

四、PAC理论

PAC理论是艾瑞克·伯恩（Eric Berne）提出的。该理论是其交互作用分析理论的重要组成部分。伯恩认为，一个人的人格结构由三种不同比重的心理状态组成，包括父母状态（parents）、成人状态（adult）和儿童状态（child）。这三种状态是构成人类复杂本性的三个部分，并且在每个人身上同时存在并互相影响。其中的父母状态（P）以权威性和优越感为标志。当其成分占优势时，个体通常表现为统治、训斥、责骂等家长制作风；成人状态（A）表现为侧重于实际证据和进行客观理性的分析。当这种状态在个体人格结构中占主导时，他们能够利用过往经验来评估不同的可能性并做出决策。儿童状态（C）则类似于婴幼儿的冲动行为，表现为顺从和易受他人影响。如果一个人的人格结构中C状态显著，则在遇到问题时容易退缩、情绪化且不太考虑后果。

PAC理论有助于人们在交往中有意识地觉察自己和对方的心理状态，做出互补性或平行性反应，使信息得到畅通交流。如果在社交互动中能够将个人的情感、思想和行为保持在成人状态，并以成熟的态度和举止对待他人，给予对方成熟的刺激，同时引导对方也做出成熟的反应，将有助于建立基于相互信任和帮助的关系，维持交往的持续性。

五、图式理论

图式指一套有组织、有结构的认知现象，包括对所认知物体的知识、有关该物体各种认知之间的关系及一些特殊的事例。根据内容的不同，可将图式分为五种：一是个人图式，指人们对某一特殊个体的认知结构；二是自我图式，指人们对自己形成的认知结构，它与自我概念有着紧密的联系；三是团体图式，指人们对某个特殊团体的认知结构，有时候也叫团体刻板印象；四是角色图式，指人们对特殊角色者所具有的有组织的认知结构；五是剧本，指人们对事件或事件的系列顺序的图式，尤其指一段时间内一系列有标准过程的行为。

图式的意义在于帮助人们快速有效地处理大量信息，其具体作用表现在以下三个方面：一是帮助人们解释新获得的信息，从而做出有效的推论；二是提供某些事实，填补原有知识的空白；三是使人们对未来可能发生的事件进行预期结构化，以便在将来做好心理准备。

相较于其他自我认识的理论，图式理论的认知色彩较浓，显得比较抽象。对该理论有兴趣的心理教师可以将其应用于自我认识、学习心理、人际交往等主题中。图式理论中的很多观点可以解释人们如何对自己和他人形成各种印象,以及这些印象如何影响个体的行为。

六、共情理论

共情也称同理心,亦称设身处地理解、感情移入、神入、共感。罗杰斯认为,共情是指暂时进入对方的内心世界,不带任何评价地去感受对方的感受和经验,敏锐地觉察对方经验意义的改变。

(一)共情的水平

根据沟通时的回应表现,可将共情分为五个级别。
(1)低共情回应水平。对沟通对象缺乏觉察,无法理解对方的感受。
(2)中等偏低的共情回应水平。只对沟通对象陈述的表面信息给予回应,不能准确地描述对方的感受。
(3)能相互交流、相互获益的共情回应水平。能做到倾听、陪伴、复述和澄清,可以和沟通对象建立紧密的联系,同时不必分享自己的感受和体验。
(4)中等偏高的共情回应水平。能准确辨识对方想要表达的真实感受和问题,清晰地呈现对方表达信息中的细节,帮助对方接触深层的感受和未经探索的意义以及行为背后的目的。
(5)高共情回应水平。展现了高水平的真实、活力和坦诚,能掌握并呈现对方情感的细微差别,将对方当下的感受和体验与之前的相联系,帮助对方在更广、更深的角度探索其情感与问题。

(二)共情的重要性及培养

共情是感知他人情感的一种能力,是一把打开相互理解大门的钥匙。有共情能力的人善解人意,沟通流畅。其人际关系更和谐,亲社会人格更突出。从对自身的利处来看,共情能力强的人更容易获得他人的信任,在分工协作的现代化社会中更容易取得成功。

共情的培养可以分为四个步骤:一是倾听自己的感觉;二是选择合适的方式表达自己的感觉;三是倾听他人的感觉;四是用体谅的方式回应他人的感觉。对他人做出的反应,要让对方感觉到自己所说的话被听进去且被感同身受地理解了。

在学校情境中,教师要意识到引导学生形成基本的共情能力有很多益处。如用于人际交往主题中,让学生知道如何安慰同学、做到理解式的倾听,在平常的人际沟通中如何提高互动的质量等。从危机预防的角度来看,心理课上教会学生对同伴提供及时的朋辈支持很有必要。如"我能更懂你"一课(李文涛,2017,见数字资源8-4),结合电影《头脑特工队》中乐乐、忧忧和冰棒对话的视频材料,向学生展示了共情式倾听的不同效果。

七、非暴力沟通理论

非暴力沟通又称爱的语言、长颈鹿语言等,由马歇尔·卢森堡(Marshall Rosenberg)提出。该理论在人性观上与人本主义相通,认为人类天性友善,通过建立联系可以使人们理解并看重彼此的需要,使友爱互助成为现实。2003年,联合国教科文组织将其列为全球正式和非正式教育领域非暴力解决冲突的最佳实践工具之一。

(一)非暴力沟通理论的假设

非暴力沟通理论的假设包括:所有人都有共同的需要;世界提供了足够的资源可以满足所有人的基本需要;所有的行为都是满足需要的尝试;情感反映了需要是否得到满足;所有人都拥有爱的能力;人类乐于给予;人类通过互助的关系来满足许多需要;选择是内在的;自我联系是通向平静的最直接途径。该理论还指出,当人们基于这些假设而生活时,自我联系以及和他人的联系的可能性将会增加并变得容易起来。

(二)非暴力沟通的技巧及实施步骤

心理课上常用的非暴力沟通理论中的沟通技巧(往往也是实施步骤)包括以下四点:一是明确区分观察和评价,客观审视正在发生的事情;二是区分感受与观点,识别并表达生理感觉和情绪状态,不含任何评判或责备;三是关注与当前事件和感觉相关的需求,评估这些需求是否得到满足;四是提出具体、明确的请求,而且确定是请求而非要求(希望对方的行为是出于由衷的关心,而不是出于恐惧、内疚、惭愧、责任等)。

> **案例:亲子沟通主题课"我想更懂你"**
>
> 教师由一幅父与子的照片引入,让学生依次回答:你观察到了什么?你感受到了什么?图中人物的需要是什么?图中人物的请求是什么?让学生在体验实操中掌握非暴力沟通的四个要素。如在感受环节,呈现句子1"大家都不理我,我很孤单"和句子2"我觉得大家都不理我",让学生识别哪句属于感受、哪句属于观点,引导学生学会用丰富的词汇来觉察、表达情绪和感受,让他们认识到在亲子沟通中表达情绪是关键,情绪没有对错,但观点是有对错的。"观察—感受—需要—请求"四个环节层层递进,让学生掌握非暴力沟通的本质,最后还原生活案例,真正做到活学活用。

八、态度理论

态度是个体对某一特定事物、观念或他人稳固的由认知、情感和行为倾向构成的心理倾向。态度包括外显态度和内隐态度。外显态度指个体意识到并易于报告的态度；内隐态度是自然而然的、不受控制的，而且往往是无意识的评价态度。

（一）态度的功能

态度具有四种心理功能。一是效用功能。这种功能使得人们寻求酬赏与他人的赞许，形成那些与他人要求一致并与奖励联系在一起的态度。二是知识功能。态度有助于人们组织有关的知识，使世界变得有意义。三是自我保护功能。态度有助于人们应对情绪冲突和保护自尊。四是价值表达功能。态度有助于人们表达自我概念中的核心价值。

（二）态度如何改变

海德（F. Heider）提出了关于态度转变的平衡理论，又称P-O-X理论。该理论阐述了在简化的认知结构中，存在推动一致性的情绪动力，驱使系统从不平衡状态恢复到平衡状态。可用P-O-X模型阐述这一理论，P代表一个人，O代表另一个人，X代表某个事物或概念。从人际关系的适应性角度出发，P、O和X之间的互动关系可以有几种不同的配置方式，而态度的改变遵循最小努力原则，即为了恢复平衡状态，个体将选择在态度上做出最少改变的方式。而从利昂·费斯廷格（Leon Festinger）的认知失调理论来看，当个体面对新情境必须表示自身的态度时，在心理上将出现新认知与旧认知的冲突，为消除不一致带来的紧张的不适感，人们在心理上通常采取两种方法来进行自我调整：一种是拒绝接受新的信息或认知；另一种是积极寻求更多新信息，以增强新认知的可信度，并彻底替换旧的认知，从而达到心理平衡。

第五节　生涯规划心理课常用的专业理论

规划指个体在对自己的兴趣、能力、特点和客观环境进行综合分析与权衡的基础上，面对各种抉择情境学会界定问题，确立职业方向和目标，制定行动策略，实现自身的全面最优发展。职业生涯规划是心理课的一大主题，除了在高中、初中受到重视，目前也已经扩展到了小学阶段。在这一相对"刚性"的主题中，与传统心理学理论关系较密切的是自我认识部分。前述气质类型理论、人格类型理论等自我认识理论也与个体职业发展规划有关，此部分不再做重复介绍。

一、性格类型说

斯普兰格（E. Spranger）是性格类型学说的代表人物。他指出，社会生活有六个基本领域，依据个人的倾向领域，可以把人分为理论型、经济型、审美型、社会型、权力型、宗教型等六种类型。

（1）理论型。该类型的人以追求真理为目的，能冷静地观察事物，关心理论性问题，力图根据事物的体系评价事物的价值。对实用和功利缺乏兴趣。多数理论家和哲学家属于该类型。

（2）经济型。该类型的人以经济的观点看待一切事物，根据功利主义来评价人和事物的价值和本质，以获取财产为生活目的。实业家大多属于这种类型。

（3）审美型。该类型的人以美为最大的人生意义，不大关心实际生活，总是从美的角度来评价事物的价值，以自我完善和自我欣赏为生活目的。艺术家大多属于这种类型。

（4）社会型。该类型的人重视爱的价值，有献身精神，有志于增进社会和他人的福利。努力为社会服务的慈善、卫生和教育工作者大多属于这种类型。

（5）权力型。该类型的人重视权力，并努力获得权力，有强烈的支配和命令别人的欲望，不愿被人支配。其生活价值和人生目标主要定位在得到某种权势地位。拥有政治抱负者多属于这种类型

（6）宗教型。该类型的人坚信宗教，有信仰，富有同情心，以慈悲为怀。

上述六种价值观可以不同程度地同时存在于个体的观念体系中，贯穿个体生活的所有方面。当某种类型占主导时，个体就着重显示该方面的价值观。

在引用斯普兰格的性格类型学说时，要注意结合其关于青少年心理发展的观点。斯普兰格将青少年期称为个体的"第二次诞生期"，认为这一特定阶段的青少年心理出现了三个主要特征：一是开始关注自己的内在世界，发现自己独立于其他事物的主观意识；二是对生活产生新的设想和态度，意识到生活的连续性，明白未来对自己的重要性；三是跨入生活的各个领域，不再只是被动地模仿，开始进行属于自己的艺术创造、思索、社交生活等。

二、职业兴趣理论

约翰·霍兰德（John Holland）认为人格类型、兴趣与职业密切相关。职业兴趣是职业选择中最重要的因素，职业兴趣与人格存在很强的相关性。霍兰德将人格划分为六种类型，每种人格类型对应特定的职业兴趣，认为个体通常依据自身人格类型的职业兴趣来选择职业。

（1）社会型。表现为喜欢结交新朋友、寻求广泛的人际关系、愿意指导他人；关心社会议题、希望发挥社会影响力，重视社会责任感。社会型的人适合从事教育和社会服务领域的职业。

（2）企业型。表现为追求权力、威望和财富，具备领导能力；喜欢挑战、有野心；常以利益、权利、地位和金钱衡量事物价值，目标明确。企业型的人适合从事销售、政务、法官、律师等职业。

（3）常规型。表现为尊重权威和规章制度，喜欢按计划办事，细心、有条理，习惯于接受他人的指挥和领导。适合常规型者的典型职业有秘书、办公室人员、书记员、会计、行政助理、图书馆管理员、出纳员、打字员、投资分析员等。

(4) 现实型。表现为偏好具体任务，言辞不多，行事谨慎，态度谦逊；社交能力有限，喜欢独立工作；对机械技能、体力要求高的职业感兴趣，适合与物品、机械、工具、体育器材、植物、动物相关的工作。现实型的人适合从事技术类和技能类工作。

(5) 调研型。表现为喜欢需要抽象思考、分析问题和独立完成的工作，擅长运用智力和分析能力进行观察、评估、构建理论并解决问题。适合调研型者的典型职业包括科研、教育、工程师、程序员、医生、系统分析师。

(6) 艺术型。表现为偏好需要艺术感、创造力、表现力和直觉的工作；擅长在语言、行为、声音、颜色和形式上进行审美、思考和感受。适合艺术型者的典型职业包括艺术和文学领域的相关工作。

霍兰德认为，人的内在本质必须在职业生涯领域得到充分拓展。其理论提供的一个重要的生涯辅导理念就是把个人特质和适合这种特质的工作结合起来。他还提倡选择与个人兴趣能力相近的系列职业而不是某种特定的职业。该理论可以引导个体在确定职业时有主动积极的行动方向，同时对个人适合的职业进行动态探索。

三、生涯发展阶段理论

唐纳德·舒伯（Donald Super）认为，人的一生是角色扮演和角色变换的过程，而角色扮演和角色变换主要受生涯发展阶段的影响。他形象地将其比喻为生涯彩虹图。彩虹最外面的一层代表横跨一生的"生活广度"，即生涯发展的各阶段。内部各层由一系列生涯最基本的角色组成，代表纵观上下的"生活空间"。阴影代表在各个阶段对角色的投入程度，阴影越厚，代表角色投入越多。三者的结合即舒伯所理解的生涯。

舒伯把个人的一生分为五个阶段，并指出每个阶段都有特定的特征和需要完成的任务。

(1) 成长阶段（0—14岁）。在这一阶段，人们开始规划自己的未来，逐步拥有生活管理能力，为胜任工作打下基础。此阶段末期，人们越来越关注未来发展。

(2) 探索阶段（15—24岁）。这一阶段是职业认同阶段，个体有了初步的职业选择方向，并进行相应的教育或实践准备。该阶段的任务是将学习成果和实践经验转化为具体的职业倾向，并开始实践。

(3) 建立阶段（25—44岁）。个体在这个阶段开始确定自己在整个生涯中的位置，并逐渐承担作为家庭照顾者的角色。该阶段的主要任务是在面对挑战时保持稳定的工作，并学会平衡家庭与事业。

(4) 维持阶段（45—64岁）。个体在这个阶段找到适合自己的职业领域，并努力维持在该领域的成就。此阶段的变化主要是职位、工作和单位的变动，而非职业本身的改变。个人主要致力于巩固已有地位并寻求提升。

(5) 衰退阶段（65岁以上）。该阶段的重点逐渐从工作转移到家庭和休闲活动上。此阶段的核心任务是准备退休并开始退休生活，同时在精神层面寻求新的成就感。

第六节 情绪调节心理课常用的专业理论

情绪调节是心理课的典型主题。很多心理问题的呈现方式与不良的情绪体验有关，因此教会学生掌握情绪调节的相关策略和方法，对其解除和预防其他心理困扰具有重要的作用。每一位希望站稳讲台的心理教师，都应能结合心理学理论上好情绪调节主题的心理课。

一、情绪概述

在介绍常用的情绪理论之前，需要先了解一些关于情绪的常识，包括情绪的定义与类型、构成、功能及常用的情绪调节策略。心理教师只有对这些知识有一定的了解，才不会在讲授这一主题时犯方向性和科学性的错误。

（一）情绪的定义与类型

情绪是以主体的需要、愿望等倾向为中介的心理现象。当对象符合主体的需要和愿望时，就会引起正面的情绪反应，反之，则导致负面情绪的产生。情绪可以根据其强度、持续时间和紧张程度分为心境、激情和应激。

（1）心境指一种微弱、平静、持续时间较长且带有感染性的情绪状态，具有长期性、弥散性的特点。长期性指心境会在一定时间内主导情绪，弥散性指没有指向具体对象。

（2）激情指一种强烈的、呈爆发式且时间相对短暂的情绪状态。积极的激情能使人迸发巨大的能量，消极的激情可能给个体的工作、学习和生活带来破坏性的影响。

（3）应激指一种出乎意料的、紧迫情况引起的个体急速而高度紧张的情绪状态。它一方面可能提高人的激活能力，另一方面也可能致使人的行为紊乱。如果个体长时间处于应激状态，将降低机体的免疫能力，减弱机体对外界刺激的敏锐性。

（二）情绪的构成

情绪是一种复杂的心理现象，当某种情绪产生时，往往包含以下几种成分。

（1）认知评估。即注意到外界事件或人物，认知系统对事件或人物的感情色彩进行评估。

（2）身体反应。即情绪的生理构成部分，如出现心跳加快、双腿发抖等身体自动反应。

（3）感受。即人们体验到的主观感情，如愤怒、悲伤、愉快等。

(4) 表情反应，如面部、肢体和声音的变化。个体针对情绪表达做出的表情反应既有人类共通的成分，也有受不同文化影响的成分。

(5) 行动的倾向。情绪通常会转化为某种行为的动力，体现到个体的行为上。

（三）情绪的功能

不管是哪种情绪，对个体而言都具有一定的功能。这一点是心理教师需要意识到的。

(1) 适应功能。情绪是有机体适应生存和发展的一种重要方式。人们通过情绪理解自己或他人的情况，适应社会需求，促进生存和发展。

(2) 动机功能。情绪是动机系统的基本成分。适当的情绪激活能够使人们身心达到最佳活跃状态，激励人们有效完成任务，如适度的紧张和焦虑有助于促进积极思考和问题解决。

(3) 组织功能。情绪对其他心理活动具有组织和调节功能，这主要体现为积极情绪的促进和协调作用以及消极情绪的干扰和破坏作用。适度的愉悦情绪可提高个体认知活动的效率。

(4) 社会功能。情绪通过个体表情发挥着传递信息、沟通思想的功能。表情是个体思想的信号，也是言语交流的重要补充。从信息交流的发生上看，表情交流比言语交流要早得多。

（四）常用的情绪调节策略

情绪调节是个体管理和改变自己或他人情绪的过程。在这个过程中，个体通过一定的策略和机制，使情绪在生理活动、主观体验、表情行为等方面发生一系列变化。常用的情绪调节策略有以下几种。

(1) 回避和接近策略。通过选择有利情境、回避不利情境实现情绪调节。这是情绪调节的一种常用策略，在面临冲突、愤怒、恐惧、尴尬等情绪时，运用这种策略非常有效。

(2) 控制和修正策略。这是一种更为积极的策略，它通过改变情境中各种不利的情绪事件来实现，情绪调节者试图通过控制情境来控制情绪的过程或结果。

(3) 注意转换策略。它包括分心和专注两种策略。分心是将注意力集中于与情绪无关的方面，或从当前情境转移；专注是对情境某方面长时间集中注意力，以创造自我维持的状态。

(4) 认知重评策略。这是通过积极的角度理解和处理引起挫折、愤怒等消极情绪事件的方法。这种策略能引发更积极的情感体验和社交互动，且不需要消耗大量的认知资源。

(5) 表达抑制策略。这是反应调节的一种策略，即抑制将要发生或正在发生的表情，调动自我控制能力，启动自我控制过程以抑制自己的情绪行为。

(6) 合理表达策略。这是最为关键的情绪调节策略，通过合理的方式表达情绪。该策略有利于个体提升正向体验，且与所处团体保持密切联系。

此外，改变生活方式、进行体育锻炼和倾诉等也有利于实现情绪调节。

二、情绪ABC理论

情绪ABC理论由阿尔伯特·艾利斯（Albert Ellis）提出。他认为，导致个体不良情绪的根本原因并不在于诱发事件本身，而是个体对事件所持有的信念和解释。在该理论中，A代表诱发性事件（activating event）；B代表个体对诱发性事件所持的相关信念，也就是对该事件的解释和看法（belief）；C代表个体因事件而产生的心理情绪以及相应的行为后果（consequence）。该理论指出，在实际生活中，直接导致情绪和行为后果（C）的并不是诱发性事件（A），而是个体对诱发性事件（A）的相关信念（B）。

通俗地说，情绪ABC理论指出了生活中的消极行为和情绪问题并非直接由事件本身引起，而是由于人们对这些事件持有不良或错误的信念，正是这些信念导致了消极或有害的应对方式。不良或错误的信念也被称为非理性信念，其往往具有以下三大特点。

（1）绝对化要求。表现为将"希望""想要"等绝对化为"必须""应该"或"一定要"等。之所以不合理，是因为客观事物都有其自身的发展规律，不可能依个人的意志转移。

（2）过分概括化。表现为把"有时""某些"过分概括化为"总是""所有"等。典型特征是以一件事或几件事评价自身或他人的整体价值，进而导致自卑自弃、怨天尤人等消极情绪。

（3）灾难化。表现为以自己的意愿为出发点，认为某事物必定发生或必定不发生。其之所以非理性，是因为任何事情都会有比之前更坏的情况，坚持"糟糕观"会让人陷入一蹶不振的状态。

三、情绪智力理论

约翰·梅耶（John D. Mayer）和彼得·萨洛维（Peter Salovey）提出了情绪智力的概念，即个体识别和理解自己及他人的情绪情感，并利用这些信息来解决问题和调节行为的能力。他们提出了情绪智力结构的四维模型，具体包括感知、评估和表达情绪的能力，情绪对思维的促进能力，理解和分析情绪、运用情绪知识的能力，以及自我调节情绪的能力。

丹尼尔·戈尔曼（Daniel Goleman）在《情商》（*Emotional Intelligence*）一书中指出，一半以上的职位胜任力与情绪智力相关。戈尔曼将情绪智力定义为了解自身感受、控制冲动和恼怒、理智行事、面对挑战时保持平静和乐观态度的能力。这些能力可以概括为以下五个方面：认识自己情绪的能力；管理自己情绪的能力；自我激励的能力；认知他人情绪的能力；妥善处理人际关系的能力。戈尔曼认为，情绪智力在大多时候对于一个人的影响比智商更为重要，是个体的重要生存能力，也是一种挖掘情感潜能、运用情感能力来影响生活各个层面和人生未来的关键品质。

四、情绪粒度理论

情绪粒度这一概念最早由丽莎·费尔德曼·巴雷特（Lisa Feldman Barrett）提出，指个体在情感体验和描述上的差异，以及把相似的情感体验区分得更加细致的能力。情绪粒度反映了个体对情绪的感知、识别和表达，进而影响到对世界的感知和行动。情绪粒度的表现有以下两个方面：一是识别情绪，即对情绪的感受和体验，情绪粒度细表明个体对情绪的体验更深入更细致；二是情绪命名，即对情绪的表达能力，情绪粒度细的人能更加准确地表达自己的感受，而情绪粒度粗的人则无法准确传递自己的情绪信号。

情绪粒度细的人能准确分辨和理解情绪，所以在同等情况下更加容易感知幸福和愉悦，也具备更好的情绪管理能力。情绪粒度粗的人则更容易出现焦虑和抑郁情绪，他们对他人情绪的感知能力更弱，在人际交往中往往容易有挫败感。巴雷特提出，实现情感粒度精细化的最有效办法是建立自己的情绪词库。此外，还可以在日常生活中观察记录自己当下的感受，或者试着共情周围的人，描述其感受和所处状态并尝试加以表达。

数字资源14-1
基于情绪粒度理论设计的心理课

五、自我防御机制理论

弗洛伊德认为，自我面对本我、超我和现实的三座"大山"，当理性方法无法消除焦虑时，人们可能会采用非理性的方式来缓解焦虑，以自我保护，避免出现身心疾病。这些非理性的方法统称自我防御机制，其主要有两个特点：一是在无意识水平上进行，具有自欺性质；二是自我防御机制往往包含伪装或歪曲事实的元素，其作用是保护自我，防止焦虑导致心理疾病。常见的自我防御机制如下。

（1）否认。指对某种痛苦的现实有意识或者是无意识地加以否定，以缓解自己的焦虑和痛苦。

（2）压抑。指把意识所不能接受的观念、情感或冲动压抑到无意识中去。自我防御机制理论认为，被压抑的冲动和欲望并没有消失，可通过其他心理机制的作用以伪装的形式出现。

（3）合理化，又称文饰作用。指无意识地用看似合理的解释或实际上不成立的理由来为难以接受的情感、行为或动机辩护，使其变得可接受。典型表现如酸葡萄和甜柠檬心理。

（4）置换。指无意识地将针对某一对象的情绪、意图或幻想转移到另一个对象或替代的象征物上，以减轻心理负担并获得心理的安宁。

（5）投射。指个体将自己不可接受的冲动、欲望或观念归咎于外界或他人。

（6）反向形成。指个体对内心难以接受的观念或情感以相反的态度和行为向外表现的心理现象。

（7）过度代偿。当个体存在某方面生理或者心理上的缺陷时，会设法发展出其他方面的长处，从而证明自己的能力和价值。

(8)抵消。指一个不能接受的行为象征性地而且反复地用相反的行为加以显示，以解除焦虑。

(9)幽默。个体通过幽默的方式化解焦虑，对个体本身和他人均没有不良影响，是一种积极的防御机制。

(10)认同。指在无意识中将他人身上所存在的品质视为自身所具有的，作为自己行为的一部分去表达，以排解焦虑、加强适应能力。

(11)退行，指当个体遇到挫折与应激时，心理活动退回到较早年龄阶段的水平，以原始、幼稚的方法应对当前的困境。

(12)升华。这是最积极的富有建设性的防御机制。表现为把社会所不能接受的性欲或攻击性冲动所伴有的"力比多"转向更高级的、社会所能接受的目标或渠道，进行各种创造性的活动。

第七节　学习主题心理课常用的专业理论

学习是中小学生最主要的生活内容，与学习相关的心理调适也是心理课的一大主题。心理教师应重视对这一主题的课程设计。相较于其他主题，与学习相关的心理学理论比较明确清晰、可操作性强，有较多的技能性和工具性成分，带有较浓的"刚性"色彩。

一、记忆的相关理论

记忆是心理学研究成果较为丰富的一大认知过程。在心理课上，教师可以运用相关的记忆理论，向学生介绍提高记忆效果的科学方法。

（一）艾宾浩斯遗忘曲线

赫尔曼·艾宾浩斯（Hermann Ebbinghaus）以自身为被试，通过使用无意义音节作为记忆材料，采用节省法计算保持和遗忘的数量，得出了遗忘进程的曲线，即著名的艾宾浩斯遗忘曲线。该曲线描述了以下特点：一是遗忘在学习之后立即开始；二是保持和遗忘是随时间变化的函数；三是遗忘的速度是先快后慢。该遗忘曲线对材料记忆的最直接启发意义是复习要及时。

（二）过度学习效应

过度学习又称过度识记，指达到一次完全正确再现后仍继续进行学习或识记。研究发现，过度学习有利于识记材料的保持，这被称为过度学习效应，一般发生在识记学习和辨别学习的过程中。这里的过度并不是无度的过度，而是为刚好能够记住的学习量的1.5倍。如一个单词需要背诵10次正好可以再现出来，则最好再背诵5次。

(三) 材料的系列位置效应

材料在系列里所处的位置对记忆效果的影响叫作系列位置效应。具体表现为：在系列材料中处于开头和末尾位置的材料记忆效果相对较好；处于系列材料中间位置的材料记忆效果最差。究其原因，这是前后学习的材料间存在相互抑制现象：对于开头位置的材料，存在后摄抑制效应，对于末尾位置的材料则存在前摄抑制效应，中间位置的材料同时受到两种抑制的影响，故记忆效果最差。该效应可用于引导学生科学安排学习材料的先后学习时间。

(四) 7±2 法则

7±2 法则又称米勒定律，由乔治·米勒（George A. Miller）发现。米勒定律表明人类头脑最好的状态能记忆 7（±2）个独立的信息组块，超过 9 个信息组块之后，记忆出现失误的概率就会大大提升。这里的信息组块并不是某个具体的字、词等单位，而是一个可以根据学习者的经验或主观能动性加以组织的信息单位。据此，教师可引导学生在记忆更多的内容时扩大信息单位的容量。

(五) 蔡加尼克效应

蔡加尼克（B. B. Zeigarnik）做的一系列实验揭示了人们倾向于忘记已完成或已有结果的事情，而对中途被打断、未完成或未达成目标的事情往往记忆犹新。这是因为未完成工作所引起的心理紧张系统还没有得到解除，所以回忆效果相对要好。还因为大脑会将一些需要加工的内容放在工作记忆中，而对于已经完成或将要完成的内容，大脑则会有意地去遗忘。

二、时间与目标管理理论

很多学生的学习效果不佳，跟其学习方法不当有关。四象限法则和 SMART 原则理论可以帮助学生学会科学管理时间、制定合适的行为目标。成就目标理论所揭示的现象在学校情境中较为普遍，教师可以根据该理论引导学生为自己制定更有建设性的学习目标。

(一) 四象限法则

史蒂芬·科维（Stephen R. Covey）认为，人们在面对繁忙事务时可把要做的事情按照紧急、不紧急、重要、不重要的排列组合分成四个象限。通过对这四个象限进行划分，实现对时间的深刻认识和有效管理。下面对四个象限的特点及管理进行简单介绍。

（1）第一象限。这一象限包含的事情具有时间的紧迫性和影响的重要性，无法回避也不能拖延，应优先处理。管理策略为：集中注意力和资源，尽快完成这些任务；制定清晰的计划和优先级，确保它们得到妥善处理。

（2）第二象限。这一象限包含的事件是紧急但不重要的事情。很紧急的事实容易造成很重要的假象，个体要学会按照人生目标和人生规划来衡量事情的重要性。

（3）第三象限。这一象限中大多是琐碎的杂事，没有紧迫性和重要性。管理策略为：定期为这些任务分配时间，确保其得到足够的关注；通过制订计划将长期目标分解为可管理的步骤或确定优先级。

（4）第四象限。这一象限的事件不具有时间上的紧迫性，但是对个人或周围环境的存在和发展具有重大影响，因而具有重要意义。第四象限的事情很重要，而且会有充足的时间去准备，个体要做好准备以将其做好。

（二）SMART原则

SMART原则是一种目标管理的方法，由彼得·德鲁克（Peter F. Drucker）提出。该理论将科学目标分为五个维度。SMART是这五个维度的英文首字母。

（1）明确性（specific）。指使用明确的语言清晰地定义所要达成的行为标准。一个有效的目标应当包含项目任务、衡量标准、达成措施、完成期限、资源要求等要素。

（2）衡量性（measurable）。应有一组明确的数据作为衡量是否达成目标的依据，确保目标制定者与考核者依据一个统一、标准且清晰可度量的标尺来设置和评估目标。

（3）可实现性（attainable）。目标应是能够被执行者接受的。在目标设置时应让执行者参与，以使拟定的目标与个人的愿望和能力存在匹配性。

（4）相关性（relevant）。指实现此目标与其他目标的关联情况。个体往往会制定多个目标，最好的目标应是与其他目标存在关联，使其感到可以一举多得。

（5）时限性（time-based）。目标如果没有时间限制，就可能导致评估不公正，因此，设置目标时必须包含时间限制，根据任务的重要性和紧急程度制定完成目标的时间框架，以便定期检查进度并及时了解任务的执行状况。

（三）成就目标理论

成就目标理论由卡洛尔·德韦克（Carol S. Dweck）提出。该理论将成就目标分为两类，即掌握目标（mastery goals）和成绩目标（performance goals）。

掌握目标指个体参与成就活动的目的是更好地掌握和理解任务，发展新技能，提高个人能力。属于掌控目标的个体追求能力的提升，面对挑战和困难时会采取积极的应对策略，对失败的反应是控制导向的，而不是专注于对自身能力的评价。

成绩目标指个体参与成就活动的目的主要是表现得比别人更好，获得他人的肯定和赞扬，从而展示自己的能力，并避免得到对自己能力的负面评价。属于成绩目标的个体追求对他们自身能力的正面评价，避免负面评价，倾向于回避挑战。

个体所持有的目标决定了个体对事件的解释，搭建了个体反应的框架。德韦克认为，当辅导学业成绩不大好的儿童时，仅改变归因的方式是不够的，还应该改变困扰学习者更为根源的目标这一因素。这一思想也符合当前从关注消极心理转向关注积极心理的时代背景。

(四) 高原现象

高原现象是指在学习和技能形成的过程中，学习成绩或效率暂时停滞不前或者出现下降的现象。在成长曲线上，高原现象表现为曲线保持在一定水平而不上升或者有所下降。然而，一旦度过了这个停滞期，曲线将再次上升。高原现象产生的主要原因有两点：一是为了进一步提升学习成绩，需要改变现有的学习活动结构和方法，采纳新的结构和策略；二是经过一段时间的学习，个体可能会出现学习兴趣下降、厌倦、身体疲劳或生病等情况，这些都可能导致学习进步的暂时性停滞。

当学生出现记忆或学习的高原现象时，教师可以引导学生根据上面原因进行自我监控或在他人的指导帮助下进行调整，改变活动结构，采用新的方式方法，保持学习信心，突破困境，继续进步。

三、学习动机的理论

动机领域的心理学研究取得了较为卓著的成果，理论也比较丰富。以下介绍对心理课设计有较大参考价值的若干定律和理论。

(一) 耶克斯-多德森定律

由耶克斯（R. M. Yerkes）和多德森（J. D. Dodson）提出的耶克斯-多德森定律揭示了动机强度和工作效率的关系：两者不是一种线性关系，而是一种倒"U"形曲线关系，通俗地表达即中等强度的动机最有利于任务的高效完成。耶克斯-多德森定律还指出，不同的任务性质会影响动机与工作效率之间的关系。对于简单的任务，工作效率可能会随着动机的提高而上升；对于复杂的任务，过高的动机可能不利于任务的完成。

该定律可用于考前压力疏导的心理课主题。教师要帮助学生在认知上明确压力或焦虑不是坏事，适度的压力或焦虑能够唤醒个体的潜能，让学生在学业测试中有更好的表现；适度的压力水平是因人、因任务而异的，在确定达成目标时，可先对照自身对该目标达成的知识及技能准备状态，如果达成目标相对容易，可将目标设定高一些，否则宜将目标设定低一些。

(二) 自我效能理论

自我效能感是指个体对自己能否在一定水平上完成某一活动所具有的能力判断、信念或主体自我把握与感受。该理论来源于阿尔伯特·班杜拉（Albert Bandura）提出的三元交互决定论。班杜拉认为，人类的行为、内在诸因素及外部环境是交互决定的。在三者交互作用的机制中，班杜拉特别重视人的自我系统，并由此提出自我效能理论。自我效能感与个体的能力水平相关，但并不代表个体真实的能力水平。自我效能感能够决定个体对行为任务的选择及对该任务的坚持和努力程度，影响个体在执行任务过程中的思维模式以及情感反应模式。

个体自我效能感的建立主要与其亲历的掌握性经验、替代性经验、言语说服、生理和情绪状态四种信息源有关。自我效能感与个体的行为动机密切相关，很多学生没有去做自己应该去做的事情，不是因为其态度消极被动，而是因为其在主观上感知自己做不好，因此可以从提升自我效能感的角度激发学生的行为动机，比如增加学生的掌握性经验，让"成功成为成功之母"。

（三）习得性无助理论

与自我效能感相反的一种心理现象是习得性无助，该概念由马丁·塞利格曼（Martin E. P. Seligman）提出，用于描述有机体处于无法回避的有害情境或不愉快情境中所产生的绝望状态与逆来顺受的行为。

在一个习得性无助的经典实验中，研究人员将狗置于装有闹铃的笼子内，每当铃声响起，狗就会遭受痛苦的电击，且无法逃脱。经过多次这样的实验后，即使移除了逃避的障碍，当铃声再次响起时，狗不仅没有从笼门逃跑，反而在未受到电击时就已躺倒在地。研究者认为，狗通过先前无法避免电击的经历得出了无法通过任何方式摆脱电击的结论，正是这种不可控的心理预期导致了它的失败。不仅动物，人类也存在这种心理，即在经历努力后仍不能回避痛苦的失败经历后，个体原有的应对特定事件的能力受到破坏，认为自己无法控制事情的成败，产生了消极的思想，不再愿意对困境做出任何努力尝试，最后陷入绝望（可概括为"失败是失败之母"）。该理论带来的一个教育启示是，经历系列失败之后，可能再坚持一下就会成功，所以不能轻言放弃。该理论可用于学习心理、考后心理、人际交往、挫折教育等主题的心理课设计。

（四）自我妨碍理论

自我妨碍又称自我设限，它是指在表现情境中，个体为了回避或降低不佳表现带来的负面影响，采取的任何能够增加将失败原因外化机会的行动和选择。其在某一个体身上出现的心理过程大致为：面对一项成果在一定程度上是公开的（即会被其他人察觉的任务）—感觉没有十足的信心完成这项任务—存在诸多心理压力—想把自己因失败而受到的名誉损失降到最低—为自己设置阻碍。

学业自我妨碍是学生为了维护自尊而对自己行为做出的一种调节，从行为出发点看有一定的积极意义，但该自尊维护策略可能导致个体面对挑战时出现逃避倾向，不利于个体的健康成长。心理教师在对学生学习心理、备考心理、考后心理等主题的课程进行讲授时，对高年级的学生可以讲解自我妨碍理论，帮助学生进行自我觉察；教师对此宜持理解但不认同的态度，引导学生积极面对问题。

（五）心流理论

心流（flow）也称福流。这一概念由米哈里·契克森米哈（Mihaly Csikszentmihalyi）最早提出，是指将个人精力完全投注在某种活动上的感觉或心理状态。心流产生时个体会体验到高度的兴奋感及充实感等正向情绪。心流体验本身是个体从事某种行为的强大动力。契克森米哈指出了以下五个构成心流的要素。

（1）可量化的目标。目标是明确可以衡量的，就像一幅清晰的画面。

（2）目标具有挑战性。具有挑战性的目标能使人充满斗志地投入其中。

（3）自身具备一定的能力。自身应当具备可能完成目标的能力。

（4）集中注意力。深沉的快乐是严格的自律和集中的注意力换来的。

（5）挑战的过程反馈及时。反馈是个体体验闭环中的重要环节，既能带来信息的感知和内心的感受，也能作为奖励而存在。

如同"福流"这一翻译的中文含义，心流可以为个体带来美妙的感受。教师在心理课上可以对学生讲解这一概念和现象，鼓励学生在学习知识和技能的过程中体会心流。

（六）归因理论

归因是指人们对他人或自己的行为过程进行因果解释和推论的心理过程。归因是社会认知心理学中较受关注的领域。以下对伯纳德·韦纳（Bernadr Weiner）的归因理论进行介绍。

韦纳认为，人们一般将成败归纳为以下六个原因：一是能力，即根据个人能力评估自己能否胜任该项工作；二是努力，即个人反省检讨在工作过程中是否尽力而为；三是任务难度，即凭个人经验判断该项任务的困难程度；四是运气，即个人自认为此次成败是否与运气有关；五是身心状态，即个人判断工作过程中的身体及心情状况是否影响工作成效；六是其他因素，即除上述五项外的影响因素（如别人帮助或评分不公等）。

上述各因素又可以根据不同的性质纳入以下三个向度。一是控制点，指当事人确认影响其成败因素的来源到底是个人条件还是外在环境。在此向度上，能力、努力及身心状态三项属于内控因素，其他各项则属于外控因素。二是稳定性，指当事人确认影响其成败的因素在性质上是否稳定，是否在类似情境下具有一致性。在此向度上，能力与任务难度两项是不随情境改变的、比较稳定的。其他各项均不稳定。三是可控性，指当事人确认影响其成败的因素在性质上能否由个人意愿决定。在此向度上，只有努力一项是可以凭个人意愿控制的，其他各项均非个人所能决定。

积极的归因模式为：将成功或失败均归因为内在的努力因素+成功情境下归因为内在的能力因素。消极的归因模式主要表现为将失败归因为内在的能力因素。区分积极与消极的归因模式主要看归因后个体是否有动力、有勇气去实现成就目标。教师在心理

数字资源14-2
基于归因理论
设计的心理课

课上运用归因理论，可以让学生认识到归因这一普遍心理的存在，引导其在成功或失败的情境下学会积极归因。

四、创造性思维理论

创造性思维是人类思维的高级形式，指重新组织已有的知识经验，提出新的方案或程序，并创造出新成果的思维活动。与创造性思维相对的是常规性思维，指人们运用已获得的知识经验，按现成的方案和程序直接解决问题。

（一）创造性思维的活动过程

华莱士（G. Wallas）认为，任何创造过程都包括准备阶段、酝酿阶段、明朗阶段和验证阶段四个阶段。

（1）准备阶段。这一阶段的主要工作包括收集信息、整理资料，做前期准备。由于对要解决的问题存在未知，所以需要汇聚前人的知识经验对问题形成新的认识。

（2）酝酿阶段。这一阶段的主要工作是对前一阶段所收集的信息、资料进行消化和吸收，并在此基础上找出问题的关键点，以便考虑解决这个问题的各种策略。这一过程容易陷入狂热，要注意张弛有度。

（3）明朗阶段，也称顿悟阶段。经过前两个阶段的准备和酝酿，在这一阶段，个体的思维已达到相当成熟水平，常常会有一种豁然开朗的感觉。

（4）验证阶段，又称实施阶段。这一阶段的主要工作是将前面三个阶段形成的方法、策略进行检验，以求得到更合理的方案。通过否定—肯定—否定的循环检验，得出最恰当的方案。

（二）创造性思维的培养策略

创造性思维是在一般思维的基础上发展起来的，是后天培养与训练的结果。其培养策略主要包括以下几种。

（1）勇于想象，大胆幻想。想象力是人类运用储存在大脑中的信息进行综合分析、推断和设想的思维能力。幻想可以激发人们进行新的探索，进行创造性劳动。

（2）培养发散思维。发散思维是指解决问题时，沿着不同的方向进行积极的思考，找出符合条件的多种答案、解决方法或结论的一种思维。发散思维具有三个特点：一是流畅性，即在尽可能短的时间内生成并表达尽可能多的思维观念；二是变通性，即克服人们头脑中某种自己设置的僵化思维框架，按照某一新的方向来思索问题；三是独特性，即做出不同寻常的新异反应的能力，这也是发散思维的最高目标。

（3）发展直觉思维。直觉思维是指对一个问题未经理性思考和逐步分析，仅依据内在的感知迅速地对问题的答案做出判断。直觉思维在创造性思维活动的关键阶段起着重要作用，且被证明可以有意识地训练和培养。

（4）激发求知欲。求知欲是人类丰富精神世界的重要源泉。创造性思维与高层次的需要相关，其培养需要人们联结到内心深处的求知欲等精神追求。

此外，美国心理学家刘易斯·麦迪逊·推孟（Lewis Madison Terman）对超常儿童成才情况的跟踪研究发现，成就的明显差异并非取决于智力因素，而在于是否具有进取心、自信心、坚韧性等良好的品格。乔伊·保罗·吉尔福特（Joy Paul Guilford）的研究表明，正常情况下智商高的人创造力也高，但智商超过130（智商的正常范围为90~110）以后，这种相关性关系减弱。以上研究表明：创造力高的人必定具有中等以上的智力水平；与智商相比，人的个性、情感、意志等非智力因素在创造活动中起着更加重要的作用。因此，培养创造力还可以从培养良好的品格入手。高创造力者的品格特点包括：具有强烈的事业心、进取心、自信心和坚强的意志；从众行为少，喜欢独立行事，工作效率高，生活范围广，社交能力强，人际关系好，抱负水平高；兴趣广泛，态度直率，感情奔放等。

（三）功能固着与思维定式

功能固着是指个体在解决问题时往往只看到某种事物的通常功能，而看不到其他方面可能有的功能。功能固着是人们在长期的生活经验中形成的对某些事物的功能或用途的固定看法，它会抑制人们对物体新功能的知觉，对问题解决尤其是新假设的提出存在不利影响。消除功能固着的主要方法是消除对物体用途的机械认识，对物体的用途产生更丰富、更全面的认识。

思维定式也称惯性思维，是指由先前的活动导致的一种心理准备状态，这种状态对后续的感知、记忆、思维和情感等心理活动以及行为活动可能产生积极或消极的影响。在环境保持不变的情况下，思维定式可以帮助人们利用已有的方法快速解决问题。然而，当情境发生变化时，思维定式可能会阻碍人们采用新的方法解决问题。打破思维定式的方法有很多，如从事物的对立面思考、走出舒适圈、改变思考立场等。

第八节　青春期主题心理课常用的专业理论

青春期被发展心理学家称为"暴风骤雨般的时期"，该阶段的个体需要面临生理上的巨变、繁重的学业任务、迷茫的同一性探索、同伴关系的构建等重大课题。其中，对一些同伴产生的爱情（或类爱情）体验更是给他们的生活和学习带来较大的冲击。可以说，与青春期相关的心理课基本上都会引发这一阶段学生的听课兴趣，教师需要根据相关的心理学理论设计科学有效的心理课。

一、爱情三角理论

罗伯特·斯腾伯格（Robert J. Sternberg）认为，爱情包括三大基本要素。

（1）激情。这是一种强烈地渴望跟对方结合的状态，情绪上有着迷的体验，个人外表和内在的魅力是影响激情的重要因素。激情是热烈的。

（2）亲密。当两个人在心理上彼此喜欢并感到亲近时，会表现出对伴侣的欣赏、照顾伴侣的愿望、自我展现和内心的沟通。亲密是温暖的。

（3）承诺。这是爱情中非常理性的部分，它涉及个人内心或口头对爱的期望，是维持关系的关键期望或保证。短期的承诺包括决定是否爱上某人，而长期的承诺则涉及维护这一爱情关系的誓言。承诺是冷静的。

根据三大要素存在情况的不同组合，斯腾伯格将爱情分为以下七种：一是喜欢式爱情，即只有亲密；二是迷恋式爱情，即只有激情；三是空洞式爱情，即只有承诺；四是浪漫式爱情，即有亲密和激情体验，没有承诺；五是伴侣式爱情，即有亲密和承诺，缺乏激情；六是愚蠢式爱情，即只有激情和承诺，没有亲密；七是完美式爱情，即同时具备激情、承诺和亲密。除了这七种不同类型的爱情之外，还有一种类型——无爱，即三大要素都不具备。

数字资源14-3
基于爱情三角理论设计的心理课

激情、亲密和承诺共同构成了爱情，缺少其中任何一个要素都不能称其为爱情。斯腾伯格之所以把具备三个基本要素的爱情称为完美式爱情，是因为建立一段稳定、持续的爱情是一项贯穿人生的浩大工程，需要双方耗尽毕生精力去培育、呵护。爱与被爱是需要终身学习的能力。

二、爱情彩虹图理论

多伦多大学心理学教授约翰·艾伦·李（John Alan Lee）将爱情分成六种形态，即情欲之爱、游戏之爱、友谊之爱、依附之爱、现实之爱、利他之爱。

（1）情欲之爱。这是一种建立在理想化的外在美基础上的爱情，充满浪漫和激情。特点是重视外貌而忽视深层次的心灵沟通，主要依靠激情维持关系。

（2）游戏之爱。这种爱情将感情视为赢得异性青睐的游戏，不涉及真正的情感投入。人们更注重恋爱过程而非结果，不承担爱情中的责任，而是寻求刺激和新鲜感。

（3）友谊之爱。这种爱情建立在友谊的基础上，通过双方长时间的相互了解而逐渐发展。双方能够和谐地解决分歧，共同营造一个和谐且促进共同成长的爱情环境。

（4）依附之爱。这种爱情主要表现为依附、占有等，在恋爱中情绪不稳定，控制对方情感的欲望强烈，经常会做出对伴侣的检查和监督行为。

（5）现实之爱。这种爱情会考虑对方的现实条件，以期让酬赏增加且减少自身付出的成本。这类爱情理性高于情感，个体在情感中持典型的现实主义态度。

（6）利他之爱。这种爱情带着一种牺牲、奉献的精神，追求爱情且不求对方回报。这种自我牺牲型的爱情往往是心甘情愿的。从道德评价的角度看，利他之爱是纯洁高尚的爱情。

三、依恋风格理论

英国发展心理学家约翰·鲍尔比（John Bowlby）将依恋定义为"个体与具有特殊意义的他人形成牢固的情感纽带的倾向，能为个体提供安全和安慰"。依恋既是个体最初的社会性联结，也是情感社会化的重要标志。玛丽·安斯沃斯（Mary Ainsworth）等通过陌生情境实验，将婴儿依恋划分为以下三种类型：安全型依恋、回避型依恋和焦虑-矛盾型依恋。其中，回避型依恋与焦虑-矛盾型依恋都属于不安全型依恋。

研究者将爱情关系与依恋关系进行联系，认为个体在婴儿时期与他人建立的依恋关系会使其形成一种持久且稳定的人格特质，这一特质将在对个体成年人与异性建立亲密关系时自然流露出来。他们据此提出了爱情关系的三种依恋风格：一是安全型依恋，即与伴侣的关系良好、稳定，能彼此信任、互相支持；二是逃避型依恋，即害怕且逃避与伴侣建立亲密关系；三是焦虑-矛盾型依恋，即时常出现情绪不稳、极端反应，善于忌妒且希望跟伴侣的关系是互惠的。这三种依恋风格在成年人中所占比例大致为：安全型依恋56%，逃避型依恋25%，焦虑-矛盾型依恋19%。

四、与爱情相关的人际心理效应

心理学的各种效应是心理学科普工作的常见内容。对于进入青春期的学生来说，如果能够在心理课上听到与爱情相关的人际心理效应的介绍，无疑会倍感兴趣。

（一）罗密欧与朱丽叶效应

该效应名称源于莎士比亚的经典戏剧《罗密欧与朱丽叶》。故事讲述了两个年轻人因家族间的仇恨而无法公开相爱，但这种社会压力并没有让他们分开，反而使他们的感情更加坚固，最终导致双方的悲剧性殉情。罗密欧与朱丽叶效应指当恋爱关系受到外界干扰时，恋爱双方的情感可能会因此而加深，使得关系变得更加牢固。

（二）吊桥效应

吊桥效应指当一个人提心吊胆地过吊桥时，会不由自主地心跳加快，此时如果旁边有一位异性出现，当事人会把由这种情境引起的心跳加快理解为是身边的异性使自己心动，因而对对方滋生爱情的情愫。研究者对此做出的解释是：个体的情绪经验是一种两阶段的自我知觉过程；在这一历程中，人们首先体验到自我的生理感受，如觉得浑身发热、心跳加速、手有点抖，进而会在周遭的环境中寻找线索，为自己的生理唤醒寻找一个合适的解释。

（三）异性效应

异性效应也称磁铁效应，指在个体间的关系中，与异性接触会产生一种特别的相互吸引力和激发力。这表现为当有异性参与某项活动时，参与者之间的心理接近需求得到满足，从而带来不同程度的愉悦感，进而激发了参与者内在的积极性和创造力。异性效应是一种广泛存在的心理现象，在青少年中表现得更为明显。随着个体身心发展，青少年特别注意异性对自己的评价，并寻求机会表现自己。如在异性面前，重视容貌和装束，表现出更强烈的维护自尊的行为。

第九节　环境适应主题心理课常用的专业理论

学生面对环境的变动，如小学升初中、初中升高中时的学校物理环境变化，教学和学习环境变化，普遍会表现出不适感。他们在遇到重大的考试时也容易产生心理压力。帮助他们顺利度过这些时期，使其顺利完成各阶段的学业任务，是与环境适应主题相关的心理课内容。本节将介绍抗逆力理论、心理资本理论、成长型思维理论、自我同情理论、积极心理学理论等在当前心理课设计中较常用的心理学理论。

一、抗逆力理论

心理学上的抗逆力也称复原力、心理弹性、心理韧性等，是指个体面对困难和挑战时展现出的恢复力或适应力。它主要包括三个方面的能力：一是接受并战胜现实困境的能力；二是在危急时刻能够寻找到生活意义的能力；三是面对问题时能够灵活调整、想出解决方案的能力。研究表明，抗逆力是一种可以通过学习获得并且能不断增强的个人资源和资产。国际抗逆力研究项目（International Resilience Research Project，IRRP）提出了"3I"抗逆力的培养策略。这里的"3I"包括"I am""I have""I can"。

（1）"I am"，指个体对自身状况的觉察，包括个人形象感、积极乐观感，是抗逆力中重要的内在优势因素。个体通过自我觉察以及根据他人的反馈形成的自我形象即"I am"的内容。它将影响个体对当前困境的认知，影响个体的自我效能与信心。

（2）"I have"，是外在支持性保护因素，指个体主动寻找有助于问题解决的各种资源，它将直接影响问题的解决。与个体在自身生活的环境中发生交互影响的人构成了抗逆力的外部支持因素，这一资源具体包括重要的他人、清晰的规范、支持的环境、合理的期望、有意义的参与机会等。

数字资源14-4
基于"3I"抗逆力培养策略设计的心理课

（3）"I can"，代表内在效能性保护因素，包括人际技巧、解决问题的能力、情绪管理及目标确定等。它意味着人们具有自我调整以及解决问题的能力，在遇到困难时，可以独立寻求解决问题的办法，主动寻找释放心理压力的方式。

二、心理资本理论

弗雷德·路桑斯（Fred Luthans）基于积极心理学和积极组织行为学的视角，提出了心理资本的概念。心理资本被称为财力、人力、社会三大资本以外的第四大资本。心理资本涉及个体的心理状态，描述了人们对未来的信心和希望，也是促进个人成长和绩效提升的心理资源。心理资本包括四个要素，即希望（hope）、自我效能感（efficacy）、心理韧性（resilience）、乐观（optimism）。

上述四个要素的英文首字母缩写恰好是hero（英雄），可以理解为心理资本强大者是一位英雄，其拥有永不衰竭的力量，具备实现人生可持续发展的原动力。拥有心理资本的个体能承受挑战和变革，从逆境走向顺境，从顺境走向更大的成就。心理资本的意义还在于其不同于稳定的人格和气质，是可以培养的。每个人都可以有意识地去获得、保持和提升自身的心理资本。

三、成长型思维理论

卡罗尔·德韦克（Carol S. Dweck）根据自身多年教学和研究的成果，提出了成长型思维这一新的思维信念体系。她认为每个人都有一套内隐的关于智力和能力的看法，具体体现为两种思维模式：固定型思维与成长型思维。不同的思维模式意味着完全不同的世界。

（1）固定型思维。持有这一思维模式者持能力实体观，认为人的能力是天生的、固定的、不可改变的。固定型思维模式者往往回避对自己具有挑战性的任务，他们认为失败、挫折是自己能力不足的表现，并且认为无论自己如何努力，都不会改变失败的现状。

（2）成长型思维。持有这一思维模式者持能力增长观，认为能力是后天的、可变的、可塑造的。由于成长型思维模式者认为是自身没有成长或者没有尽到最大努力才失败，所以当他们遇到挫折和挑战时，会将其看作提高自己能力的机会。

德韦克认为思维模式造就了人的全部内心世界，它既能说明一个人是怎样成为乐观主义者或悲观主义者的，也能够影响其对人生目标的追求、对待工作的态度、与他人之间的关系，甚至可以预测其是否可以发挥自己的潜力等。培养成长型思维的关键在于改变个体的认知。其一，经常检视自己的认知。尤其是在情绪不良时，要检视情绪背后的认知，进而用合理的认知代替不合理的认知。其二，不做自我设限。要看到任何事物都是发展着的，只要努力就有希望。对于这一点，可以通过语言塑造认知的方法多加练习，如在语言表述时多用"还""暂时"等。

数字资源14-5
基于成长型思维
理论设计的
心理课

四、生命意义感理论

维克多·弗兰克尔（Viktor Frankl）认为，生命意义是指人们对自己生命中的目的、目标的认识和追求。人类天生具备一种寻找生命意义的内在动力，当相信生活有意义，而且相信自己可以找到这个意义的时候，个体就能够体验到一种对生活的掌控感和价值感；而当个体持续感受到生命无意义时，就会体验到生活失控的无力感。一般来说，个体可以通过实现以下三种价值来获得生命的意义感。

（1）创造的价值。个体可以通过不同类型的活动来实现自身的价值，如通过工作、爱好、运动、服务社会或与他人建立关系等方式，探索和发现生命的意义。

（2）经验的价值。通过接纳和感受世界来发现生命的意义。这可以通过体验事物或感受某种感觉来实现，如欣赏艺术作品、融入大自然、与他人交谈以及体验爱的感觉等。

（3）态度的价值。当个体面对无法改变的命运（如罪恶感、死亡或痛苦的逼迫）时，其所决定采取的态度可以创造生命意义感，即创造出苦难的意义，这是人类存在的最高价值所在。个体所持的生活信念或价值观将决定其面对各种遭遇时的态度。

五、自我同情理论

在积极心理学背景下，克里斯汀·内夫（Kristin Neff）提出了自我同情这一自我概念，意指个体即便遭受挫折和不幸，也不去批判自己或回避痛苦，而是保持宽容的态度，将其看作人类共有的、普遍的体验，对自己的一切进行无条件的接纳。自我同情包含三个基本要素：一是自我宽容，即用宽容、理解的态度对待自己，而不是对自己进行严厉的评判和自我批评；二是普遍人性，即将自己的经历作为人类共同的经历，不把它看作孤立的、隔开的；三是正念，即用平衡的、客观的而不是过分认同的态度对待自己痛苦的想法。

自我同情是一个动态系统，它代表了自我宽容、普遍人性、正念等关键要素之间的协同互动状态。其中，自我宽容和普遍人性通过增强个体的自我接纳，同时减轻个体的消极情绪体验，进一步提高个体的正念水平。正念通过减少个体的自我否定、批评，促进个体自我接纳，提升个体的自我觉察水平，从而促进个体的自我宽容和普遍人性。

自我同情对心理健康具有促进意义，具体体现为：帮助个体欣赏自己的优势、宽恕自己的不足，降低焦虑和羞耻感；通过降低担心和恐惧，减少抑郁、焦虑情绪和自杀意念；自我同情的三个要素类似于三种人文关怀，本身就是幸福的关键；促进个体的积极行为，获得他人更多的信任和社会支持等。

数字资源 14-6
基于自我同情理论设计的心理课

六、积极心理学理论

积极心理学的兴起给学校的心理健康教育注入了一股温暖的力量。将积极心理学理论的相关内容应用于心理课的设计,已经成为当前心理健康教育的一大趋势。

(一)积极心理学的主要观点

源于人本主义的积极心理学坚信人性是积极向上的,是希望在有生之年实现自身潜能的。即便是一个被贴上各种负面标签的个体,内心深处也一定存在有待挖掘的人性正向潜能。但个体健康成长的关键在于周围为其提供有利的、支持性的环境,这样才能唤起个体生命力的勃发。总体上而言,由塞利格曼创建的积极心理学倡导用一种更加开放、欣赏性的眼光看待人类的潜能、动机和能力。与以往关注问题行为的病理机制视角相比,积极心理学更强调培养人类的积极品质和向上心态。积极心理学并不是不关注人类的疾病和痛苦,而是试图从更全面的、发展的视角理解人类所经历的痛苦和快乐,以探索减轻痛苦、增加幸福的干预方法,最后实现对传统心理学的补充完善,丰富心理学这门学科。

(二)PERMA模型

塞利格曼通过对不同幸福感的整合,提出了PERMA模型。

(1)P(positive emotion,积极情绪)指个体对情绪的积极感知,例如感到快乐、知足和充满希望。

(2)E(engagement,投入)与心流有关,指一种沉浸式的心理状态。个体处于这种状态时,将体验到对当下的高度专注、行动与意识的统一、自我意识丧失、感知时间飞快流逝,以及对当下情境的可控感。

(3)R(relationship,人际关系)主要是指人与人之间的互动,是一个人被看见、被理解、被尊重的信念。不同文化的人际关系都对幸福感有一定的影响。

(4)M(meaning,意义)是对生命本体存在的回答,归属于或致力于某个任务超越自我的东西,或只是对"我为什么活着"的回答。

(5)A(accomplishment,成就)被定义为在特定领域达到最高水平的成绩、成功或精通度。

PERMA模型将积极情绪、投入、人际关系、意义和成就作为幸福得以实现的五个要素,为人们进一步认识幸福的本质提供了理论指引,也为幸福感的提升途径提供了理论依据,构建了获取幸福感的全面的多层次的框架。关于这五个要素的关系,塞利格曼认为是它们是密不可分的,一个要素的缺失会影响到其他要素的效果,所以要获得真正的幸福,必须有整合的全面观。PERMA模型为人们认识幸福、了解幸福、走近幸福提供了更全面的视角。

(三) 社会支持系统理论

一个人拥有的社会支持系统在很大程度上决定了其内心深处的安全感。积极心理学认为，积极关系是个体极为重要的心理资本，拥有积极关系的人，其社会支持系统也是非常强大的。研究证实，当周围环境和师友提供给青少年最优的支持时，这些青少年将最有可能拥有良好的心理素质和人际关系；反之，则容易出现不健康的情感和行为模式。

社会支持系统理论对于人际交往主题心理课的设计具有重要的指导意义。如在设计以积极关系为主题的心理课时，教师要引导学生明白人际关系与幸福是相辅相成的，即人际关系好的人更幸福，而幸福的人也会有更好的人际关系。再如，讲授"赠人玫瑰，手有余香"一课时，教师可以引导学生体验乐于助人的人更幸福，同时指出一个人处在幸福的状态时，也更乐于助人。教师可以通过"互助环"活动引导学生学会在日常生活中建立积极的社会关系。

（四）积极心理品质理论

随着积极心理学的发展，积极心理品质的内容及培养也得到了人们的广泛关注。积极心理学认为，积极的心理状态是人类固有的具有建设性的力量。其中，美德和力量是个体积极品质的核心，它们起着缓冲作用，是个体战胜心理疾病的有力工具。积极心理品质的内容包含二十四项能够促进人类幸福的品质优势，这些品质优势可归于六类美德中，具体如下：一是智慧与知识，包括创造力、好奇心、判断力、热爱学习和洞察力等五项品质优势；二是勇气，包括正直、勇敢、毅力和热情等四项品质优势；三是仁爱，包括善良、爱与被爱的能力和情商等三项品质优势；四是公正性，包括公平、领导力和团队精神或公民精神等三项品质优势；五是节制，包括宽容、谦虚、审慎和自制等四项品质优势；六是精神超越，包括审美、感恩、希望、幽默、信仰或信念等五项品质优势。

1. 积极情绪的拓展-建构理论

芭芭拉·弗雷德里克森（Barbara Fredrickson）提出的积极情绪的拓展-建构理论认为，积极情绪与消极情绪的不同在于，消极情绪通过特定行为倾向如恐惧等使个体产生逃避行为，但积极情绪的功能表现为拓展和建构两个方面。

（1）拓展。积极情绪可以拓宽个体的认知范围，提高个体认知的灵活性。已有研究证实，积极情绪可以使思维模式变得灵活、包容、高效、富有创造性和前瞻性，其通过增强个体寻求多样化的倾向以及对更多行为选项保持开放的态度而拓展个体的思维。此外，积极情绪还可以纠正或者撤销消极情绪过后的效应，即积极情绪存在撤销效应。

（2）建构。通过积极情绪的拓展功能，个体建构了个人资源，具体包括智力资源（比如问题解决的技能、习得的新知识等）、生理资源（比如身体协调、身体力量、心血管健康等）、心理资源（比如韧性、乐观、认同感、目标定向等）以及社会资源（比如巩固已有的社会联结、建立新的社会联结等）。个体建构的个人资源将给个体带来长期的益处。这些个人发展资源也正是积极品质的内容。

该理论启示我们，在学校心理健康教育中，教师可以通过培养学生的积极情绪，减少他们的消极情绪，解除其思维枷锁，充分解放其头脑，使学生更多的个人潜能得到开发和展现。

2. 感恩的理论

感恩是个体的积极主观经历诱发的积极情绪和因他人帮助而获得的积极认知与积极人格，也是积极心理学提出的二十四项积极心理品质中的一种。感恩的功能主要包括自利功能和利他功能。自利功能主要指感恩对个人心理与生理健康的促进。其中，感恩与幸福感的关系被很多研究结果验证。利他功能则表现为感恩的个体总是表现出更多的适应性行为。与共情、自豪与希望等亲社会情绪相比，感恩对个体亲社会行为的预测性最强。

对于感恩的自利功能与利他功能之间的关系，研究者认为感恩拓展建构了个体自身的资源，提高了个体思维行动模式的范围，在自我欲求与他人需求中达到平衡，力图得到一种全局型共赢的结果。也就是说，感恩拓展建构个体的心理资源，并非仅仅自利，而是以利他动机为前提，个体通过这种资源的拓展建构过程，最终获得更为自利与利他的福祉。

除了验证感恩的益处，积极心理学的研究者也关注如何落实感恩的有效培养措施。在日常生活中和人际交往过程中练习感恩的三种方法如下：一是有意识地发现他人身上好的品质并且告诉对方；二是少关注细节，多关注对方；三是通过私下或公开的方式练习内在的和外在的感恩。

数字资源14-7
基于感恩的理论
设计的心理课

3. 希望模型

施耐德（C. R. Snyder）等人从认知取向角度将希望定义为一种积极的动机性状态，并认为这种状态以追求成功的路径（指向目标的计划）和动力（指向目标的活力）的交互作用为基础。这一定义认为希望包括三个最主要的要素，即目标、路径思维和动力思维。

（1）目标。这是希望模型的核心概念。施耐德假设人类的行为都有一定的目标。对于设定目标的个体而言，目标具备一定的价值。即使实现目标的可能性很小，个体也可能抱有很大的希望并且有可能完成任务。

（2）路径思维，即达到目标的具体方法和计划。它是希望的认知成分。一般具有高希望水平的人形成的目标实现路径比具有低希望水平的人更加具体可行，而且前者善于制定备选路线。

(3) 动力思维。个体认识到自己具备根据已有路径达成目标的能力，这属于希望的动机成分。

路径思维和动力思维在个体追求目标的过程中反复出现且相辅相成，它们其中一个过高或过低都不利于目标的达成。

除了上述"感恩"和"希望"，其他积极心理品质如毅力、好奇心、宽容、幽默等也得到了研究者的广泛关注并产出很多相关成果。限于篇幅，在此不做介绍。在当前社会强调积极教育和生命教育的形势下，教师们需要学会在课程设计及实施过程中自觉贯彻积极心理学的教育理念，并保持对积极心理学研究进展的关注，最终帮助学生提高学习效率，更好地应对学习和生活中遇到的各种成长难题，拥有生气蓬勃的人生。

> **案例："优势大转盘"心理课**
>
> （李晓红，2019）
>
> 该课通过优势调查表帮助学生充分认识和了解自己的优势（友善、勇敢、智慧、毅力），学会利用自己的美德和优势积极地生活。教师给学生布置了一项课后作业：根据优势调查表的结果制作一张精美的卡片，在上面写出自己的五项优势，突出标志性优势，把卡片粘贴在书桌的显眼位置，在学习和生活中去运用它们。以下是学生对优势加以运用的分享："数学是我感觉很枯燥的科目，我会把数学当成玩游戏，慢慢地了解过程"，"我不喜欢背文言文、古诗，我会把文言文和古诗编成顺口溜来背"，"以前我不喜欢英语，现在我每天坚持听英语歌，渐渐喜欢上了英语这一学科"。

本章整理了心理课主题的相关理论，旨在帮助教师们在设计心理课时较快地找到相应主题的理论支撑，从理论中找到设计灵感，寻找适合的切入点，做到将理论与实际相结合，设计出实用、有趣、灵动、专业且有意义的心理课。必须指出，与各心理课主题相关的心理学理论还有很多，本章只是基于笔者的经验列举了其中的部分理论。同时，限于篇幅，对这部分理论也只是做了"蜻蜓点水"的介绍。教师们可以根据自身需要拓展了解更多的理论。同时，教师们也要看到，心理学对人性这一复杂对象的研究处于不断深化的过程中，教育工作者需要持有终身学习和深入思考的心态和习惯，这将有助于开阔自身心理课设计的视野。

1. 心理学专业理论对心理课设计具有什么意义？
2. 在前期课程设计的准备中，常用的心理学专业理论有哪些？

3. 应如何根据发展心理学的理论对不同年龄段学生的教学方法进行选择？

4. 在设计心理课时，如何确保所选的心理学理论与学生的实际需求和学习目标相契合？

5. 试以各大主题中某一专业理论为依据，各设计一节理论依据扎实的心理课。

拓展专题一　国内心理健康教育课程的回顾与前瞻

我国的学校心理健康教育工作起步于20世纪80年代中期。四十多年的时间里，学校心理健康教育工作经历了从萌芽到初具雏形再到羽翼渐丰，由探索发展到求新变革的过程。本专题将对国内心理健康教育课程多年的发展历程进行回顾与总结，梳理出一条较为清晰的线索，以找准新课程改革背景下心理健康教育课程的发展方向。

一、国内心理健康教育课程的回顾

国内的心理课发轫于20世纪80年代的诊治型心理健康模式。随着国家的重视及一系列政策的推出，我国的心理健康教育经历了从面向个体到面向全体、从采用诊治模式到采用教育模式再到采用发展模式的变革。在学校心理健康教育的发展性和预防性功能成为主流的背景下，心理课逐渐成为学校开展心理健康教育的最重要载体。

（一）诊治型心理健康教育模式初具雏形（20世纪80年代）

在20世纪80年代中后期，中国处于改革开放的早期阶段。这一时期，一些在海外留学的学生选择回国，他们带回了各种国际思潮和心理学理论。这些心理学理论为我国心理健康教育与心理咨询事业的发展奠定了理论基础。

随着社会变革的不断深化，大学生群体开始面临各种心理问题。这些问题日益严重，引起了高等教育界的高度关注，从而催生了相关的心理卫生运动。

1982年，北京师范大学率先成立心理测量与咨询服务中心。1984年，北京大学建立了学校心理健康咨询室；截至1986年底，全国已有30多所高校设立了心理咨询服务中心。这一时期，我国的心理咨询工作主要借鉴国外模式，通过设立专业的心理咨询场所，聘请专业心理咨询师与大学生进行面对面交流，解决他们的心理困扰。这一做法在当时对部分大学生的帮助是显而易见的，但受众范围有限，未能覆盖所有大学生。

1988年，在中小学领域，《中共中央关于改革和加强中小学德育工作的通知》首次提出了对中小学生心理品质进行综合培养与提升的建议，标志着我国中小学心理健康教育的萌芽。

（二）教育型心理健康教育应运而生（20世纪90年代）

进入20世纪90年代后，在素质教育全面推进的背景下，心理健康教育逐渐从高等教育扩展至中小学领域，引发了广泛的探讨。在此期间，超过一半的学校设立了心理咨询室，为学生提供心理评估和咨询服务。随着越来越多的学校重视心理咨询，传统的诊治型心理咨询模式只能服务于少数学生的局限性也开始显现，因此，有识之士开始提倡发展性和预防性的心理健康教育，强调心理健康教育应服务于所有学生，帮助他们健康成长。

1993年，中共中央、国务院发布了《中国教育改革和发展纲要》，明确提出中小学教育应从应试教育转向全面提升学生的思想道德、文化、劳动技能和身心素质。这一文件确定了心理健康教育在中小学教育中的地位，并首次为学校开展心理健康教育提供了政策支持。1994年，《中共中央关于进一步加强和改进学校德育工作的若干意见》首次使用了"心理健康教育"这一词汇，此后这一概念在学术界和政府文件中得到广泛使用，标志着心理健康教育模式和理念探讨的开始。1999年8月，教育部发布《关于加强中小学心理健康教育的若干意见》，这是我国首份针对中小学心理健康教育的政策文件，明确心理健康教育成为一项正式的教育内容，受到政府的重视和认可，被誉为中小学心理健康教育的"里程碑式文件"。

在此阶段，心理健康教育主要采用知识与技能直接传授的模式，该模式起源于20世纪70年代的美国。当时的美国制订了一系列心理健康教育课程计划，教师在课堂上传授学生心理健康知识，强调教育优于治疗。借鉴美国的教育模式，我国心理健康教育开始尝试通过班主任或专兼职心理教师向学生宣讲心理卫生知识的方式实施心理健康教育。然而，由于我国心理健康教育理论体系尚不完善，如缺乏具体的科学理论指导，缺乏专业心理学知识的师资力量，缺乏有效、可操作的手段和方法等，所以学校心理健康教育只能通过讲座、宣传等简单方式进行，效果有限。

（三）发展型心理健康教育课程广泛应用（进入21世纪）

随着新世纪教育体系的改革和素质教育理念的深化，学校心理健康教育得到了显著加强。2001年，教育部启动了基础教育课程改革的重大举措，发布了《基础教育课程改革纲要（试行）》，将心理健康教育纳入基础教育范畴。2008年，卫生部等17个部门联合印发《全国精神卫生工作体系发展指导纲要（2008年—2015年）》，为中小学心理健康教育设定了明确的目标和要求。教育部2002年发布的《中小学心理健康教育指导纲要》，对全国各地中小学的心理健康教育活动提供了重要的指导和推动力。为了更有效地规范这一领域的工作，教育部在2012年组织专家对该纲要进行了更新和完善，其修订版明确了心理健康教育的基本原则、目标与任务、主要内容、途径和方法及组织实施等方面的内容。这些详尽清晰的指导文件，使得中小学心理健康教育更加专业化和多元化。

在这一时期，心理健康教育领域出现了多种课程模式，包括学科教学渗透模式、发展性模式和网络教育模式等。其中，发展性模式成为主流，其强调根据学生的心理发展特点，帮助学生解决成长过程中的问题，提升学生的自我意识和调节能力，促进学生的全面发展。有学者指出，不同年龄段的学生具有不同的心理特性，教育应针对这些特性，帮助学生培养良好的心理素质和人格，以适应社会的发展。发展性心理健康教育课程注重学生的"最近发展区"，以积极的人性观为导向，创造条件促进学生心理的优化发展。

发展性心理健康教育课程涵盖可持续性、全面性和潜能开发等。可持续性意味着帮助学生解决成长中的发展性问题，避免学生出现心理疾病，增强学生的社会适应能力，并充分挖掘学生的潜力，促进他们的可持续发展。全面性意味着课程面向所有学生，内容涉及学生的生活、学习和成长的各个方面。潜能开发则强调每个学生都有多种潜能，教师的任务是激发这些潜能，以解决实际问题和创造有价值的成果。

专设心理课成为21世纪以来心理健康教育的主要实施形式。此外，学科教学渗透心理课模式也在心理健康教育中扮演着重要角色，它要求教师在各学科教学中融入心理学知识，提升学生的认知、情感和行为水平。相关研究发现，文科课程如语文、历史、政治等蕴含丰富的心理健康教育资源，能有效促进学生心理素质的提升。因此，全校教师都应参与心理健康教育，将心理健康教育融入日常教学、班主任管理和学生德育工作，以实现更有效的学生心理素质的提升。

近年来，受新冠疫情的影响，网络教育模式得到了更多的关注和应用。网络教育模式作为心理健康教育的有益补充，利用在线课程、App等先进技术手段进行教学，打破了传统教学的限制。通过网络进行心理测评，了解学生的心理发展水平，然后提供有针对性的在线课程，最后通过网络整理数据，这样的流程能显著提高心理健康教育的教学效果和教学效率。研究表明，线上线下相结合的心理健康教育能够发挥网络的开放性和虚拟性优势，让学生更愿意分享真实感受，进而在线下获得有针对性的帮助。

二、国内心理健康教育课程的前瞻

新课改的实行不仅对我国基础教育产生了极大的影响，也为中小学心理健康教育课程的发展提供了良好的契机。近二十年来，中小学心理健康教育课程得到了越来越多的重视。从原本的学科教学渗透心理课模式到发展性心理辅导模式的出现，再到网络教育模式与课内外教育模式的互补运用，心理健康教育课程实现了从单一到多元、从单一的线下到线上线下混合的升级与扩张，课程模式变得更加专业化和多样化。那么，栉风沐雨数十载，中小学心理健康教育与课程模式存在哪些可以改进的空间？可以从哪些方面加以变革呢？笔者认为可以从以下四大方面着力。

（一）深入落实积极心态的培育工作

源于人本主义的积极心理学坚信人性是积极向上的，即便是一个被贴上各种负面标签的个体，内心深处也一定存在有待挖掘的正向潜能。个体能否健康成长的关键在于周围能否为其提供有利的、支持性的环境，以唤起个体生命力的勃发。基于积极心理学基本观点延伸出的学校教育也称积极教育，其目的在于通过增加积极变量促使人们产生积极变化，以增强个体幸福感。积极教育的主要目标包括：帮助学生找回自尊，找到生活的意义，获得自信；关注和培养学生的积极情感，如投入感、意义感、成就感等，以及正确处理人际关系的能力，促进学生身心健康全面发展。这些理念与中国传统文化重视美德培养、强调积极有为的精神相一致，也与当前重视发挥每个个体的正能量以实现"中国梦"的现实需求相契合。

我国心理健康教育的主体是中小学生，他们是祖国的未来，肩负着中华民族伟大复兴的使命。因此，今后还需要进一步将积极心理学的理念贯彻落实到心理健康教育课程这一心理健康教育的主战场，扎实开展对青少年儿童积极心理品质的培养，开发其潜能，使其自强自信、拼搏进取，最终成为中国特色社会主义事业合格建设者和可靠接班人。

随着社会各界对中小学生心理健康教育重视程度的增加，很多教师对积极心理学的理念已经有了一定程度的了解。在当前学生心理问题频发的背景下，心理健康教育工作者要更加注重对学生积极心态的培育，通过心理课培养学生的积极情绪，让他们成为创造与实现幸福的新生力量。这些积极情绪和个人感受有利于提高学生的学习效率，让他们更好地应对学习和生活中遇到的各种成长难题，从而拥有丰盈蓬勃的人生。后现代主义哲学框架下的焦点解决短期疗法、叙事疗法等关注人的优势与潜能，为恢复个体的心理弹性、提升个体的希望感提供了操作的具体参考。将这些理念真正内化为教育手段，将相关技巧应用到课堂当中，是进一步落实中小学生积极心态培育的重要途径。

（二）构建一体化的心理健康教育课程体系

从历史发展来看，学校心理健康教育始于对学生心理问题的关注，学校教育的出发点在于解决问题、矫正问题行为。随着积极心理学的发展，部分学者开始重新思考，他们主张心理健康教育以积极心理学为核心，采用更广阔的视角来整合心理健康教育的各个组成部分，即将学生的心理挑战视作成长过程中的宝贵资源，而非单纯的问题。然而，在实际的心理健康教育实践中，重点却仍然放在解决问题上，这从课程主题中频繁出现的"学会"一词即可见一斑，它暗含对学生能力的质疑，可能导致学生陷入一种自我否定的恶性循环，仅关注自己的弱点而忽视自己的潜能。

这种以问题为导向的课程设计，导致课程目标缺乏坚实的逻辑结构，无法充分体现心理健康教育对个体生命发展过程的关怀，同时增加了不同学段间教育内容的难度和差异的划分难度。尽管《纲要》对心理健康教育的内容进行了分学段的规划，并增加了一些内容建议，但在教学实践中，这些内容的操作性仍然面临一定的挑战。以情绪辅导为例，《纲要》针对不同学段提出了不同的要求，如小学生要"学会恰当地、正确地体验情绪和表达情绪"，初中生则被鼓励"进行积极的情绪体验与表达，并对自己的情绪进行有效管理"，高中生的目标则是"促进人际间的积极情感反应和体验"。然而，如何界定"正确表达""恰当表达""积极表达"之间的界限和差异，是一个极具挑战性的问题。

受此影响，心理健康教育课的教学目标设计也往往出现"放之四海而皆准"的情况。以辅导课"你好，情绪"（高一）为例。有教师将教学目标设计为"引导学生在人际互动中感受不同情绪的表现与影响"；通过绘画引导学生察觉并表达自己的情绪，尝试在绘画中进行情绪的自我转化。对这些教学目标，我们会产生这样一些疑问：高中生使用绘画技术去觉察、表达并转化情绪是否恰当？高中学生在人际互动中感受到的情绪与小学生、初中生有何不同？可见，如果不对教学目标进行学段化设计，就很容易使教学出现重复化、低效化的现象。受缺乏统一的心理教材、课程标准等客观因素的制约，我国心理健康教育课程目前仍然普遍存在小初高"各自为政"、散点式、系统化不足的问题。笔者认为，须依托积极教育，基于小学、初中、高中不同年龄段学生的身心发展特点，在自我、情绪、人际、学业、亲子、生命、生涯等主题框架下，细分门类、顺序排列，构建小初高螺旋式一体化的心理健康教育课程体系。

（三）恰当应用心理学专业理论

国内对心理课的定义存在一些概念和界定上的混淆，如将心理课等同于团体心理辅导、心理健康科普讲座、心理活动课等。在开展心理健康教育工作的早期，心理健康科普讲座是最为常见的形式，至今依然是学校开展心理健康教育的重要途径之一。与之不同，现在的心理课一般指的是排进学校课程表、有固定课时的课程。在心理课中恰当应用心理学的专业理论，并非将心理课变成心理健康科普讲座，而是将恰当的心理学理论作为课程设计理念的有力支撑。一方面，有效的心理课需要以一些课程教学理论为依据创设流程，并在流程中斟酌安排具体的教学内容。有的教师根据日常观察和个人经验，在课堂上呈现一些方法和观点，但心理课的教学对象是一个班或多个班的学生，其讲授的知识和传授的技能必须具有普遍性，如果仅从个人经验出发，可能造成不同教师个体间的经验矛盾。而相关主题的心理学专业理论是以专业成果呈现的知识体系，一般经过了科学研究的过程，有相关数据的支持，其可靠性必然超过个人的思考，且专业理论本身的严谨逻辑也为课程活动设计的条理性提供了保障。对于较高学段的学生来说，有一定心理学专业色彩的内容更具吸引力。另一方面，教师要理性选择并科学运用心理学专业理论，切忌将心理课上成心理学专业课。如果只是照搬心理学知识来开展心理课，那么就会本末倒置。心理课的教学目标是提升学生的心理健康水平、培养学生的健全人格，要达成这一目标绝不是简单学习心理学知识就可以实现的。

（四）规范心理健康教育课程的设计流程

一节合格的心理课，既不是漫无目的地照本宣科，也不是几个活动的随意拼凑，而是有其内在的运行逻辑。课程教学理论关注的重点是个体在一节课的时间内所经历的心路历程，以及一个班级里个体与个体、个体与团体是如何产生互动的。因此，教师必须根据个体的状态及其与班级环境的互动规律来设计课程，以达到最佳的教学效果。在心理课的教学流程设计中，有三种常见的理论依据：体验式学习理论、建构主义学习理论和团体动力学理论。其中，体验式学习理论、建构主义学习理论与课堂教学方法、活动和素材的选择及使用密切相关。体验式学习理论强调教师在课堂中让学生通过亲身经历或利用已有经验来认识周围事物，进而对教学内容产生认识、理解和感悟。其教学流程和模式大致为：创设情境、启动体验—设计问题、激活体验—交流感悟、升华体验—评价反思、践行体验。建构主义学习理论下的教学模式则强调把学习者原有的知识经验作为新知识的生长点，引导学习者从原有的知识经验中生发出新的知识经验。在建构主义教学模式中，教师的作用是为学生建立情境、提供协助，最终让学生实现对知识的主动建构。团体动力学理论认为，团体是有生命力的组织，团体动力包括对内在团体和外在团体产生影响的力量。团体动力更关注一节课中团体的动力运转，并将其作为决定课堂教学目标是否可以达成的关键。由于团体动力学理论相对成熟，有较清晰的操作程序，所以是目前心理课教学设计中最常用的理论。钟志农将心理课中的团体运作过程分为四个阶段：一是团体暖身阶段，教师初步引入本节课所要探讨的问题，营造一种安全舒适的氛围，帮助团体成员形成有凝聚力的实体，将注意力投入课堂；二是团体转换阶段，教师需要创设情境、提出问题，激发成员探索的欲望，将团体目标转移到"运用团体动力解决团体共同关心的某一发展问题"上，逐步催化团体动力的过渡；三是团体工作阶段，该阶段在课堂教学中所占比例最大，是团体解决实质性问题的关键环节，工作重点是"问题探索"；四是团体结束阶段，教师需要引导学生总结本节课的收获，感悟团体经验的意义，鼓励学生将认知、经验加以生活化和行动化，将课堂向课外延伸。这一心理课的四阶段分法可操作性强，流程清晰，被当前很多心理课设计采用。

总的来说，笔者认为一节心理课的逻辑起点是教学对象也就是学生，是为了学生的需求与痛点去设计心理课程的。换句话说，在设计一节心理课前，教师必须对学生的身心发展特点与现实需求有充分的把握，在充分把握和分析学情的基础上，设置教学目标、找准理论驱动、设计教学流程、找准活动内容。在设计心理课的过程中，坚持"目中有人、课中有心"[①]的理念，不图热闹，只为走心。

当前心理健康教育教学模式的变革，除了以上几点，还要将专门的心理课与心理主题班会课、学科教学渗透、融合课程等相结合，拓展心理健康教育的课程平台。多类型心理课的联动开展也有利于更多的教师投入心理健康教育工作，从而壮大师资力量，努力实现"全员心育、全科育心"，提高心理健康教育教学的实施效果。

1. 国内心理健康教育课程在不同阶段体现出哪些特点？
2. 作为一名心理教师，应如何回应国家和社会的发展需求开展心理课的设计？
3. 诊治模式、教育模式、发展模式在心理健康教育方面的主要区别是什么？
4. 当前国内心理健康教育课程改革的重点包括哪些方面？

---

① "目中有人、课中有心"是黄喜珊提出的心理课设计与实施标准，其中"目中有人"主要指教师的心中要始终装着学生，从学生的发展需求出发设计和实施教学；"课中有心"主要指心理课要有"心理味"，注重学生的活动体验、感悟和生成，体现心理课与其他课程的不同，课程设计有心理学的专业理论作为支撑等。

拓展专题二　如何处理预设性资源与生成性资源的关系

　　心理课是以班级为单位，以学生身心发展规律为基础，结合学生的生活实际、运用心理辅导技术、发挥团体动力作用，促进学生心理成长的一种活动课。其精妙之处在于教师引导学生在开放、安全的氛围中充分互动与分享，有效提取互动中生成的信息，不断推进活动走向深入。因此，过分追求预设性资源而忽视生成性资源，或者过分追求生成性资源而忽视预设性资源，都无法很好地实现教学目标。

　　新入职的心理教师往往存在以下问题：遇到学生的回答与教师设想的答案不一致时，容易习惯性地否定或忽视学生的答案；教师提问时如果学生"答非所求"，不懂得及时调整提问方向；对于课堂中突然出现的"意外事件"，不知道如何处理；对于学生的回答，给出的评价或鼓励非常相似；上课时遇到学生积极性不高，教师没有在课前预设的基础上生成一些感受或想法；过分依赖教学媒体，如遇到电脑出现故障，就无法正常开展教学活动；课堂气氛活跃、热闹但秩序混乱；学生仅沉浸于游戏活动中，没有从中获得应有的情感体验和认知改变。

　　以上问题出现的原因主要是教师没有处理好课堂中预设性资源和生成性资源的关系：有的问题在于过分重视预设性资源，不重视生成性资源；有的问题在于过于重视生成性资源，造成预设性资源严重缺位。对于不少教师来说，如何处理课堂中预设性资源与生成性资源的关系是其教学生涯中的一大难题。本拓展专题以小学心理课为例，阐述在心理课中如何科学地处理预设性资源与生成性资源的关系。先明确预设性资源和生成性资源的概念，对两者的关系进行归纳；之后，针对课前、课中和课后三个环节，就小学心理课堂中如何处理两者关系进行详细阐述，对每个要点均附上案例说明。

一、预设性资源与生成性资源的内涵及其关系

　　所谓"预设"，即课堂教学前的一个预案。预设要明确几个问题：这节课教什么？要求学生达到怎样的目标？教师提供什么材料？采用哪些教学方法？在每一个环节里，如何提问？期望学生怎么回答？所谓"生成"，即在课堂教学实施过程中学生实际出现的"新情况"。生成性资源大致可以分为两种：一种是预设会产生的现象，另一种是不曾预设而产生的现象。

　　如前所述，预设性资源和生成性资源的关系如果处理不当或失衡，将对一节课的效果产生较大的影响。那么，应该如何处理预设性资源和生成性资源的关系？笔者结合多

年的教学实践以及听课评课的观摩学习与反思，对预设性资源和生成性资源的关系进行了梳理。

（1）预设性资源是生成性资源的基础和保障。心理课的教学是一项复杂的活动，心理教师应在对活动目标、学生身心特点、学习资源等各种要素进行充分预设的基础上开展教学，预设课堂中可能的生成性资源，使心理课更具方向感。

（2）生成性资源是对预设性资源的补充和升华。生成性资源能够进一步完善预设方案，丰富课堂内容。通过课堂的生成，学生之间、师生之间深入分享和交流，不断丰富情感体验，对自己与他人的关系有了更深刻的体验和领悟，这是师生在课堂中实实在在的收获，是提升心理课有效性的关键。

（3）预设性资源与生成性资源之间是辩证统一的关系。课堂教学中的预设与生成是相互制约、相辅相成的。课堂教学中如果缺少了教学预设只剩下课堂生成，课堂就会变得松散没有主线，教师授课时会信马由缰，完全按照自己临时的想法来教学，这样的生成会变成无意义的生成；如果完全按照预设的内容进行教学，那么课堂气氛会死气沉沉，学生没有发挥的余地。因此，心理课堂的教学既需要教学预设，也需要现场生成。

明确两种资源的内涵及其相互关系之后，笔者从课前、课中和课后三个环节，对课堂实操中如何处理两者关系进行较为详细的阐述。

二、课前预设性资源的准备

要产生精彩的生成性资源，前提是准备好预设性资源。教师首先要明确教学目标，全面了解学生，设计弹性方案，为生成性资源的展示创造空间。

（一）明确教学目标，预设教学情境

小学心理课面向的是小学生，教师平时需要多与各科任教师交流，了解学生的生活，了解学生喜欢什么、讨厌什么、有什么烦恼和困惑，这样才能发现热点，找到活动的主题和目标。在明确目标后，教师需要通过一定的方式营造情境，一个好的情境创设能够激发学生的兴趣，使课堂教学得以深入开展。这里以笔者"神奇的心理暗示"一课的设计为例进行说明。

> **案例：神奇的心理暗示（六年级）**
>
> 【辅导目标】
> （1）知道心理受暗示是每个人的特征，且程度不一样。
> （2）体验心理暗示的神奇力量，能够区分积极暗示和消极暗示。
> （3）尝试在实际生活中合理利用积极的心理暗示。

【教学片段】

（左手或右手）

教师：我想邀请一名同学上台，他需要闭上眼睛并且配合教师做一些事情，哪位同学愿意上来？

教师说指导语：请你闭上双眼，双手水平伸直，想象现在老师在你的一只手里放了一个硬币，但不要告诉老师是哪只手。请你一直想着放硬币的那只手。现在，老师往那只手又放了很多很多硬币，硬币很重很重，那只手也变得很重很重。（教师猜测学生心里所想的硬币放在哪只手上，学生判断教师的猜测是否正确。）

教师：为什么我能够猜到他的想法呢？（学生讨论并且发言。）

教师：其实，并不是教师能够看穿同学们的心，而是因为心理暗示的神奇作用。今天这节课，我们就来讲讲"神奇的心理暗示"。

【设计原理】

该片段是团体热身的游戏体验，教师通过活动创设情境，使学生身处情境之中，对心理暗示有一个感性认识，继而对心理暗示产生兴趣。

（二）全面了解学生，考虑其发展需求

对不同年龄段学生心理发展特点及需求的掌握是设计心理课的重要前提。小学生的身心发展处于比较平稳的状态，但从小学一年级到小学六年级，不同年级学生个体存在很大的差异。刚上心理课时，笔者曾经尝试将同一份教学设计用于两个不同年级的班，课堂效果不甚理想。后来经过不断探索和完善，笔者编制出了一套适用于各个年级的课程体系，如此一来更贴近学生的发展和需要，能生成更丰富的资源。

数字资源拓1
不同年级的想象力课程体系

（三）设计弹性方案，创造生成空间

富有弹性的预设能够为生成创造空间。弹性的预设包括时间、教学过程、教学设计等，预设的目标、教学过程等可以根据课堂中的生成情况进行有目的的调整。此外，课堂当中也会出现一些突发情况，例如：电脑坏了，无法使用课件上课；部分学生被科任教师叫去补课，导致学生数量变少；学生受上一堂课的影响仍然沉浸在当时的情绪中；等等。此时，只有灵活调整活动方案，才能让课堂变得有活力和生命力。这里以"挥别母校，走进中学"一课的设计为例进行说明。

案例：挥别母校，走进中学

【教学片段】

(1) 我记忆中的校园。
(2) 我记忆中的教师。
(3) 我记忆中的同学。

【设计原理】

该片段处于团体转换阶段，教师的预设是让学生回忆在小学校园中印象深刻的地方、教师和同学。该环节只设计了方向，让学生自己通过表演、角色模拟、语言等方式自由表达，没有过多的预设，给予学生充分发挥的空间。

三、课堂中——生成性资源的动态舞台

正所谓"台上三分钟，台下十年功"。课堂的40分钟是展示教师才华的重要时刻，教师个人良好的素质也将在这段时间里得到充分的体现。为了使课堂有限的时间成为生成性资源的"动态舞台"，教师需要做好以下几点工作。

（一）明确角色定位，营造生成气氛

教师在心理课上应该营造一种安全、和谐、开放的气氛，让每一个学生都想说话、都有话可说。要达到这样的效果，教师需要明确自己在课堂中的角色定位：在心理辅导活动课中，不评论、不劝告，做学生心灵的倾听者、自我探讨的促进者。此外，心理教师还需要掌握基本的沟通技巧，通过接纳、同感、鼓励、关注等技术与学生建立良好的关系，营造融洽的课堂氛围。

1. 接纳

接纳就是当学生出现不同的想法时，心理教师应先放下自己的价值标准，以开放、尊重的姿态让学生充分表达他们的想法。心理课与其他课的不同之处是，心理教师要接纳学生的不同观点，尽量保持价值中立。笔者参加过一次心理教学研讨会，观摩了心理名师王天文的示范课"尊重每一个生命"，她对"生成"的巧妙处理让笔者深受启发。

案例：尊重每一个生命

【教学片段】

选择你喜欢的水彩笔颜色，写下你觉得与生命有关的词语。

> 【学生生成内容】
>
> 活动过程中，多数学生选择彩色，其中，有个学生用黑色笔写，被周围同学质疑后，立刻换了一支彩笔。
>
> 【教师处理方式】
>
> 在分享环节，王天文教师特意请该学生分享。这个学生表示，他原本选的是黑色，因为他喜欢黑色，但同学们都说黑色不好，在集体压力下他就改成了红色。王老师温和地看着该学生，问："同学们，我们今天这节课的主题是什么呢？""尊重每一个生命。""是的，尊重每一个生命。当其他同学和你选择了不一样的颜色、不一样的词语时，不正是体现我们尊重他们的时候吗？"
>
> 【教学结果】
>
> 学生们恍然大悟，自发地给王老师和那位同学鼓掌。

2.同感

同感就是教师把倾听到的内容通过感同身受的理解，以一种无条件接纳的态度反馈给学生。常见的表达方式是教师自然地流露出与学生同步的思想与情感体验，表现出因学生的高兴而开心，因学生的困惑或不快而担忧，甚至体态语都尽量做到师生同步。

3.鼓励

心理课上，教师要鼓励学生积极发言，表达不同见解，敞开心扉说出心里话。为了营造安全开放的团体氛围，教师可以这样说："谢谢你愿意把真心话告诉大家，希望大家为他保密。"通过类似的话语，既鼓励发言学生，也提醒其他学生遵循保密原则。

4.关注

心理课上，教师应认真倾听学生的表达，观察学生的情绪反应，关注学生的心灵感受。教师要通过密切和积极的关注，及时发现学生的异常状态，并给予帮助和引导，开拓生成。

（二）抓住生成点，让思维走向开放

不同班级有不同的风格，每一个班级生成的资源也不一样。教师在备课过程中往往预料不到，但这些都是学生活生生的经验。学生的一个举动或非言语信息都有可能成为讨论的切入点，心理教师需要有敏锐的观察力与觉察力，把握好生成点。根据多年的教育教学经验，笔者归纳出以下几个生成点。

1. 质疑点

质疑点即学生在课堂当中生成质疑。例如,笔者在面对五年级学生执教"学会宽容"一课时,就遇到了学生提出的质疑点。

案例:学会宽容

【教学片段】

教师提问:"宽容有什么意义呢?"

【教师预设】

(1) 有宽容,才有快乐(心理健康方面)。
(2) 有宽容,才能和谐共处(人际关系方面)。
(3) 有宽容,才有创造和成功(学习工作方面)。

【学生生成内容】

多数学生按照教师的预设回答了宽容的意义。一位学生突然举手,问:"老师,为什么要宽容呢?这样只会被人欺负。"

【教师处理方式】

教师说:"这位同学提出了一个很有意义的问题,的确会出现这样的情况——太宽容了会吃亏、会被欺负。"接着,教师抛出新的问题:"同学们认同这个同学的说法吗?"

【教学结果】

学生纷纷举手,发表自己的看法。

最后教师小结:"我们需要宽容,但宽容是有原则的,宽容绝不是放任、纵容,绝不是消极的无所作为!我们需要运用自己的智慧判断是否需要宽容。"

2. 闪光点

闪光点即学生在互动中出现的创造性想法或感受。学生想到的方法是多种多样的,有些甚至出乎教师的意料。教师应该鼓励学生勇于提出独到见解,引导学生找出自身潜能中的闪光点,并巧妙地捕捉这些生成性资源,灵活调整教学过程。笔者作为一名小学心理教师,常常需要在同一个年级讲同一个主题,并用同一个教学设计给一个年级的六个班级授课,结果发现每个班级学生的课堂风格都是不同的,这给笔者带来很大的启发。

案例：我的身体会说话（四年级）

【教学片段】

（情境呈现）

教师和学生带着许多礼物去看望聋哑学校的孩子们，陪他们上课、做游戏，度过了愉快的一天。即将分别时，聋哑学校的孩子们非常感激这些大小朋友们，舍不得他们离去。假如你是其中一位前去探望的学生，你会用哪些身体语言表达此时内心的不舍之情？

【教师预设】

学生会通过"拥抱""说再见""握手"等方式表达不舍。

【学生生成内容】

多数学生按照教师的预设使用非言语表达自己的不舍。其中一位学生和他的好朋友一起上台，一个人往前想拉住聋哑学校的学生，另一人则把他用力往后拉，两个人配合的场面非常感人。

【教师处理方式】

教师："刚才大多数同学都能够巧妙利用身体语言来表达，但是，这位同学能够想到与他人合作来表达，很棒！"

3.燃烧点

燃烧点即师生在某一情境中实现了情感上的共鸣和升华。这里以笔者在"挥别母校，走进中学"一课中的设计和处理为例进行说明。

案例：挥别母校，走进中学

【教学片段】

（我记忆中的教师）

教师提问："在我们接触的这么多教师当中，哪位教师让你印象深刻？"

【教师预设】

学生通过言语表达，分享让自己印象深刻的教师。

> 【学生生成内容】
>
> 其中一位学生站起来,问:"老师,我不想说话,能不能用动作模仿呢?我模仿得可像了。"
>
> 其他学生纷纷响应。
>
> 【教师处理方式】
>
> 教师:"请你上来模仿,让大家来猜是哪位教师。"
>
> 学生表演。
>
> 【教学结果】
>
> (1)该学生表演完后,又有部分学生积极举手要求上台模仿。
>
> (2)教师总结:"刚才,同学们表演了教师经常做的动作和说的话语,因为相处时间长了,我们彼此也更加了解,每个教师都有让我们忘不了、舍不得的地方。"

4.意外点

意外点即课堂中出现的偶然事件。教师可以抓住这些意外点,引导学生打开思维。例如,在自我介绍环节,全部学生围坐成一个圈,轮流做自我介绍。小唐(化名)自信大方地介绍完自己后,轮到他旁边的女孩子小青(化名)。小青比较腼腆,低着头不出声。小唐拍了拍她,让她快点说。见小青还是没反应,小唐按捺不住,想把小青拖到中间去,此时小青动手攻击了小唐。这时教师暂停自我介绍活动,将刚才看到的事情经过大致描述了一遍,问大家:"同学们,你觉得刚才小唐为什么要去拉小青呢?""想让她上去做自我介绍。"其中一个学生答道。"是的",教师拍了拍小唐的肩膀,说,"你希望小青能够勇敢地上去做自我介绍,把她强行拉上去,但没有考虑到小青的感受,所以小青生气地打了你。你很热情,但需要改变方式。大家帮忙出出主意,怎么做才能让小青上台去介绍自己?"学生们纷纷举手发言。小唐慢慢止住了泪水,也举起手想发言……

由此看来,课堂教学中的生成是需要及时把握的。教师要善于抓住各种生成点,创造性地去运用它,这样才能让课堂教学充满生机。

四、课后——生成性资源的延续

在每一次授课之后,教师需要养成及时把授课过程中生成的资源补充到教案中的习惯。无论经验多么丰富的教师,都不可能把教案做得尽善尽美,因为课堂的主体是教师和学生,而学生有自己的知识和经验,他们的思维非常活跃,教师永远不能完全预设和确定学生在课堂中的表现。所以,通过课后的反思和回顾,教师可以发现原先教案中不完善的地方，进行比较分析，尝试探索创新点，以便为自己再次的充分预设和完美的生成提供借鉴。以下是笔者的一个课后完善和调整的教案。

案例：当我不开心的时候（二年级）

【教学片段】

教师引入：妈妈看见霍斯生气了，有没有什么好办法？我们一起看一看。学生阅读绘本。

教师提问：霍斯妈妈想出了什么办法？（霍斯和妈妈煮汤，然后把生气的事情对着汤大声地说出来）现在霍斯的心情怎么样了？生气的时候我们还有什么好办法让自己的心情好起来？

教师总结：其实，发脾气是很正常的，我们每个人都有生气的时候，但是我们可以想办法让心情变得好起来。

【学生生成内容】

部分学生对霍斯的动作十分感兴趣，一边读一边模仿。浏览完故事，对于教师提的问题，却很少有学生能回答出，因为学生只是浏览了故事但没有记住细节。

【教案改进】

将阅读绘本改为同桌之间的角色扮演，一人扮演霍斯，一人扮演妈妈，教师扮演旁观者。课堂氛围一下子活跃起来。角色扮演结束后，对于教师提出的问题，学生踊跃回答。

新课程倡导教师要用教材教，而不是教教材。教材应为教师所用，而不是教师为教材所困。生成性资源更能体现课堂的生命力，但对生成性资源的驾驭绝对不是一朝一夕之功，它需要教育者积累经验和智慧，还有不断进行教学反思以及大量的学习和观摩对比。预设性资源和生成性资源的有机结合，可以保证课堂的方向，使课堂充满灵气。未来的路上，让我们一起努力！

思考题

1. 预设性资源和生成性资源各自的含义是什么？
2. 预设性资源与生成性资源之间存在什么关系？
3. 如何通过课前、课中和课后的准备处理好预设性资源与生成性资源的关系?

4.本专题围绕小学心理课阐述课堂中两种资源的关系处理。如果换成初中或高中学段,你认为在处理两种资源的关系上会有哪些不同的做法?

5.以自己设计的一节心理课为例,结合本专题所学,阐述你将如何处理好预设性资源与生成性资源的关系。

拓展专题三　如何从心理课的教学小白成长为教学能手

对于一位教师来讲，教学能力就是其教师生涯中最重要的能力。只有站稳了课堂、上好课，才能给学生留下好印象，让学生愿意亲近、愿意求教。对于一位新入职的教师来讲，快速提升课堂教学能力就是其教师生涯要闯的第一关。笔者在2004年大学毕业后，就进入中职学校担任心理教师，经过多年的探索与实践，从最初的教学菜鸟进阶为教学能手，并深深地爱上了心理健康教育这一工作。下面，笔者就从"教什么、怎么教、教得怎样"三个方面给准备进入教师行列或新入职的心理教师分享自身的教学心得体会。

一、教什么——精准备好教学内容

这里的"精准"两字，就是准备心理课教学内容的金科玉律。因为心理课不是心理健康理论知识的传授，而是在相关理论的指导下，将心理学的理论和方法转化为学生可以切身体验的情境或活动，从而引导学生在体验、探究、分享中有所触动、有所感悟，进而促进学生心灵的成长。所以，只有精准，才能引发学生兴趣；只有精准，才能拨动学生心弦；只有精准，才能引发学生的体验、探索和分享；只有精准，才能更好地促进学生的成长和改变。那么，怎样设计才算精准呢？笔者认为，必须做好以下几方面工作。

（一）精读文件，把好方向

心理课是开展学生心灵教育的活动课程。国家和多个省（自治区、直辖市）都制定了相关的规范性文件。这些文件是设计中小学心理课的重要指南，是保证心理课科学性和方向性的重要依据。教师要熟知这些文件，对文件内容进行深度的多次的研读学习，做到精准掌握指引，确保方向正确。教师还可以把这些规范性文件打印出来，放在办公桌显眼位置，当成工具书使用，时时刻刻提醒自己设计心理课的科学性和方向性。依据这些规范性文件，选定适合各个学段学生心理发展特点和需求的心理健课主题内容。

（二）精选理论，定好深度

要保证心理课的科学性，避免出现常识性错误，选定合适的心理学理论作为课程设计的依据非常重要。怎样的理论依据才是合适的呢？笔者认为通过实证研究得出的心理学理论更适合作为心理课设计的理论依据，这样才能保证心理课设计的科学性和可操作性。怎样寻找合适的理论依据呢？笔者认为可以从以下两方面进行研读和探索：一方面是教科书、心理学经典著作，这要求心理教师熟读经典、熟知理论，不断夯实和提升自己的理论功底；另一方面是查阅文献，根据所要设计的主题内容，认真查阅相关文献资料，选准理论依据。通过查阅文献资料，教师还可以了解更多与主题相关的前沿研究，了解更先进的理论，使自己的教学设计更具前瞻性、时代性。心理学作为一门年轻的学科，相关研究也在不断深入和更新迭代。随着时代的变化发展，人的心理发展状况和需求也在不断变化，教师只有掌握经典和前沿的理论，才能与时俱进，设计出适合新时代学生个体发展需要的心理课。

（三）多维调研，精准切入

中小学一节心理课的时间一般是40～45分钟。要在有限的时间里，让学生有比较深刻的体验、探究、分享和感悟，离不开精准有效的设计。所以选择的教学切入角一定要小且准，要能够切中要害，这样设计的教学内容才能够"入心入肺"。什么样的切入角才算小呢？简单说，就是一次只解决一个问题，一次只提升一项小能力。新入职的教师往往会比较"贪心"，希望在一节课时间内让学生掌握几种心理品质与能力，结果通常变成主次不分，教师给了学生一箩筐，学生最终还"吃"不到一口。因此，在备课前，教师要深挖学生的需求，了解学生在一个大的知识点下面有哪一个小方面需要实现重点突破。做课前调研有以下几种方式：一是通过课堂观察了解；二是向科任教师和班主任进行了解；三是通过与学生访谈了解；四是通过设计心理调查问卷了解；五是通过课后的心理反馈单或者心理行动作业了解。通过以上一种或多种方式，教师可以了解不同学段学生的身心发展特点、容易产生的心理矛盾和心理需求，还可以了解发生在学生身边的、容易引发学生关注的代表性问题和热点话题，更精准地把握学生对于本主题迫切需要进行深度研讨的点。这样设计的教学内容才更具适切性和趣味性。这也是心理教师进行有效教学的前提和基础。

（四）精细备课，周密考量

在前面调查的基础上，教师就可以开始查找资料、设计情境、撰写教案了。对于新手教师，建议撰写全教案。全教案就是教师在教案里要把自己要说的话都写下来，特别是教师引入的话语、提问的话语、回应的话语、总结与过渡的话语等。这样教师在上课的时候能够更加得心应手，避免因为上课紧张而出现言语混乱的情况。当然，并不是说写了全教案之后就完全按照全教案来上课。上课的过程中可能不会像教师预设的那么顺利，可能会出现一些课堂小插曲和小意外，因此课堂上的灵活应变、及时调整教学进度非常重要。心理课非常重视学生的体验和分享，所以在活动推进的时候，新手教师往往容易出现给学生的时间过长或者过短的情况，甚至会出现教师提问后学生回答不上来或者没人愿意回答的情况，所以教师要做好充分的预案——"万一出现了这种情况，我可以这样处理；出现了那种情况，我可以那样调整"，做到心中有数，在课上游刃有余。

二、怎么教——灵活有趣高效地实施课堂教学

在心理活动课堂教学中，教师是主导，学生是主体。教师就像导演，精心设计好剧本（情境或者活动），引导演员（学生）进入自己的场（心理世界）中去演好自己的角色。与拍剧不同的是，这个过程是允许对剧本进行动态化微调的，可以根据演员（学生）的状态和需求进行及时调整和优化，这在心理学专业领域被称为"注重现场生成"。为什么要注重现场生成呢？因为在心理课上，教师在引导学生不断地体验、探索和分享丰富多彩的心灵世界时，不同的学生心灵世界的展现形式和内容也会不大一样，教师要允许不一样的存在。此外，现场生成的才是真正有血有肉有感情的内容，这与提前预设然后强加给学生的知识完全不同。所以说，现场生成就是把场子完全还给学生，教师只是这个场子的管理员（或向导），适当进行引领，把握正确的方向（正确的价值观）就好了。

当然，要做好一名管理员（或向导），也不是一件容易的事情，教师只有提前学好"十八般武艺"，才能够现场运筹帷幄、指挥自如。那么，心理教师实现高效课堂教学的"十八般武艺"是什么呢？笔者将其概括为以下三大点。

（一）建立关系，做好铺垫

正所谓"亲其师，信其道；尊其师，奉其教；敬其师，效其行"，学生愿意亲近教师，才能心悦诚服地接受教师的教育；学生尊重自己的教师，并且信奉教师的教导，才能听从其教诲；学生敬佩自己的教师，以教师为榜样，才能遵从他的做法。从古至今，师生关系的互动规律都是相同的。很多时候，学生因为喜欢某位教师，才会喜欢上他的课、听他的教导。所以说，教师建立与学生之间的良好关系对于课堂顺利愉悦的实施至关重要。

那么，怎样才能成为学生喜欢的教师呢？对此，每位教师都有自己的方法和技巧。但有一些特质是相同的，那就是真诚、善良、温和而坚定、正直、乐观、谦虚、勇敢、有爱心、有耐心、有同理心、有包容之心、有好学之心等。笔者认为，这些特质都是一位优秀教师、一位受学生欢迎的教师必须修炼和达到的。教育是用一个生命影响另一个生命的过程，良好的师生关系才能产生良好的教育效果。

（二）修炼语言，应用自如

心理课的教学语言具有生动性、准确性、情感性、启发性等特点。具体说来，一是教学语言应生动流畅、引人入胜，能调动学生参与课堂的积极性和主动性，要避免生硬和冷漠的语言；二是教学语言应科学、专业、实事求是，将教学要求、心理学知识、活动规则、技能操作程序等准确无误地传递给学生，切忌出现用词不规范、前后不一致、价值观混乱等情况，以免误导学生；三是教学语言应饱含真情，能触动学生产生积极、正性的情感体验，养成良好的情绪品质；四是教学语言要能启发学生的主动思维，培养其养成良好的反思习惯。

概括起来，心理教师的教学语言要做到生动优美、准确专业、饱含真情、启发思维，给学生一种引人入胜之感，让学生愿意跟随，在心理活动课中不断地进行积极探索与互动，进行体验分享、感悟总结。在这样的课堂上，师生都会有美好的体验和丰盈的收获，也最能让教师感受到职业的幸福感和成就感。

（三）灵活应对，带好节奏

心理活动课堂的实施过程中是不可能全程顺利的，总会出现这样那样的小意外或小插曲，这就需要心理教师具备灵活应对的能力。比如，可能出现教师提问题没有学生回应的冷场局面，可能会出现某个学生在课堂上出现情绪过激的情况，也可能会出现学生一活动开就收不住的情况等。这就需要心理教师在备课的过程中有所准备，做到有备无患，灵活地去应对各种突发状况。心理教师在平时也要注重提升自身的专业素养，特别是积极学习和提升将心理咨询辅导技术灵活运用于课堂的能力。心理教师也要做好"百密一疏"的防备，允许超出预设的意外发生，不能因学生未达到预设而生硬灌输。当课堂节奏过慢，教学目标完成不了的时候，教师要灵活地调整教学内容，把握教学节奏，让课堂教学在适当的节奏中完成。

三、教得怎样——积极总结反思课堂效果

有关心理教师胜任力的研究发现，能够主动对教学过程进行总结反思形成经验并使之形成体系是优秀心理教师和普通心理教师的明显不同。及时对所上的课进行总结反思和修改完善，能促进新手教师快速成长。

笔者也是这样成长起来的。第一年教学时，笔者负责全校21个班的心理课的教学工作。在教学过程中，笔者发现每个班的孩子都是不一样的，因此笔者意识到在教学的实施过程中要采取不同的教学策略。所以，每次上完课，笔者都会尽快收集学生的反馈和听课教师的反馈，进行自我反思，写好总结，并及时进行修改。一轮课下来，每个年级有7个班，笔者的教学设计就有7个版本。全校21个班，笔者的教学设计就有21个版本。经过这样高密度、扎实持久的教学与教学反思，笔者的教学能力得到了很大的提升。那么，如何进行总结反思以提升教学能力呢？笔者认为可以从以下四个方面进行实践。

（一）收集反馈

在收集反馈的时候，指导教师、优秀教师的听课反馈是比较专业的，他们会对授课教师整个教学设计和教学流程进行反馈和指导，这对于教师规范化教学非常有帮助。此外，来自学生的反馈也非常重要。因为学生是学习的主体，学生反馈好才是真的好。笔者在教学过程中非常注重对学生反馈信息的采集，会利用课前课后与学生进行交流，倾听他们的感受和反馈。同时，每节课都会设置课堂活动清单或者课后心理拓展任务（也

称心理作业），这些学生的感受和反馈是笔者优化课堂教学的重要资源。通过以学生为主体的反馈方式总结教学经验，教师对学生的需求会更加了解，日后进行教学活动的设计也会更加细致、有针对性。

（二）自我反思

除了收集他人反馈之外，自我反思也非常重要。自我反思体现在课堂教学过程中的阶段性反思和课堂教学结束后的整体性反思方面。课堂教学过程中的阶段性反思可以帮助教师更加灵活地处理突发状况，及时调整教学思路，从容应对课堂的生成性问题。课堂教学结束后的整体性反思是指教师思考"教学效果如何""教学目标达成度如何""课堂中是否有处理不当的地方""是否需要跟进处理某些学生在课堂上表现出来的特殊情况（如情绪过度激动）""如何进一步完善教案"等问题，及时对教学设计进行修改，再用修改过的教学设计进行课堂教学，验证自己的反思成果，全面总结教学经验。随着教师对课堂细节的深入思考，这些经验总结将不仅是个人专业化发展过程中的成果，更是为心理教师提供价值感和意义感的源泉。实施心理健康教育的过程，也是教师进行自我修行的过程，表面看起来获益者是学生，其实真正的获益者是教师。

（三）听课评课

听课评课就是教师跳出自己的"框框"，站在他人的视角去观察和评价一堂课。这对于教师教学能力的提高也是非常重要的。只有发现问题，才能解决问题。评课可以让教师更好地去备课和上课。所以，笔者在教学和其他工作之余，积极去听其他教师的课、其他学科教师的课，多方面了解他们的备课和上课的风格和特点，学习其做得好的地方，并及时迁移到自己的课堂中，验证教学效果。长期坚持下来，就会发现自己的课堂监控和评价反思能力越来越强，教学效果越来越好。

（四）积极参赛

俗话说得好："是骡子是马，拉出来遛遛。"对于一位心理教师来讲，积极参加各种层次的比赛，也是检验教学能力、迅速提升教学水平的很好途径。参加比赛能迫使教师跳出自己的舒适圈，更加清楚自己的所长和所短。因此，笔者建议所有的新手教师、年轻教师都积极参加比赛，以赛促改、以赛促成长。参赛不仅磨炼教师的教学能力，也磨炼教师的心智，促使教师更好地反思和成长。比赛一次，就强大一点、淡定一点。比赛无关成绩好坏，关键是成就更好的自己。

四、结语

十几年弹指一挥间，现在回想起来，成为新手教师好像还是昨天的事情。但这十几年来的磨炼和成长收获是沉甸甸的。教学过程说简单也简单，说复杂也复杂，关键就在于"精准"二字。上好课，起始于精准，丰富于过程，温暖于当下，希望于未来。实施心理健康教育的过程，就是引导学生关注当下、修炼心性、追梦未来，带领学生在有爱、温暖、充满正能量的心理课堂中成长。愿读到此书的诸位，也跟笔者一样，带着对心理课浓浓的爱而来，一路积极传播积极心育理念和方法，激活生命、影响生命。

    1.在心理课"教什么"的问题上，对文件、理论、学情的钻研和分析各有哪些意义？

    2.本专题作者是如何实现有趣又高效的课堂教学这一目标的？

    3.课后的反思对于一名新手教师的成长具有哪些意义？

    4.新手教师可以通过哪些途径进行教学反思？

参考文献

[1] 曹峰，陈宝军，李通德.教学设计，何以设计——基于PID、SDI、LACID教学设计理论的对比分析[J].课程教学研究，2022（3）：24-30.

[2] 崔昌淑.心理辅导课的发展演进与专业性[J].中小学心理健康教育，2014（10）：9-11.

[3] 陈隆升.学情分析论[M].上海：上海交通大学出版社，2019.

[4] 陈志刚.课前备课学情分析的内容与操作实施[J].内蒙古师范大学学报（教育科学版），2019（9）：1-7.

[5] 陈晓婷.小学语文教学中板书设计与运用现状及改进策略研究[D].兰州：西北师范大学，2018.

[6] 戴敏燕.鳄鱼池外的选择——高中生异性交往团体辅导[J].中小学心理健康教育，2019（12）：38-40.

[7] 邓公明.中小学心理课的常见教学方法[J].江苏教育，2017（40）：54-56.

[8] 杜尚荣，王笑地.我国中小学教学目标研究70年：回顾与展望[J].教育探究，2019（3）：52.

[9] 段乔.教学中的素材选用策略研究——以高中思想政治课为例[J].新课程研究（中旬），2015（12）：29-30.

[10] 董杰.探索兴趣密码[J].中小学心理健康教育，2017（34）：36-38.

[11] 付玉村.初中语文板书设计研究[D].黄冈：黄冈师范学院，2014.

[12] 付家鹏.网络素材在地理教学实践中的应用[D].武汉：华中师范大学，2020.

[13] 格兰特·威金斯，杰伊·麦克泰格.追求理解的教学设计[M].闫寒冰，宋雪莲，赖平，译.上海：华东师范大学出版社，2017.

[14] 郭雪萍.结合心理课堂浅谈如何做教材的主人[J].中小学心理健康教育，2017（15）：23-24.

[15] 陶楚.高中心理课主题选择——基于学生兴趣及班主任和心理教师经验[J].中小学心理健康教育，2019（16）：25-27.

[16] 洪慧芳.心理健康主题班会课的内涵与操作探析[J].江苏教育，2023（8）：6-10.

[17] 黄万懿，张珺.开启"希望"新专线[J].中小学心理健康教育，2022（9）：36-38.

[18] 黄喜珊.心理课的教学目标：内涵及设定[J].中小学心理健康教育，2023（28）：23-28.

[19] 黄喜珊.理论与实践并重，变革心育教学模式[J].教育家，2023（36）：10-11.

[20] 黄喜珊.心理健康教育课程设计获奖案例解析[M].武汉：华中科技大学出版社，2023.

[21] 黄喜珊.中外故事在心理课程设计中的应用[M].广州：暨南大学出版社，2012.

[22] 黄喜珊.心理健康教育[M].北京：清华大学出版社，2011.

[23] 何克抗.建构主义的教学模式、教学方法与教学设计[J].北京师范大学学报（社会科学版），1997（5）：74-81.

[24] 胡玉华.新任教师学情分析存在的问题与改进策略[J].教学与管理，2022（3）：83-85.

[25] 韩亚平，张巧明.例谈中小学心理健康课程学情分析的维度与方法——以《换位思考》一课为例[J].成才，2022（10）：58-61.

[26] 郏蒙蒙.教材，你用好了吗——心理课教材使用有效性的思考[J].中小学心理健康教育，2019（1）：34-36.

[27] 鞠瑞利.用两难问题设置情境提高心理课教学效果[J].中小学心理健康教育，2008（3）：40-41.

[28] 江燕妮，黄喜珊.小学科学课中渗透积极心理健康教育的实践与思考[J].中小学心理健康教育，2019（9）：44-46.

[29] 拉尔夫·泰勒.课程与教学的基本原理[M].罗康，张阅，译.北京：中国轻工业出版社，2014.

[30] 卢小丽.高中思想政治课教学素材及其选用策略研究[D].武汉：华中师范大学，2014.

[31] 李妍.中学心理班会课程常态化实施的实践探索[J].中小学心理健康教育，2022（18）：72-74.

[32] 李晓红，黄喜珊，李莉莉.积极心理学视野下高中心育课的实践探索[J].中小学心理健康教育，2019（3）：41-44.

[33] 李鑫.中小学心理课堂素材拓展的依据与途径[J].辽宁教育，2020（16）：60-62.

[34] 李玉荣.浅析心理健康教育课选题[J].中小学心理健康教育，2010（19）：19-21.

[35] 连榕，李林.心理健康（高中一年级下册）[M].北京：教育科学出版社，2017.

[36] 连榕，胡胜利.心理健康（七年级上册）[M].北京：教育科学出版社，2017.

[37] 林贝，黄喜珊.预设性资源与生成性资源的关系处理——以小学心理课为例[J].中小学心理健康教育，2019（12）：24-28.

[38] 林贝.巧用教学素材，构建灵动的心理课堂[J].中小学心理健康教育，2023（7）：27-31.

[39] 林崇德.发展心理学[M].北京：人民教育出版社，2018.

[40] 林慧莲.渗透式心理健康教育模式的实践价值与操作策略[J].教育探索，2004（3）：89-91.

[41] 林凯丽.高中思想政治课情境素材及其运用研究[D].武汉：华中师范大学，2018.

[42] 林琳.青春的选择——异性交往要适当[J].中小学心理健康教育，2020（28）：57-59.

[43] 林孟平.团体咨询与心理治疗[M].北京：生活书店出版有限公司，2021.

[44] 林卫平.小学心理辅导活动课教案[M].杭州：浙江教育出版社，2011.

[45] 梁艳，黄喜珊.中学生生命教育心理课的设计策略[J].中小学心理健康教育，2020（6）：43-46.

[46] 刘学兰，杨海荣.中小学心理健康教育课程的有效设计与实施[J].中国德育，2023（11）：34-37.

[47] 罗东飙，刘涛.关于学生学习方法的探讨[J].南昌高专学报，2004（4）：89-90.

[48] 莫雷.教育心理学[M].北京：教育科学出版社，2007.

[49] 倪君.高中历史教学中渗透心理健康教育的研究[D].杭州：杭州师范大学，2018.

[50] 潘家琪.动态设计暖身活动，有效开启心理课堂[J].中小学心理健康教育，2021（36）：28-30.

[51] 彭晶，黄喜珊，王金焕，等.中学生积极人际关系心理课的设计[J].中小学心理健康教育，2019（6）：24-27.

[52] 彭跃红，贺小卫.小学生心理健康教育[M].北京：清华大学出版社，2018

[53] 彭跃红，邓公明，贺小卫.高中生心理健康教育[M].2版.北京：清华大学出版社，2021.

[54] 任慧丽.初中生学习方法课程设计[D].呼和浩特：内蒙古师范大学，2011.

[55] 乔翠兰.物理教学情境创设的研究[D].武汉：华中师范大学，2003.

[56] 齐建芳.班级管理视角下的心理班会性质与功能辨析[J].中国德育，2021（20）：

8-10.

[57] 齐建芳.深化中小学心理班会实践的路径探寻问题、原因与建议[J].中小学心理健康教育，2023（19）：10-13.

[58] 施怡，施平蓉.我的生命树叶——五年级心理主题班会课设计[J].江苏教育，2023（8）：17-18，22.

[59] 宋美霞.心理健康教师教学能力提升策略[J].江苏教育，2022（24）：24-26.

[60] 宋文献.师范技能训练与达标课堂教学技能[M].郑州：郑州大学出版社，2014.

[61] 石硕，雷小云，龙雅姿.抛锚式教学在心理课教学设计中的应用[J].中小学心理健康教育，2020（3）：47-49.

[62] 田晓晶.高中《政治生活》教学中教学素材的选用研究[D].济南：山东师范大学，2016.

[63] 万晓冬，邓志军.心理健康教育与学科教学的渗透与融合[J].黑龙江高教研究，2006（2）：35-37.

[64] 万红刚.从"活动"到"活力"：基于体验的心理课程品质提升路径[J].中小学心理健康教育，2017（35）：17-20.

[65] 万红刚.绝在预设 妙在生成——对课堂心理辅导有效性的思考[J].中小学心理健康教育，2015（5）：18-20.

[66] 王晗露，罗炜，尹子诺.学情分析在中学心理健康教育中的应用[J].林区教学，2019（10）：113-115.

[67] 王美玲.委屈，你好——小学生情绪辅导活动设计[J].中小学心理健康教育，2022（9）：29-31.

[68] 王秀烽.提高心理课课堂活动实效性的探索与实践[J].中小学心理健康教育，2020（34）：39-41.

[69] 王瑞安.区域德育特色共享课程丨我和乐观小伙伴[EB/OL].（2020-03-26）[2024-04-21].https://mp.weixin.qq.com/s/oUYhkn22ec9i7VbXRNfnAQ.

[70] 王玲.学校心理健康教育（高中版全一册）[M].广州：广东教育出版社，2018.

[71] 魏楚珊.遭遇"大个子"——小学中低年级预防校园欺凌的课程设计[J].中小学心理健康教育，2022（24）：31-33.

[72] 武子侥.初中生物教学中渗透心理健康教育初探[D].大连：辽宁师范大学，2020.

[73] 于聪.中学语文课堂教学中预设与生成的研究[D].长春：长春师范大学，2014.

[74] 徐莹.基于积极心理学理论的小学心理健康教育课教学[J].西部素质教育，2018（16）：80-81.

[75] 许舒婷.有话好好说——八年级学生亲子沟通活动设计[J].中小学心理健康教育，2022（10）：36-39.

[76] 许思安.心理健康教育课程设计与组织[M].武汉：华中科技大学出版社，2020.

[77] 谢珺.活动素材在小学心理健康课中的运用[J].福建教育学院学报，2022（8）：109-110.

[78] 熊丝."实话岛"的冒险之旅——小学高年级人际交往团体辅导[J].中小学心理健康教育，2021（35）：25-27.

[79] 邢翠微.初中地理"学习任务单"设计与应用的研究[D].上海：上海师范大学，2012.

[80] 杨祯.学习任务单在小学数学探究性学习中的应用研究[D].上海：华东师范大学，2021.

[81] 叶一舵，项传军.论中小学心理健康教育的实施途径[J].福建教育学院学报，2001（1）：39-43.

[82] 叶舒畅.当心理实验撞上心理课堂——浅谈心理实验在初中心理辅导活动课中的应用[J].中小学心理健康教育，2016（1）：30-32.

[83] 余慧娟.科学性、实效性——学校心理健康教育的两大支点——访著名心理学家林崇德教授[J].人民教育，1999（3）：42-43.

[84] 余文森.课程教学改革目标方向的40年变迁[N].中国教师报，2018-12-26（6）.

[85] 余胜泉，杨晓娟，何克抗.基于建构主义的教学设计模式[J].电化教育研究，2000（12）：7-13.

[86] 余淑芬，黄喜珊.给心理课穿个"马甲"——如何在心理课上创设贯穿全课的教学情境[J].中小学心理健康教育，2020（15）：25-28.

[87] 俞宏毓.近十多年来我国学情分析研究的发展与反思[J].上海教育科研，2019（3）：60-64.

[88] 袁艳.基于抛锚式教学模式的美术学习单设计与实践研究——以初中"综合·探索"领域为例[D].济南：山东师范大学，2021.

[89] 张骏乐.直面文本的融合 中小学学科教学渗透心育101例[M].宁波：宁波出版社，2016.

[90] 张冬梅.中学生心理健康教育主题班会开展探究[J].教学与管理（中学版），2010（6）：26-28.

[91] 张潇.让脑科学知识为心理课增添独特质感[J].中小学心理健康教育，2022（17）：21-24.

[92] 张晓旭.好朋友也可以说"不"[J].中小学心理健康教育，2017（25）：35-36.

[93] 赵福江.更好的班会课[M].上海：上海教育出版社，2021.

[94] 钟志农.心理辅导课设计指南与范例[M].北京：中国人民大学出版社，2022.

[95] 钟志农.心理辅导活动课操作实务[M].宁波：宁波出版社，2007.

[96] 钟志农.心理辅导活动课的微观发展进程研究[J].中小学心理健康教育，2009（3）：4-6.

[97] 钟志农.谈谈班级团体辅导活动的发展进程[J].思想理论教育（下半月行动办），2007（4）：80-83.

[98] 钟志农.心育活动课的"结构化"与"非结构化"[J].中小学心理健康教育，2014（15）：18-20.

[99] 曾惠青，黄喜珊.心育课堂，选题有讲究[J].中小学心理健康教育，2019（15）：41-43.

[100] 曾卉君.遗失的声音——小学生正念心理辅导活动课教学设计[J].中小学心理健康教育，2019（13）：36-38.

[101] 曾子涵.小学生学情分析框架构建研究[D].武汉：华中科技大学，2021.

[102] 邹泓，侯志瑾.心理健康与职业生涯[M].北京：高等教育出版社，2023.

[103] 周隽，等.心理课怎么玩——心理教师实战进阶手册[M].上海：华东师范大学出版社，2021.

[104] 周杨经.心理辅导活动课四阶段进程的再理解[J].江苏教育，2018（40）：63-64.

[105] 周志锋.对一节"网红"心理课的思考与重构[J].中小学心理健康教育，2021（6）：33-34，38.

[106] 朱宝怀，张琼如.亲子沟通我先行——八年级心理主题班会课设计[J].江苏教育，2023（8）：19-22.

与本书配套的二维码资源使用说明

　　本书部分课程及与纸质教材配套数字资源以二维码链接的形式呈现。利用手机微信扫码成功后提示微信登录，授权后进入注册页面，填写注册信息。按照提示输入手机号码，点击获取手机验证码，稍等片刻收到4位数的验证码，在提示位置输入验证码成功，再设置密码，选择相应专业，点击"立即注册"，进行注册。（若手机已经注册，则在"注册"页面底部选择"已有账号？立即登录"，进入"账号绑定"页面，直接输入手机号和密码登录）接着提示输入学习码，须刮开教材封面防伪涂层，输入13位学习码（正版图书拥有的一次性使用学习码），输入正确后提示绑定成功，即可查看二维码资源。手机第一次登录查看资源成功以后，再次使用二维码资源时，在微信端扫码即可直接登录进入查看。

图书在版编目（ＣＩＰ）数据

心理健康教育课程设计 / 黄喜珊等编著 . -- 武汉：华中科技大学出版社，2024.7.（2025.1 重印）
ISBN 978-7-5772-0920-3

Ⅰ．G444

中国国家版本馆 CIP 数据核字第 20244E5S43 号

心理健康教育课程设计
Xinli Jiankang Jiaoyu Kecheng Sheji

黄喜珊　等 编著

策划编辑：	周清涛　周晓方
责任编辑：	林珍珍
封面设计：	原色设计
责任校对：	张汇娟
责任监印：	周治超
出版发行：	华中科技大学出版社（中国·武汉）　　电话：（027）81321913
	武汉市东湖新技术开发区华工科技园　　邮编：430223
录　　排：	华中科技大学出版社美编室
印　　刷：	武汉科源印刷设计有限公司
开　　本：	787mm×1092mm　1/16
印　　张：	16.75　　插页：2
字　　数：	400 千字
版　　次：	2025 年 1 月第 1 版第 2 次印刷
定　　价：	58.00 元

本书若有印装质量问题，请向出版社营销中心调换
全国免费服务热线：400-6679-118　　竭诚为您服务
版权所有　侵权必究